# Diercke Spezial

## Nordafrika und Vorderasien

**Autoren:**
Thilo Girndt
Rainer Starke
Georg Stöber
Silke Weiß
unter Mitwirkung der Verlagsredaktion

**westermann**

**Zusatzaufgaben**

Ⓩ Die Aufgaben festigen das vorhandene Wissen und können
zusätzlich zu den anderen Aufgaben bearbeitet werden.

Über die nationale Zugehörigkeit zum Großraum Nordafrika und
Vorderasien bestehen – selbst zwischen UN-Organisationen – unter-
schiedliche Auffassungen. In diesem Buch gehören – in Abstimmung
mit den anderen Titeln dieser Reihe – neben den arabischen Staaten
Vorderasiens und den nordafrikanischen Mittelmeeranrainern auch
Israel, die Türkei und der Iran zum Großraum, nicht aber Afghanistan,
die Sahelstaaten sowie die kaukasischen und zentralasiatischen
Nachfolgestaaten der Sowjetunion.
An einigen Stellen des Buches wird aus Platzgründen ohne weitere
Erläuterung die Abkürzung „VAE" für die Vereinigten Arabischen
Emirate verwendet.

**Titelbild**: Gerberei in Fes (Marokko)

Mit Beiträgen von:
Stefan Zimmermann

*westermann* GRUPPE

© 2022 Westermann Bildungsmedien Verlag GmbH, Georg-Westermann-Allee 66, 38104 Braunschweig
www.westermann.de

Druck A[1] / Jahr 2022
Alle Drucke der Serie A sind im Unterricht parallel verwendbar.

Redaktion: Thilo Girndt
Druck und Bindung: Westermann Druck GmbH, Georg-Westermann-Allee 66, 38104 Braunschweig

ISBN 978-3-14-**115742**-0

# Inhaltsverzeichnis

Nordafrika und Vorderasien sind ein Großraum, der sich über zwei (eigentlich sogar drei) Kontinente erstreckt. Die ungewöhnliche räumliche Abgrenzung lässt sich naturräumlich/klimatisch begründen. Der Großraum kann als subtropischer, durch den Passat bedingter Trockengürtel beschrieben werden, bestimmt in seinem Erscheinungsbild durch Wendekreiswüsten. In der Selbst- und Fremdwahrnehmung der Menschen, den Raum gegenüber Subsahara-Afrika, Europa, Süd- und Zentralasien abzugrenzen, spielen aber kulturelle Aspekte eine wichtigere Rolle. Heute weniger historisch als Raum erster Hochkulturen, des Osmanischen Reichs oder einer gemeinsamen kolonialen Vergangenheit, sondern vielmehr kulturell, religiös und ethnisch. Ein Blick auf die Flaggen der Nationalstaaten zeigt, wie präsent arabische Schriftzeichen, die islamischen Farben Grün und Rot sowie Stern und Halbmond – ebenfalls Symbole des Islams – sind.

Wenn man genauer hinschaut, erweist sich der Großraum – wie alle anderen auf der Welt – nicht wirklich als homogene Region. Neben den lebensfeindlichen Wüsten und schneebedeckten Gebirgen im Iran gibt es auch Gunsträume an Flüssen und Oasen. Allein der Zugang zu Erdöl und Erdgas hat dazu geführt, arme und reiche Länder nebeneinander existieren zu lassen. Trotz der verbindenden kulturellen Klammer Islam und arabische Sprache gibt es zwischen Marokko und dem Iran zahlreiche Gegensätze, sei es der Streit zwischen Sunniten und Schiiten, seien es weitere Sprach- und Religionsgemeinschaften.

Türkei, Syrien, Irak, Iran, Libanon, Israel, Saudi-Arabien, Kuwait, VAE, Jordanien, Bahrain, Katar, Marokko, Algerien, Tunesien, Libyen, Ägypten, Jemen, Oman

## Gliederung des Bandes

- Das erste Kapitel widmet sich zunächst der widersprüchlichen, oft auch klischeebesetzten Wahrnehmung des Raumes Nordafrika und Vorderasien, die beim europäischen Betrachter nicht selten zwischen Faszination und Ablehnung wechselt, sowie den verschiedenen Möglichkeiten seiner Beschreibung (Orient, Arabische Welt, Islamische Welt) und der Abgrenzung gegenüber anderen geographischen Räumen. Darauf folgt eine kurze Vorstellung des Naturraums mit seiner vorherrschenden Geoökozone Wüste und der Gefährdung durch Erdbeben. Zudem werden einige Konflikte der Region, ohne die sich viele (geographische) Themen nicht erschließen lassen, mit ihren historischen Ursachen und aktuellen Erscheinungsformen betrachtet. Das Kapitel schließt ab mit der Vorstellung des SDG-Index, einer Methode, die nachhaltige Entwicklung von Staaten zu messen und zu vergleichen.
- Im zweiten Kapitel stehen die Themen Landwirtschaft und Wasser im Mittelpunkt. Das Leben in einem ariden Raum hat nicht nur zu einer Reihe ausgeklügelter landwirtschaftlicher Strategien geführt, sondern auch zu verschiedenen Verteilungskonflikten um die begrenzte Ressource Wasser.
- Das dritte Kapitel thematisiert die Wirtschaft der nordafrikanischen und vorderasiatischen Staaten, die in den letzten Jahrzehnten vor allem durch die Ausbeutung von Energierohstoffen geprägt war. Am Beispiel verschiedener Staaten der Region wird verdeutlicht, ob und wie diese den „Entwicklungsfaktor Erdöl" zu einem Strukturwandel genutzt haben. Die Frage, ob der Tourismus eine alternative Möglichkeit wirtschaftlicher Entwicklung bietet, ist ein weiterer Schwerpunkt des Kapitels.
- Das vierte Kapitel widmet sich schließlich bevölkerungs- und stadtgeographischen Fragestellungen. Hierzu werden zum Beispiel die Themen Ethnien und Migration einer näheren Betrachtung unterzogen. Der zweite Teil des Kapitels thematisiert ausgehend vom Modell der orientalisch/islamischen Stadt aktuelle Wege der arabischen Stadtentwicklung.

## Zur Konzeption der Reihe

Das vorliegende Konzept der Reihe Diercke Spezial stellt das selbstständige, problemorientierte Arbeiten und Lernen in den Vordergrund. Erklärende Autorentexte treten in diesem Konzept hingegen weitgehend zurück. Fertige Antworten wird man vergebens suchen. Es wird eine Vielzahl von Materialien wie Grafiken, Karten, Diagramme und Textquellen eingesetzt. So wird nicht nur Fachwissen vermittelt und räumliche Orientierung ermöglicht, sondern auch Methodenkompetenz angebahnt, Kommunikation angeregt und Beurteilungsfähigkeit gefördert. Die doppelseitigen, aufgabengeleiteten Arbeitsseiten beginnen jeweils mit einer kurzen Einleitung in die Thematik und der Problematisierung. Die Erschließung des Themas ist an die Bearbeitung der Aufgaben gebunden, die mithilfe der Materialien dann in der Regel individuell oder kooperativ erfolgt. Webcodes führen zum Internetangebot schueler.diercke.de bzw. zu den Atlasseiten. Die ersten Doppelseiten eines Kapitels haben zudem die Aufgabe, in das Thema einzuführen und wichtige Fragen aufzuwerfen.

Neben normalen thematischen Doppelseiten gibt es Sonderseiten mit Methoden- und Klausurtrainings sowie einer Übungsklausur am Ende des Buches. Schließlich wird auf der jeweils letzten Seite das Kapitel inhaltlich zusammengefasst. Hinweise auf weiterführende Literatur und Internetlinks runden das Angebot ab. Neu eingeführte Fachbegriffe werden entweder an Ort und Stelle auf der jeweiligen Arbeitsseite oder im Glossar im Anhang (Hinweis *) erklärt. Mithilfe dieser Konzeption wird angestrebt, dass die Thematik des Bandes selbstständig im Sinne des entdeckenden Lernens erschlossen wird.

# 1 DIE REGION IM ÜBERBLICK

Familienpicknick in der Bucht von Doha (Katar)

# 1.1 Zwei Kontinente – eine Region

*Der breite Wüstengürtel, der sich von der Atlantikküste Nordafrikas über das Rote Meer und die Arabische Halbinsel bis nach Zentralasien erstreckt, ist das größte zusammenhängende Trockengebiet der Erde. Die Menschen in diesem vorwiegend unwirtlichen Naturraum brachten Bemerkenswertes hervor. Früh entwickelten sich an den fruchtbaren Flussufern von Nil, Euphrat und Tigris Hochkulturen\*, drei große Weltreligionen haben dort ihren Ursprung. Seit Jahrhunderten faszinierten und beeinflussten die fortschrittliche Kultur und Wissenschaft des „Orients" den Spätentwickler Europa. Trotz großer gesellschaftlicher Vielfalt, wirtschaftlicher Disparitäten\*, ethnischer und religiöser Spannungen und anderer Gegensätze kann man den zwei Kontinente überspannenden Großraum Nordafrika und Vorderasien auch als einen einheitlichen Kulturraum auffassen, der vor allem von arabischer Kultur und dem Islam geprägt ist. Heute können wir uns aussuchen, ob wir mehr über die alten ägyptischen Pyramiden oder die neuen Skylines von Dubai, Doha oder Manama staunen.*

**Istanbul – Stadt auf zwei Kontinenten**
Die mehr als 2500 Jahre alte Stadt liegt auf beiden Seiten der Meerenge Bosporus und somit sowohl in Europa als auch in Asien. Istanbul ist Sinnbild eines Landes, das auch aufgrund seiner Geschichte immer schon zwischen „Orient und Okzident" stand.

**Bab Boujeloud – Tor zur Medina von Fès**
Die „orientalische" Stadt – zumindest da, wo sie mit ihren engen Gassen, farbenfrohen Basaren und schlichten Häusern, die erst im Inneren ihre Pracht zeigen, noch vorhanden ist – hat ein besonderes Flair. In Fès zeigt das kolonialzeitliche Stadttor aber auch, dass die alten Städte der Region mehrfach überformt wurden.

**Megastadt Kairo**
In der Agglomeration der Hauptstadt Ägyptens leben circa 16 Millionen Menschen. Im Umland liegende Städte wie Gizeh waren einst weit von der Metropole entfernt. Jetzt reicht Kairo bis zum Fuß der Pyramiden. Das unkontrollierte Siedlungswachstum und das Verkehrschaos bestimmen den Alltag der Kairoer.

**Solarwärmekraftwerk Ouarzazate**
Das Potenzial der Sahara für die Nutzung der Solarenergie wird schon lange diskutiert. Nun sind etwa in Marokko riesige solarthermische und Fotovoltaikanlagen in der Wüste entstanden.

*Kartenbeschriftungen:* Mittelmeer, Algier, Annaba, Tunis, Malta, Casablanca, Rabat, Fès, Marokko, Atlas, Saharaatlas, Tunesien, Tripolis, Marrakech, Hoher Atlas, Algerien, Libyen, Sahara, Tassili der Adjer, Ahaggar, A Tr (Azbine), Niger

---

1. Notieren Sie Ihre Assoziationen zu Nordafrika und Vorderasien.
2. Gliedern Sie Ihre Ergebnisse nach den Kriterien Naturraum, Kultur, Politik und Wirtschaft. Vergleichen Sie die Ergebnisse im Kurs.
3. Nennen Sie Ihnen geläufige Bezeichnungen und Gliederungen des Raumes Nordafrika/Vorderasien.

## Landwirtschaft in Israel

Obwohl das Land zu einem großen Teil aus Wüste besteht, ist Israel zum landwirtschaftlichen Großproduzenten geworden. Die israelische Landwirtschaft muss einen gewaltigen Aufwand bei der Bewässerung betreiben, ist aber auch der Erfinder der Tröpfchenbewässerung. Ganzjährig werden Gemüse, Kräuter und Blumen für den internationalen Markt produziert.

## Bürgerkrieg in Syrien

Seit 2011 herrscht in Syrien Bürgerkrieg. Angefangen als Rebellion verschiedener Gruppen gegen den autokratisch* herrschenden Präsidenten Baschar al-Assad spielt der Wunsch nach mehr Demokratie kaum mehr eine Rolle. Stattdessen sind immer mehr ausländische Mächte an dem Konflikt beteiligt, sodass eine Lösung immer komplizierter geworden ist.

## Erdölbohrinsel im Persischen Golf

Ein Drittel der weltweiten Erdölproduktion stammt aus den Ländern am Persischen Golf. Zudem befinden sich hier knapp 50 Prozent der Erdölreserven. Um die Wertschöpfung in den eigenen Ländern zu erhöhen, bemühen sich die Staaten darum, auch die Erdölweiterverarbeitung und nachfolgende Industrien anzusiedeln.

## Fußballstadion in der Planstadt Lusail

Seit geraumer Zeit versuchen die Golfstaaten, mittels besonderer Events ihre Attraktivität zu steigern und Touristen anzulocken. Höhepunkt dieser Bemühungen wird die Fußballweltmeisterschaft Ende 2022 in Katar sein. Nördlich der Hauptstadt Doha entstand die Planstadt Lusail in der Wüste, in dem das größte der acht Stadien errichtet wurde. Der Bau der Sportstätten stand wegen der schlechten Arbeitsbedingungen der ausländischen Bauarbeiter stark in der Kritik.

## Al-Haram-Moschee in Mekka

Die größte Moschee der Welt beherbergt die Kaaba, das zentrale Heiligtum des Islams. Mehr als zwei Millionen Pilger pro Jahr beschließen dort ihre Hadsch, die traditionelle Pilgerreise im Leben eines Muslims.

# 1.2   Der Orient – ein Konstrukt der Europäer?

*Den Raum von Marokko bis zum Iran aufgrund naturräumlicher, historischer und kultureller Gemeinsamkeiten als homogenen Großraum wahrzunehmen, hat eine lange Tradition. Früher hatten die Menschen in Mitteleuropa von diesem fernen, als „Orient" („Morgenland") bezeichneten Raum bestimmte Vorstellungen. Er galt zugleich als exotisch und verführerisch, als mysteriös und bedrohlich. Heute ist uns der „Orient" näher. Viele Europäer haben in der Türkei, Tunesien oder in Dubai einmal Urlaub gemacht. Zudem sind viele Menschen aus Nordafrika und Vorderasien zu uns gekommen. Doch haben sich die stereotypen Vorstellungen über den „Orient" tatsächlich verändert?*

1. Beschreiben Sie die Gemeinsamkeiten und Gegensätze von Nordafrika und Vorderasien (M9).
2. a) Geben Sie das historische „Orient"-Bild wieder (M2–M4).
   b) Charakterisieren Sie das aktuelle Bild Nordafrikas und Vorderasiens in den deutschen Medien (Medienrecherche).
   c) Vergleichen Sie das historische und aktuelle Medienbild der Region mit Ihren Assoziationen (Seite 6).
3. Nehmen Sie Stellung zu der in den Zitaten von Müller-Mahn, Said und Sardar vorgebrachten Kritik am Orient-Begriff (M5).
4. Erstellen Sie eine Kartenskizze zur Veranschaulichung der verschiedenen geographischen Bezeichnungen der Region (M7, M10).
5. Erläutern Sie den eurozentrischen Blickwinkel bei den Begriffen Orient, Naher Osten und Vorderasien (M7).
6. In diesem Band sind Nordafrika und Vorderasien folgendermaßen abgegrenzt. Der Raum umfasst die Länder Marokko, Algerien, Tunesien, Libyen, Ägypten, Syrien, Libanon, Jordanien, Israel, Palästinensische Autonomiegebiete, Bahrain, Jemen, Katar, Kuwait, Oman, Saudi-Arabien, Vereinigte Arabische Emirate, Irak und Iran. Erörtern Sie diese Abgrenzung (M7–M9, Atlas).

M3   Sammelbildchen als Beigabe zu „Liebig's Fleisch-Extract" mit einem Motiv aus 1001 Nacht (1901)

M4   Szene aus dem britischen, mehrfach Oskar-prämierten Spielfilm „Lawrence von Arabien" von 1962

---

**Aladdin – Arabische Nächte**
*Komm mit mir in ein Land,*
*ein exotischer Fleck,*
*wo Kamele durch die Wüste ziehen.*
*Du riskierst deinen Kopf*
*und sofort ist er weg.*
*Tja, vergiss es,*
*dann platzt der Termin.*
*Plötzlich dreht sich der Wind*
*und die Sonne verschwindet.*
*Es herrscht eine Zaubermacht!*
*Trau dich nur, komm vorbei.*
*Geh zum Teppichverleih*
*und flieg hin zur arabischen Nacht!*
*Arabische Nächte!*
*Wie die Tage vorher!*
*Sind wie jeder weiß,*
*viel heißer als heiß,*
*und das immer mehr!*
*Arabische Nächte!*
*Scheint der Mond auf das Land!*
*Gewarnt sei der Tor,*
*der hier was verlor,*
*im ewigen Sand!*

M1   Titelsong aus dem Zeichentrickfilm Aladdin (1992)

*„Wüste und Oase – in diesen beiden Gegensätzen, die einander so nahe liegen wie Leben und Tod, tritt den meisten die Landschaft des Orients am bildhaftesten vor Augen."*

*„Das Wort Oase zaubert saftiges Grün und nickende Palmwipfel, sanften Schatten und träumerisches Nichtstun an murmelnden Bächen herauf – dahinter aber, abgetan, heißer Sonnenbrand, würgender Durst und heimlicher Überfall."*
**Ewald Banse**, *deutscher Geograph (1934)*

*„Jeder, der Nordafrika und Vorderasien im Rahmen von längerem Aufenthalt oder ausgedehnten Reisen her kennt, ist wieder davon überrascht, wie sehr sich sowohl die Landschaften als auch die Lebensformen in dem ganzen Bereich zwischen Atlantik und Indus, zwischen Kaspischem Meer und zentraler Sahara gleichen. Hinter aller Vielfalt, Mannigfaltigkeit und Buntheit scheint immer wieder die große übergeordnete regionale Einheit des Orients auf."*
**Eugen Wirth**, *deutscher Geograph (1989)*

M2   Zitate

*„Die Menschen in diesem geographischen Großraum würden sich selbst wohl kaum als ‚Orientalen' bezeichnen, sondern nach ihrer Staatsangehörigkeit als Iraner oder Marokkaner, nach ihrer Muttersprache als Perser, Araber oder Berber oder nach ihrer Religion als Muslime, koptische Christen oder Juden. Abgrenzung und Abgrenzbarkeit dieses Großraumes bleiben deshalb unvermeidlich diffus."*
**Detlef Müller-Mahn**, *deutscher Geograph (2013)*

*„Since the time of Homer every European, in what he could say about the Orient, was a racist, an imperialist, and almost totally ethnocentric."*
**Edward Said**, *US-amerik. Literaturwissenschaftler palästinensischer Herkunft (1977)*

*„Der Orientalismus konstruiert den Orient als passive, kindliche Entität [„Sammelbegriff"], die man lieben und missbrauchen, formen und unterdrücken, manipulieren und konsumieren kann."*
**Ziauddin Sardar**, *pakistanisch-britischer Publizist (2002)*

M5   Zitate

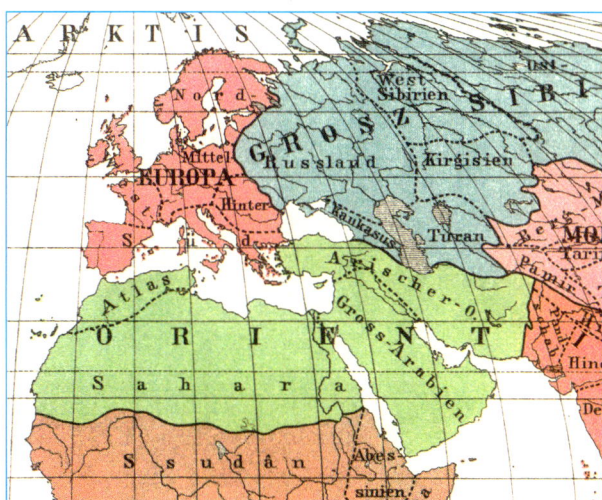

**M 6** Ausschnitt aus einer Weltkarte von 1912 (Quelle: E. Banse)

In jedem Fall hat es sich – aufgrund von naturräumlichen, klimatischen, historischen, kulturellen, religiösen, sprachlichen/ethnischen, politischen, wirtschaftlichen Gemeinsamkeiten – nicht nur in der Geographie etabliert, Nordafrika und Vorderasien kontinentübergreifend als einen Großraum zusammenzufassen. Dass es sich hierbei aber keinesfalls um einen homogenen Natur- und Kulturraum handelt, zeigen diverse Gegensätze, die die Region aufweist. Schon die Grenzziehung der heutigen Staaten macht eine konkrete Zuordnung in diesen Raum schwierig. Hinzu kommen Problemfälle wie Israel, die Türkei oder auch Afghanistan. So kommen Wissenschaft und politische und wirtschaftliche Organisationen zu ganz unterschiedlichen Abgrenzungen. Zudem existiert eine Reihe von Begriffen, die den Raum oder Teile von ihm beschreiben. Wie Orient ist auch Naher Osten ein Begriff aus eurozentrischer Perspektive, der meist Vorderasien und Ägypten umfasst und seinen Ursprung in der Beschreibung des Osmanischen Reiches im 19. Jahrhundert hatte. Der entsprechende Begriff im Englischen ist Middle East. Von Ökonomen und internationalen Organisationen wird in Statistiken die Kategorie Middle East & North Africa (MENA) verwendet .

*Quelle: Thilo Girndt, Anton Escher, Stefan Zimmermann: Nordafrika und Vorderasien. Braunschweig: Westermann 2013, S. 7*

**M 7** Quellentext zur Abgrenzung Nordafrikas und Vorderasiens

| Betrachtungs-perspektive | Gemeinsamkeiten | Gegensätze |
|---|---|---|
| naturräumlich, klimatisch | passatisch* bedingter Trockengürtel*, Wüsten-klima, Ölreichtum | trockene unbesiedelte Un-gunsträume und wenige dicht besiedelte Gunstregionen (z. B. Oasen, subtropische Küsten), ölreiche und -arme Staaten |
| historisch | kulturgeschichtliches Ur-sprungszentrum der neo-lithischen Revolution und einer Reihe von Hochkultu-ren*, römische, arabische und osmanische Großrei-che, koloniale Besetzung | konfliktbeladenes Nebenei-nander von Sesshaften und Nomaden*, verschiedenen Völkern und Religionsgemein-schaften |
| kulturell | Islam, islamistische* Bewegungen, arabische Kultur | islamische Fraktionen (Sunni-ten*, Schiiten*), traditionelle Gesellschaftsformen und westliche Modernisierung |
| ethnisch | arabische Sprache | Unterschiede zwischen Ara-bern, Persern, Türken, Kurden, Berbern, Juden |
| politisch | despotische* Herrschafts-strukturen, Feindschaft mit Israel/ USA/„Westen" | verschiedene Herrschaftsfor-men (Monarchien, islamisti-sche Regime, säkulare* Präsi-dialregime) |
| ökonomisch | rentenkapitalistische* Wirtschaftsstruktur, Ren-tierstaaten | große Differenzen bei Wirt-schaftskraft und Entwicklungs-stand, soziale Disparitäten* |

**M 9** Gemeinsamkeiten und Gegensätze des Großraums

| Nordafrika | Sahara und die nördlich, westlich und östlich davon liegenden Küstenstreifen zum Mittel-meer, Atlantik und Roten Meer |
|---|---|
| Vorderasien auch Westasi-en oder Süd-westasien | Landmasse begrenzt durch das Schwarze Meer, das Kaukasus-Gebirge und das Kaspische Meer im Norden, durch die Randgebirge des Iran im Osten, durch den Indischen Ozean im Süden und durch das Mittelmeer und das Rote Meer im Westen |
| Levante | östliche Mittelmeerstaaten: Syrien, Libanon, Israel, Jordanien, Palästinensische Autonomie-gebiete |
| Maschrek | arab. „der Osten", Ägypten und die arabischen Länder nördlich Saudi-Arabiens |
| Maghreb | arab. „der Westen", die nordafrikanischen Län-der ohne Ägypten |

**M 10** Geographische Bezeichnungen für Teilräume der Region

| | geogra-phisch | Mehrheit Muslime | Staatsspra-che Arabisch | Arabische Liga | Kategorie Middle East & North Africa (MENA) | | | | |
|---|---|---|---|---|---|---|---|---|---|
| | | | | | UN | WB | OECD | IMF | FAO |
| Marokko, Algerien, Tunesien, Libyen, Ägypten | x | x | x | x | x | x | x | x | x |
| Bahrain, Jemen, Katar, Kuwait, Oman, Saudi-Arabien, VAE | x | x | x | x | x | x | x | x | x |
| Syrien, Libanon, Jordanien, Palästinensische Autonomie-gebiete, Irak | x | x | x | x | x | x | x | x | x |
| Israel | x | | x | | x | x | x | | x |
| Türkei | x[a] | x | | | x | | | | x |
| Iran | x | x | | | | x | x | x | |
| Afghanistan | | x | | | | | | | |
| Armenien, Aserbaidschan[1], Georgien | x | [1] | | | x | | x | | x |
| Sudan[2], Südsudan | [2] | x | | [2] | [2] | | | | [2] |
| Sahara[3,] Mauretanien[4], Niger[5], Mali[6], Tschad[7] | x[a] | 3, 4, 5, 6, 7 | 4, 7 | 4 | | | | | |
| Dschibuti | | x | x | x | | x | x | x | |

[a] zumindest teilweise; UN: Vereinte Nationen; WB: Weltbank, OECD: Organisation für wirtschaftliche Zusammenarbeit und Entwicklung IMF: Internationaler Währungsfond, FAO: UN-Ernährungs- und Landwirtschaftsorganisation. [3]Sahara ist seit 1976 von Marokko besetzt.

**M 8** Geographische, kulturelle und politisch/institutionelle Zuordnung von Staaten zum Raum Nordafrika und Vorderasien

# 1.3 Arabische Welt – Islamische Welt

Aus vielerlei Gründen ist der Begriff „Orient" als Raumbezeichnung nicht mehr zeitgemäß (Kap. 1.2). Alternativ haben sich zur Beschreibung der Länder Nordafrikas und Vorderasiens die Bezeichnungen „Arabische Welt" und „Islamische Welt" etabliert, die über verschiedene Merkmale definiert werden. Worin unterscheiden sie sich und welcher ist besser geeignet, den Raum mithilfe eines einzelnen verbindenden Elements zu beschreiben?

1. Erläutern Sie die verbindende Funktion
   a) der arabischen Sprache und Medien (M1, M4),
   b) der Religion des Islams (M7, M8).
2. Vergleichen Sie die räumliche Verbreitung
   a) der arabischen Sprache (M1),
   b) des Islams (M5).
3. Erörtern Sie das Merkmal „arabische Sprache" beziehungsweise „Islam" als verbindendes Element des Raumes.
4. Beurteilen Sie Konstrukte „Arabische Welt" und „Islamische Welt" als Raumkategorien.
Ⓩ 5. „Der Islam gehört zu Deutschland." Erörtern Sie diese Aussage des ehemaligen Bundespräsidenten Christian Wulff (M10).

Das gemeinsame Band zwischen den Menschen, Staaten und Kulturen der arabischen Welt ist die arabische Sprache. Mehr als 250 Millionen Menschen sprechen in ihrem Alltag arabisch. In 23 Staaten ist Arabisch Amtssprache. Die Schriftsprache, auch „das vollendete Arabisch" genannt, ist die Sprache des Korans, der überlieferten Sprüche des Propheten Mohammed (Hadith) und der klassischen Literatur. Die darin verwendeten Formulierungen, die blumigen Ausdrücke und die korrekte Aussprache sind keineswegs beliebig, sondern werden nach unveränderlichen Regeln seit Jahrhunderten festgelegt. Je nach Herkunft benutzen die Angehörigen der arabischen Welt zum Teil sehr unterschiedliche Dialekte. In den meisten Ländern hat sich inzwischen jedoch das moderne Standardarabisch etabliert, das es den Einwohnern unterschiedlicher Regionen ermöglicht, sich problemlos miteinander zu verständigen. Standardarabisch ist die Sprache der Presse und des Internets; man hört es in Fernsehserien und Spielfilmen, in Radio- und Fernsehnachrichten (Al Jazeera), bei offiziellen Reden und den wöchentlichen Predigten. Trotzdem herrscht in der arabischen Welt keineswegs sprachliche Homogenität.

*Quelle: Thilo Girndt, Anton Escher, Stefan Zimmermann: Nordafrika und Vorderasien. Braunschweig: Westermann 2013, S. 8*

M2    Quellentext zur arabischen Sprache

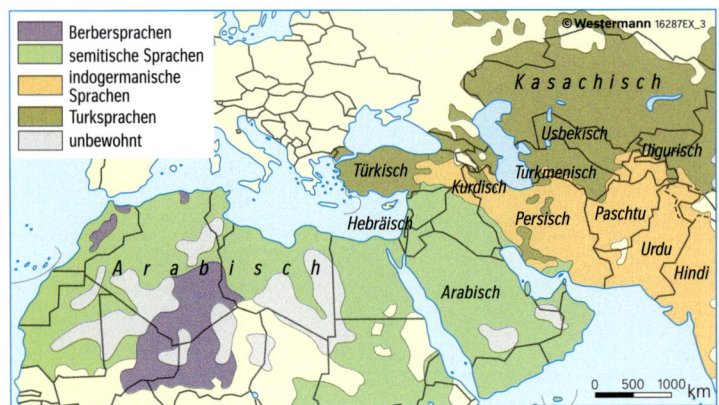

M1    Regionale Verteilung von Sprachgemeinschaften

Legende:
- Berbersprachen
- semitische Sprachen
- indogermanische Sprachen
- Turksprachen
- unbewohnt

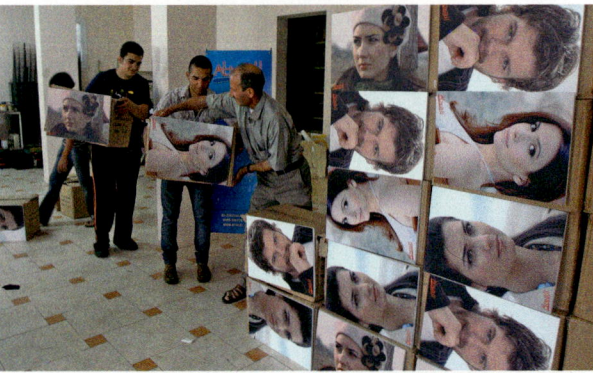

M3    Bilder der Serienhelden aus der türkischen TV-Serie „Noor" in einer Fabrik in Hebron im Westjordanland

Türkische Fernsehserien sind der Hit im Nahen und Mittleren Osten. Ein junges osmanisches TV-Imperium entfaltet seine subtile Macht – mit arabischen Namen und Storys, die feurig und doch traditionell sind. [...] Vor rund 15 Jahren hatte die Türkei gerade ihren ersten Satelliten-TV-Sender in Betrieb genommen und war in der Lage, weltweit zu senden. Ein populäres Seriengenre namens Dizi wurde geboren und sprach Zuschauer im Nahen Osten an, die danach lechzten, Geschichten zu sehen, die ihnen näher waren als Seifenopern aus Mexiko, den USA oder Südkorea.

Viele der 200 Millionen Haushalte mit Fernsehern im Nahen Osten begrüßten freudig die ausgesprochen gut aussehenden und wahnsinnig romantischen neuen türkischen Serienhelden. Sie waren arabisch synchronisiert, trugen arabische Namen und die Handlung war dem Islam verbunden. Die beliebten türkischen Dizi-Exporte kombinieren anschlussfähige Geschichten, spektakuläre Außendrehs und wiedererkennbare Titelmelodien. Die aufwendig produzierten und bis zu zwei Stunden langen täglichen Folgen drehen sich um Liebesgeschichten, arrangierte Ehen, große Familien, das Patriarchat und Kämpfe im Namen der Gerechtigkeit. Aber zu ihrem Erfolg gehört mehr. Zum einen haben Dizis die Kontrolle der türkischen Zensurbehörde passiert und sind somit frei von „Szenen, die als obszön und moralischen Werten entgegenstehend" gelten. [...] Zweitens sind die Folgen synchronisiert statt mit Untertiteln versehen – und zwar im syrischen Dialekt, den die meisten Araber besser verstehen als Fusha, das Hocharabisch. [...] Und drittens lassen sich Dizis leicht als arabische Stoffe bearbeiten und wahrnehmen. Schon 2007 hatte der größte Fernsehsender in der arabischen Welt, das saudische Middle East Broadcasting Center (MBC), die türkische Produktion „Gümüş" gekauft und in „Noor" umbenannt. Er landete damit seinen ersten großen Erfolg, als 92 Millionen Zuschauer die Liebesgeschichte der Titelheldin Noor und Mohannad (türkisch: Mehmet) verfolgten.

*Quelle: Jennifer Holleis: Wie türkische TV-Serien die arabische Welt erobern. Qantara 12.4.2021*

M4    Quellentext zu türkischen Fernsehserien

| arabische Welt | islamische Welt |
|---|---|
| • Mitgliedschaft in der Arabischen Liga<br>• die arabische Sprache<br>• die moderne arabische Kultur (Musik, Filme, Fernsehserien) | • Dar al-Islam (Haus des Islams, Kerngebiet der islamischen Welt, die durch Nationalstaaten repräsentiert wird und überwiegend von muslimischer Bevölkerung bewohnt wird)<br>• politische islamische Öffentlichkeit<br>• islamische Kunst<br>• islamische Weltkultur |

M5    Merkmale der arabischen und islamischen Welt

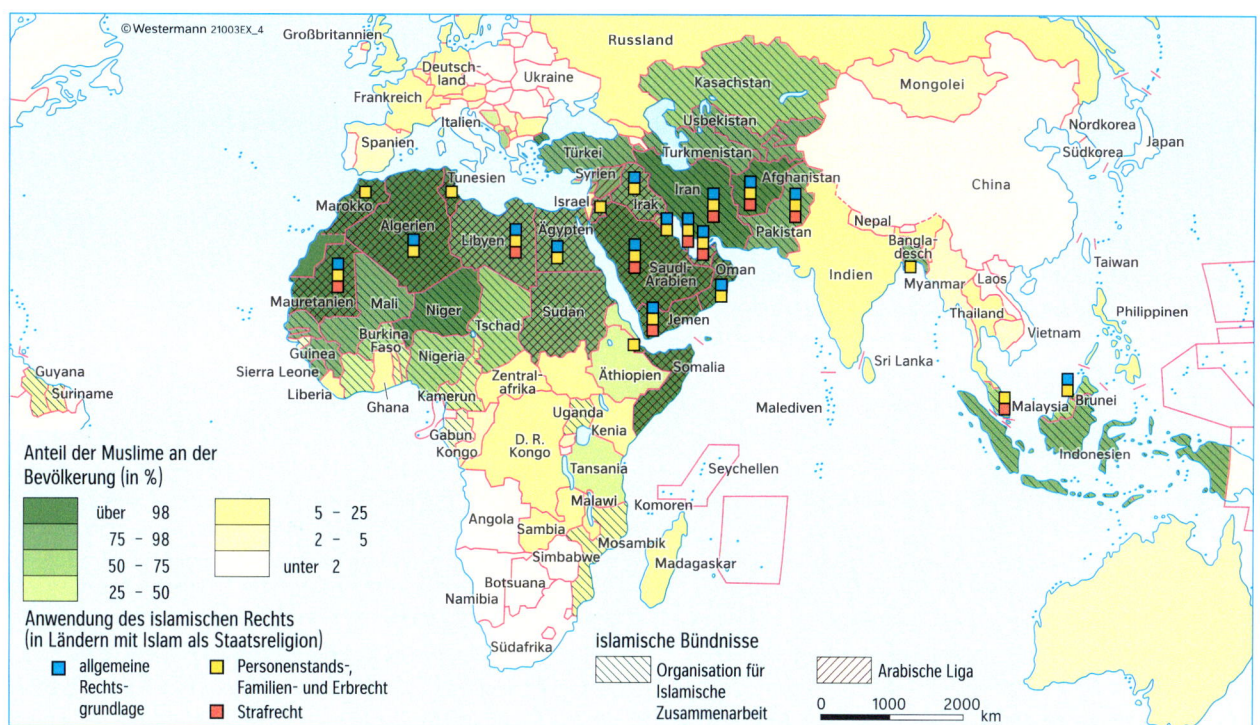

© Westermann 21003EX_4

**Anteil der Muslime an der Bevölkerung (in %)**

| | | | |
|---|---|---|---|
| über 98 | | 5 – 25 | |
| 75 – 98 | | 2 – 5 | |
| 50 – 75 | | unter 2 | |
| 25 – 50 | | | |

**Anwendung des islamischen Rechts (in Ländern mit Islam als Staatsreligion)**

- allgemeine Rechtsgrundlage
- Personenstands-, Familien- und Erbrecht
- Strafrecht

**islamische Bündnisse**

- Organisation für Islamische Zusammenarbeit
- Arabische Liga

0   1000   2000 km

**M 6**  Verbreitung des Islams, Anwendung des islamischen Rechts und islamische Bündnisse

Die Einheit der Arabischen Welt beziehungsweise des gesamten Islamischen Orients wird zwar immer wieder auch von den dortigen Ländern selbst und ihren Politikern beschworen, und auch im Westen wird der Orient oftmals als ein Kulturraum oder gar als irgendwie abgrenzbarer „Kulturerdteil" betrachtet, aber letztlich beruhen alle diese Vereinheitlichungen auf einer Fiktion. Das Bild von innerer Homogenität und äußerer Geschlossenheit beruft sich auf eine Reihe von verbindenden Aspekten, die nicht der Realität des Alltags der Menschen entsprechen. Einige Faktoren haben zwar durchaus eine identifikatorische Bedeutung für länderübergreifende Verbindungen, doch diese gelten niemals für die gesamte Region des Islamischen Orients: So bildet der Islam zweifellos eine starke Klammer, aber die Spaltung zwischen Sunniten und Schiiten, die sprachlich-kulturellen Unterschiede zwischen Arabern, Persern und Türken und auch die unterschiedlichen historischen Erfahrungen begründen eine ausgesprochene Heterogenität und Vielfalt in der gesellschaftlichen Wirklichkeit. In der Vergangenheit haben sich die Tendenzen zur Fragmentierung, zu internen Interessengegensätzen und Konflikten immer wieder als mindestens ebenso wirkmächtig erwiesen wie der lose Zusammenhalt der islamischen Umma. In dieser Situation mag es paradox erscheinen und ein Stück weit auch tragisch, dass heute die stärkste verbindende Kraft auf der Gemeinsamkeit der Feindschaft mit Israel beruht.

*Quelle: Detlef Müller-Mahn: Islamischer Orient. Geographische Rundschau 11/2006, S. 45*

**M 7**  Quellentext zur Einheit der Islamischen/Arabischen Welt

Der Kernbereich der Islamischen Welt wird durch Nationalstaaten repräsentiert, die überwiegend von einer muslimischen Bevölkerung bewohnt werden. [...] Das islamisch geprägte Leben findet auch in politischen Organisationen [...] und in ökonomischen Institutionen [...] seinen Ausdruck. [...] Heute spricht man von islamischer Kunst, von islamischer Architektur und islamischer Stadtplanung. Ein Großteil dieser Kultur hat mit dem islamischen Glauben als solchem nur noch wenig zu tun. Zwar bestimmen islamische Termini und Symbole den Alltag der Menschen in Wort, Schrift und Bild, in traditionellen wie in modernen Medien. Diese Ausdrucksmittel sollten jedoch vor allem als äußere Form verstanden werden, deren Kern aus europäischer Sicht nicht zwangsläufig religiös sein muss. Der kulturelle Diskurs, der sich dieser Symbole und Termini bedient, ist auch nicht mehr an die territorialen Grenzen* der Islamischen Welt gebunden, sondern findet mittlerweile unabhängig von festen Orten statt. Die Islamische Welt ist heute als Weltkultur aufzufassen; man kann sie zu Beginn des 21. Jahrhunderts auch in der Bundesrepublik Deutschland antreffen.

*Quelle: Anton Escher, Stefan Zimmermann: Trockenräume. Braunschweig: Westermann 2009, S. 13 – 14*

**M 8**  Quellentext zur islamischen Welt

**M 9**  Flaggen der Arabischen Liga und der Org. für Islamische Zusammenarbeit

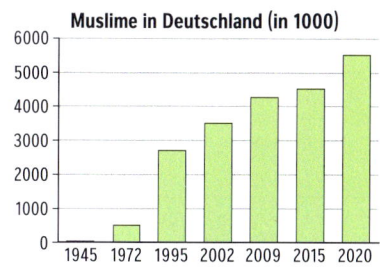

**Muslime in Deutschland (in 1000)**

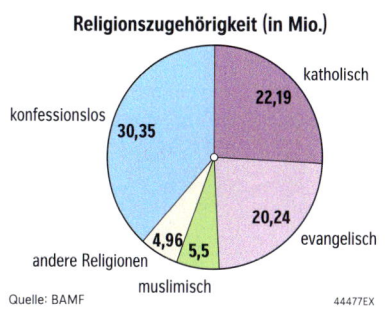

**Religionszugehörigkeit (in Mio.)**

- konfessionslos 30,35
- katholisch 22,19
- evangelisch 20,24
- muslimisch 5,5
- andere Religionen 4,96

Quelle: BAMF

44477EX

**M 10**  Islam in Deutschland

# 1.4 Naturräumliche Gliederung und Klima

*Trotz der großen räumlichen Ausdehnung vom Atlantik bis weit in das Binnenland Vorderasiens weist die Oberflächengestalt der Region einige grundlegende Gemeinsamkeiten auf, die durch typische Landschaftsformen geprägt sind. Das weiträumig extrem trockene Klima der randtropischen Zone im Bereich des nördlichen Wendekreises wird vor allem durch die ganzjährigen Passate\* verursacht. Beide – Oberflächengestalt und Klima – stehen zudem in enger Wechselwirkung zueinander. So hat insbesondere der Verlauf der Gebirge einen Einfluss auf die Niederschlagsverteilung.*

1. Beschreiben Sie die naturräumliche Gliederung und Reliefstruktur\* Nordafrikas und Vorderasiens (M4, M6, Atlas).
2. Ordnen Sie den Fotos M2, M5, M8 und M11 die Landschaftstypen zu (M4).
3. Erklären Sie dieEntstehung des Roten Meeres und des Zagrosgebirges (M1, M4, Atlas).
4. (Z) Erklären Sie den Begriff Wendekreiswüste.
5. (Z) Analysieren Sie den Zusammenhang von Klima und geomorphologischen Prozessen in der Region (M3).
6. Charakterisieren Sie die klimatischen Verhältnisse (Atlas)
   a) in den Wüstenregionen,
   b) an der nordafrikanischen Mittelmeerküste.
   c) Ermitteln Sie weitere Regionen mit humidem Klima.
7. a) Erläutern Sie die Bedeutung des Atlas-Gebirges für Klima und Niederschlagsverteilung (M7).
   b) Erklären Sie das Heranreichen der Wüste an das Mittelmeer in Libyen und Ägypten.
8. (Z) Erklären Sie die Entstehung und die Auswirkungen des Südwest-Monsuns\* in Jemen (M9, M10, Atlas).

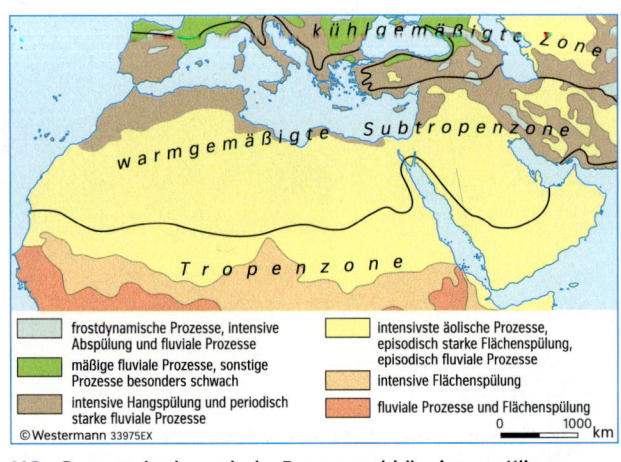

M3   **Geomorphodynamische Prozesse abhängig vom Klima**

Nordafrika und Vorderasien werden im Wesentlichen in zwei große Reliefeinheiten\* unterteilt: die küstennahen alpidischen Kettengebirgssysteme und die Tafelländer\* im Binnenland. Die Auffaltung der erdgeschichtlich jungen alpidischen Gebirge setzte in der Kreidezeit ein und wurde durch die Drift der Afrikanischen Platte nach Norden verursacht. Sichtbares Zeugnis dieser geologischen Aktivitäten ist der Vulkanismus im Bereich der Plattengrenzen. Das Ahaggar- oder Hoggar-Gebirge in der Zentralsahara ist ein Beispiel für vulkanischen Ursprung. Erdgeschichtlich weitaus älter als die Randgebirge sind die afrikanisch-arabischen Tafelländer. Sie beruhen auf uralten Grundgebirgssockeln, die aus dem Präkambrium stammen. An der Ostküste des Persischen Golfs sowie an der Nordküste des Golfs von Oman trennt ein Meereseinbruch die beiden Großeinheiten des Reliefs. Die Kettengebirge\* prägen die Region östlich des Meereseinbruchs, die Tafelländer die Region im Westen. Das Landschaftsbild der arabischen Halbinsel und des östlichen Teils Nordafrikas weicht von dieser zweigeteilten Struktur ab. Hier bestimmt das ausgedehnte, ebene Tafelland mit seinen steilen Stufenrändern das Relief. Die typischen Randgebirge fehlen. Ebenfalls wichtig für die Oberflächenstruktur der Region ist das Rote Meer, das sich vor etwa 38 Mio. Jahren entlang der Grenze der Afrikanischen und der Arabischen Platte öffnete. Aufgrund der Reliefstruktur haben sich die drei grundlegenden Landschaftstypen des altweltlichen Trockengürtels\* herausgebildet: die Küstenebenen, die Gebirgsregionen und die Wüsten.

*Quelle: Thilo Girndt, Anton Escher, Stefan Zimmermann: Nordafrika und Vorderasien. 2013, S. 20*

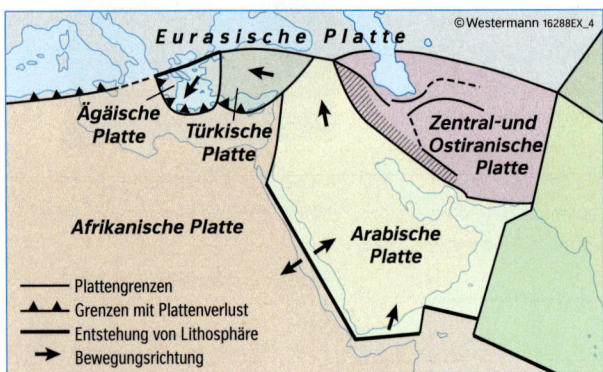

M1   **Verläufe der Plattengrenzen in Vorderasien**

M4   **Quellentext zur geomorphologischen Gliederung**

M2   **Takerkoust-See bei Marrakech (Hintergrund Atlas-Gebirge)**

M5   **Hoggar-Gebirge in Algerien**

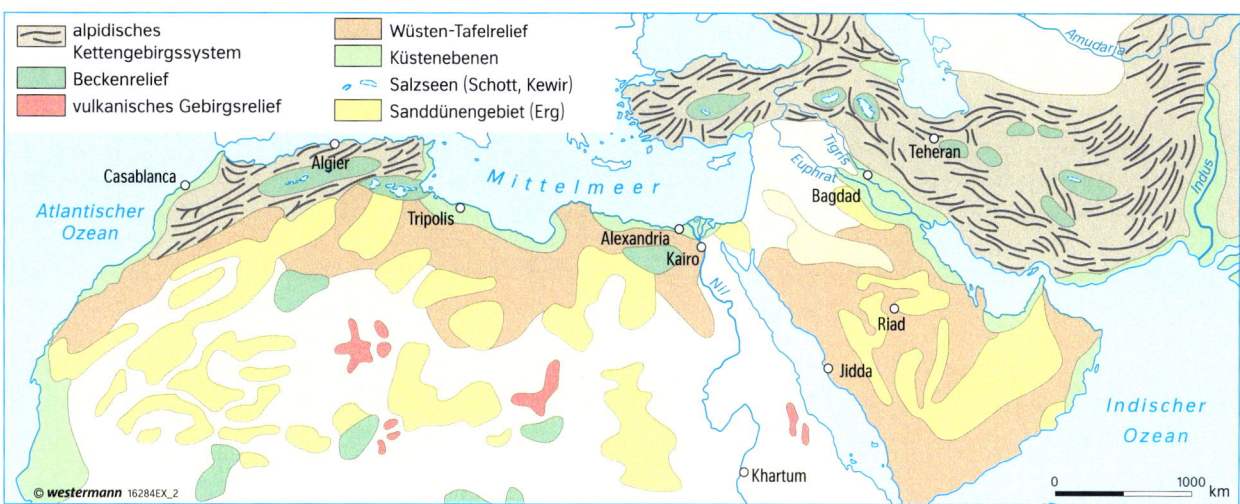

M 6 Reliefstruktur* Nordafrikas und Vorderasiens

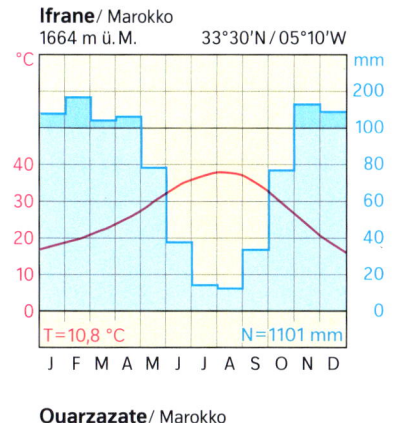

M 7 (oben) Ifrane / Marokko
1664 m ü. M.  33°30'N / 05°10'W
T = 10,8 °C  N = 1101 mm

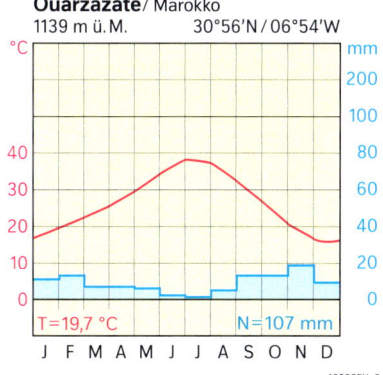

Ouarzazate / Marokko
1139 m ü. M.  30°56'N / 06°54'W
T = 19,7 °C  N = 107 mm

M 7 Gebirgsklimate an der Nordseite
(Ifrane) und der Südseite (Ouarzazate) des Atlas in Marokko

Auch klimatisch gesehen stellen Nordafrika und Vorderasien einen Grenzsaum dar, in dem das Winterregenklima des Mittelmeerraumes in das aride Klima Nordafrikas und Vorderasiens übergeht. Entscheidenden Einfluss auf das Klima hat das Relief*. So sorgen die alpidischen Hochgebirge dafür, dass sich die feuchten Luftmassen bereits an den Küstenseiten der Gebirge abregnen. Die Randgebirge verstärken auf diese Weise die Aufteilung des Raumes in humide Küstenebenen und Gebirgslandschaften auf der einen und aride Wüsten und Steppen auf der anderen Seite. [...] Naturräumliche Grenzen sind aber nicht als festgelegte Linien zu verstehen; es handelt sich vielmehr um Übergangszonen, die je nach Relief regional deutlich variieren können. [...] Es wird deutlich, dass die Küstengebiete Nordafrikas und Vorderasiens, die im Einflussbereich des mediterranen Winterregens liegen, klimatisch begünstigt sind. Das Binnenland hingegen ist auf die Zufuhr von Fremdwasser angewiesen, das in der Regel durch die großen Ströme wie Nil oder Euphrat geliefert wird. Eine Sonderstellung nimmt der Süden und Südwesten der arabischen Halbinsel ein. Durch die saisonale Verschiebung der ITC (Innertropischen Konvergenzzone*) werden diese Regionen im Juli vom Südwest-Monsun* beeinflusst, der für Niederschläge sorgt.

*Quelle: Anton Escher, Stefan Zimmermann:: Trockenräume. Braunschweig: Westermann 2009, S. 21–22*

M 9 Quellentext zum Klima Nordafrikas und Vorderasiens

Trockenzeit Januar    Kleine Regenzeit April    Regenzeit Juli

M 10 Einfluss des Südwest-Monsuns* im Süden der Arabischen Halbinsel

M 8 Nildelta

M 11 Gebirgszug im Zentral-Iran

# 1.5 Wüsten – ein lebensfeindlicher Lebensraum

*Wüsten nehmen den Großteil der Fläche Nordafrikas und der arabischen Halbinsel ein. Allein die Sahara misst etwa 6000 km in Ost-West-Richtung und 2000 km in Nord-Süd-Richtung. Unsere Vorstellung von Wüste stimmt allerdings nur in vergleichsweise kleinen Arealen mit der Wirklichkeit überein, denn keinesfalls dominiert die feine Sandwüste (Erg), durch die sich Beduinen-Karawanen mit Dromedaren ihren Weg bahnen müssen. So macht gerade die Verschiedenartigkeit der Wüste ihren Reiz aus. Doch ihre durch menschliche Nutzung und den Klimawandel vorangetriebene Ausbreitung ist nicht nur in der Sahelzone in der Südsahara, sondern auch für Nordafrika eine Bedrohung für die in der Region lebenden Menschen.*

1. Benennen Sie die Wüsten in Nordafrika und Vorderasien (M1, Atlas).
2. Nennen Sie die charakteristischen Merkmale von Wüsten.
3. Beschreiben Sie die verschiedenen Wüstenarten Hammada, Serir und Erg (M4, M5, M8, M11).
4. Erläutern Sie Bedeutung von Erosionsprozessen* bei der Entstehung und Ausbreitung von Wüsten (M6).
5. a) Charakterisieren Sie die extremen Lebensbedingungen der Beduinen* in der Wüste (M2).
   Ⓩ  b) Recherchieren Sie weitere Strategien der Beduinen, um mit den Extrembedingungen in der Wüste umzugehen (Internet).
   Ⓩ  c) Erstellen Sie eine Liste mit Merkmalen, wie das Dromedar an das Leben in der Wüste angepasst ist (Internetrecherche).
6. Erklären Sie das Ausbleiben von Bodenbildung in den Wüsten (M6).
7. Erläutern Sie die anthropogenen Ursachen und Folgen von Desertifikation* (M10).

Die Beduinen* sind Halbnomaden, die als die ältesten Bewohner der arabischen Wüste gelten. Sie [...] haben in einer lebensfeindlichen Umgebung unter extremen Wetterbedingungen bis heute überlebt. Früher zogen die Stämme ständig umher und legten inmitten der Dünen Tausende Kilometer zurück. [...] Aufgrund des trockenen Wüstenklimas und des Mangels an Wasser und natürlichen Ressourcen mussten die Beduinen zum Überleben mit dem vorliebnehmen, was sie fanden. [...] Sie nutzten alles in ihrer Umgebung zum Überleben, wie etwa den Khejribaum, der ihnen Schatten und Schutz bot, sowie Holz und Wüstenpflanzen, aus denen sie Hütten errichteten. Ihr Überleben hing wesentlich von Kamelen ab. Diese Nutztiere [...] dienten als Transportmittel, Nahrungsquelle und Symbol des Wohlstands. Aus Kamelhaut fertigte man Zelte, Schuhe sowie warme Kleidung (für die kühleren Wintermonate), und aus Kamelhaar webte man Teppiche.
*Quelle: Auf den Spuren der Beduinen. Visit Dubai 24.8.2022*

**M2    Quellentext zu den Beduinen\***

**M3    Beduinen in Ägypten**

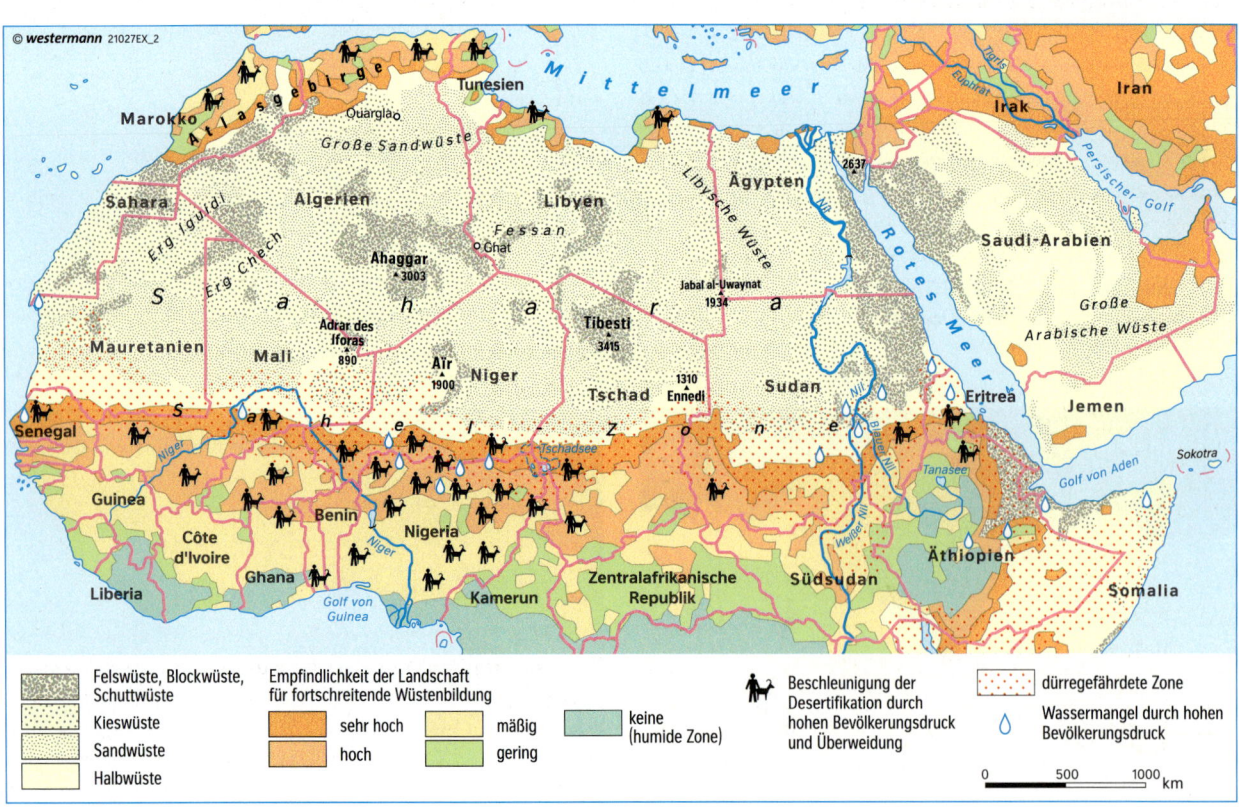

**M1    Wüstenarten und ihre Ausbreitung**

Legende:
- Felswüste, Blockwüste, Schuttwüste
- Kieswüste
- Sandwüste
- Halbwüste

Empfindlichkeit der Landschaft für fortschreitende Wüstenbildung:
- sehr hoch
- hoch
- mäßig
- gering
- keine (humide Zone)

- Beschleunigung der Desertifikation durch hohen Bevölkerungsdruck und Überweidung
- Wassermangel durch hohen Bevölkerungsdruck
- dürregefährdete Zone

0    500    1000 km

© *westermann* 21027EX_2

M 4  Hammada

M 8  Serir

M 11  Erg

© **westermann** 16292EX_3

- - - → gelegentlich fließendes Wasser
⇨ Wind

**Fels- und Blockwüste (Hammada)**
etwa 70 % aller Wüsten

**Kieswüste (Serir)**
etwa 5 %

**Sandwüste (Erg)**
etwa 20 %

M 5  Wüstenformen

Aufgrund der extremen Trockenheit finden in Wüsten kaum chemische Verwitterung und Bodenbildung statt. Mit der Temperatur- und Salzverwitterung herrschen physikalische Verwitterungsformen vor, die zu Rohböden aus dem Schutt der anstehenden Gesteine führen. […] Wegen der hohen Verdunstung ist der Oberboden in der Regel mineralstoffreich, vor allem mit leicht löslichen Salzen angereichert (Salzstress für Pflanzen). Die mannigfaltigen Erscheinungsformen der Wüsten sind in erster Linie darauf zurückzuführen, dass die Verwitterungsprodukte unterschiedlich durch Wind und Wasser fortgetragen werden. Je nach Bodenbeschaffenheit als Folge der Akkumulation von Verwitterungsrückständen ergeben sich so unterschiedliche Wüstenformen. […] Die fluviatile Erosion* ist aufgrund der nur spärlich vorhandenen Vegetation in der Wüste äußerst wirksam. So kann nach heftigen Niederschlägen Wasser flutartig von randlichen Gebirgen abfließen. Es sammelt sich in den jahrelang trockenen, kastenförmigen und meist aus vergangenen Pluvialzeiten stammenden Trockentälern und kann große Mengen an Sand, Kies und Gerölle transportieren. Häufig

M 9  Wadi in Ägypten

bauen solche nur periodisch mit Wasser gefüllten Wadis am Ausgang eines Tals oder einer Schlucht Schwemmfächer auf.
*Quelle: Dieter Engelmann, Fred Scholz: Geoökozonen. 2009, S. 83 – 84*

M 6  Quellentext zu Böden und Vegetation in Wüsten

M 7  Versandung einer Oase

Jährlich breitet sich die Sahara um bis zu 600 m nach Süden aus. Sanddünen vernichten die landwirtschaftlichen Nutzflächen und lassen Oasen und Wasserstellen versanden. Die Desertifikation* nimmt insbesondere in der Sahelzone immer größere Ausmaße an, aber auch Nordafrika, Irak, Iran und Afghanistan sind betroffen. Sie hängt in erster Linie mit der zu großen Zunahme der Bevölkerungen und ihrer Viehbestände zusammen. Eine Überstrapazierung der natürlichen Ressourcen durch eine nicht angepasste Landnutzung erschöpft die Regenerationskraft der Böden so rasch, dass diese zerstört werden. Die daraus resultierenden Folgen haben weitreichende Konsequenzen, die sich zum Beispiel in Hungersnöten, Landflucht oder sozialen Spannungen zeigen.
*Quelle: T. Girndt, A. Escher, S. Zimmermann: Nordafrika und Vorderasien, S. 23*

M 10  Quellentext zur Desertifikation*

# 1.6 Istanbul – Warten auf das große Beben

*Die europäisch-asiatische Metropole Istanbul mit knapp 16 Mio. Einwohnern liegt in der Nähe einer geologischen Störungszone. In der Vergangenheit kam es immer wieder zu Erdbeben, zuletzt 1999 80 km östlich der türkischen Megastadt. Es gilt als sehr wahrscheinlich, dass Istanbul in absehbarer Zeit von einem Starkbeben betroffen sein wird. Experten fürchten, dass die Stadt auf ein solches Ereignis nur ungenügend vorbereitet ist.*

1. Beschreiben Sie die direkten Auswirkungen und die anschließenden Folgen eines Erdbebens der Stufe IX am Beispiel des Gölcük-Erdbebens (M1, M4, M5, Internet → Mercalliskala).
2. Erklären Sie die Erdbebengefährdung von Istanbul (M2, M3, M7, Atlas).
3. Charakterisieren Sie Erdbebengefährdung und Erdbebenrisiko Istanbuls innerhalb der Türkei und Europas (M3, M8).
4. Erläutern Sie die Faktoren, die bei der Bebauung zu einem höheren Risiko oder zu mehr Sicherheit in Erdbebengebieten führen können (M6, M7, M9).
Ⓩ 5. Beurteilen Sie die Gefährdung und Vulnerabilität von Istanbul gegenüber einem Erdbeben mit dem Konzept des Weltrisikoindex (Atlas, weltrisikobericht.de).

**M4**  Zerstörtes Haus in Gölcuk nach dem Erdbeben 1999

| Epizentrum | Gölcük | Verletzte | ca. 48 000 |
|---|---|---|---|
| Magnitude | 7,6 | Obdachlose | ca. 300 000 |
| Intensität* | IX | Schaden | 3 – 8,5 Mrd. US-$ |
| Dauer | 37 sec. | Zerstörungen | 120 000 einfache Häuser |
| Tote | ca. 17 000 | | 2000 weitere Gebäude |

**M5**  Daten zum Erdbeben von Gölcük am 17.8.1999

Ein sehr ungewöhnlicher Lärm holt mich aus dem Schlaf. [...] Das Dröhnen schwillt in wenigen Sekunden gewaltig an und geht in ein intensives Vibrieren des ganzen Hauses über. Die Amplitude der hauptsächlich wahrnehmbaren vertikalen Bewegungen wird immer größer, ich werde im Bett auf- und abgeschleudert, [...] auf dem Boden zu stehen, gar zu flüchten, ist unmöglich. Alles bewegt sich, Boden, Decke, Wände und die Fenster, die Schrank-, Zimmertüren sowie Einrichtungsgegenstände klappern – mit einer zu Boden fallenden Porzellanschale im Wohnzimmer brechen die Bewegung und der Lärm urplötzlich ab. [...] Dieser Normalzustand währt aber nur wenige Sekunden, dann gehen in den Wohnungen der Nachbarhäuser die Lichter an, die Bewohner kommen an die Fenster, gehen auf die Balkone und schauen sich um. [...] Da fällt völlig unerwartet die Stromversorgung aus. [...] In diesem Augenblick erreicht uns diesmal ohne „akustische" Vorwarnung das erste Nachbeben. Das Haus erhält einen starken horizontalen Stoß, der uns beinahe umwirft; wie auf langen Gummibeinen schwingt unsere Wohnung vor, dann zurück, bewegt sich über die Senkrechte hinaus zur anderen Seite und kehrt dann in die Normallage zurück. Der Schreck ist gewaltig, wir verlassen fluchtartig das Haus.

*Quelle: Ernst Struck: Das Erdbeben in der Türkei am 17. August 1999 – ein Erfahrungsbericht. Geographische Rundschau 11/1999, S. 644*

**M1**  Erfahrungsbericht aus Istanbul zum Erdbeben 1999

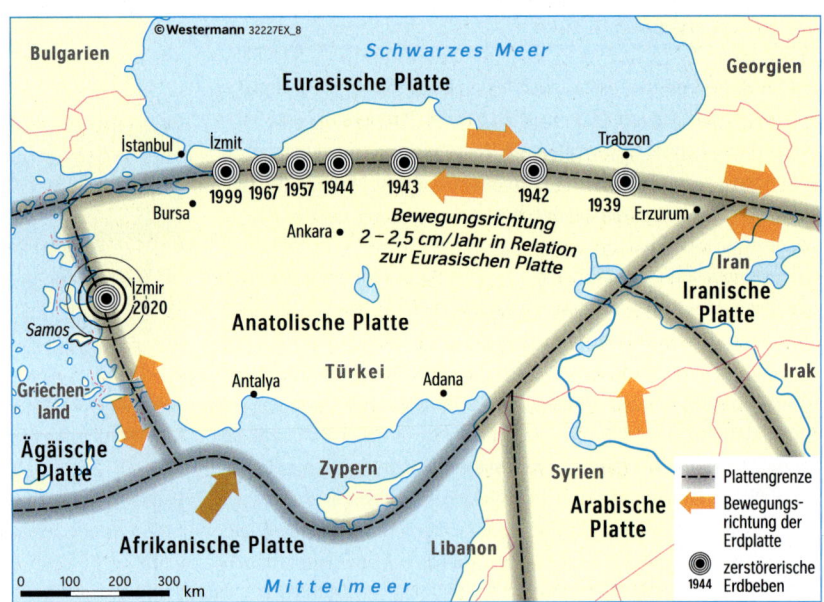

**M2**  Tektonische Situation in der Türkei

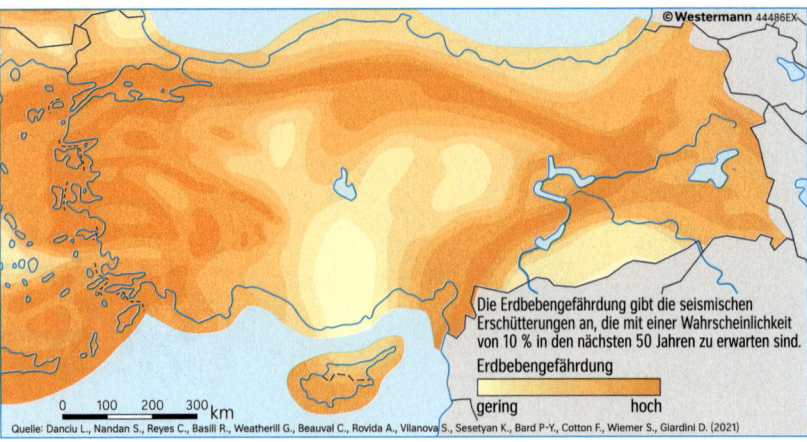

Die Erdbebengefährdung gibt die seismischen Erschütterungen an, die mit einer Wahrscheinlichkeit von 10 % in den nächsten 50 Jahren zu erwarten sind.

Erdbebengefährdung
gering    hoch

Quelle: Danciu L., Nandan S., Reyes C., Basili R., Weatherill G., Beauval C., Rovida A., Vilanova S., Sesetyan K., Bard P-Y., Cotton F., Wiemer S., Giardini D. (2021)

**M3**  Erdbebengefährdung in der Türkei

 100800-140-02
schueler.diercke.de

 100800-252-01
schueler.diercke.de

 100800-252-02
schueler.diercke.de

 100800-242-02
schueler.diercke.de

 100800-242-03
schueler.diercke.de

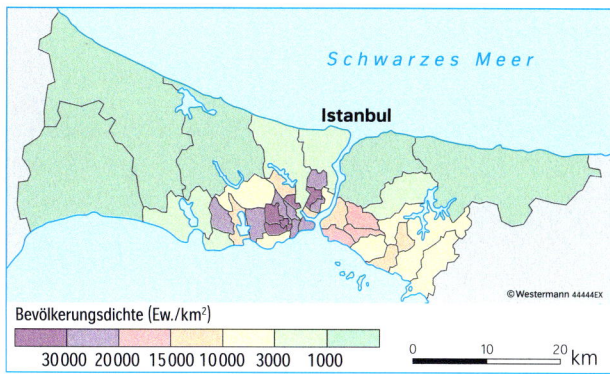

M 6    Bevölkerungsdichte in Istanbul (2021)

Bevölkerungsdichte (Ew./km²)

30 000  20 000  15 000  10 000  3000  1000

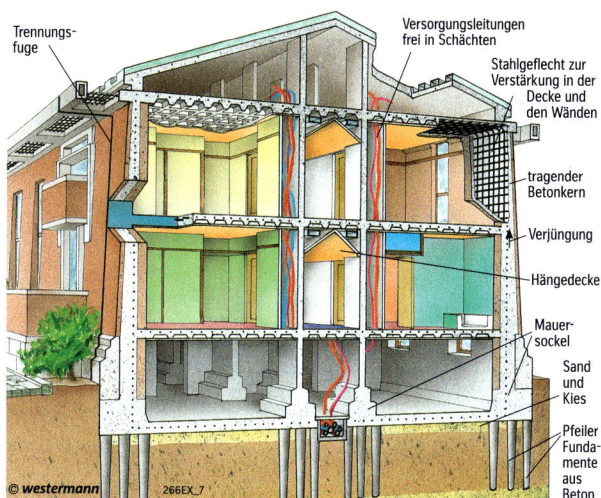

M 9    Konstruktion eines erdbebensicheren Gebäudes

*Es besteht Einigkeit zwischen Experten, dass wir in naher Zukunft mit einem heftigen Erdbeben in unmittelbarer Nähe zur Stadt Istanbul rechnen müssen. Diese Abschätzung wird abgeleitet aus dem Auftreten von mehreren Starkbeben im Verlauf der Geschichte Istanbuls, der andauernden Kontinentalverschiebung unterhalb des Marmaramee-res und der Tatsache, dass direkt vor den Toren Istanbuls ein Bereich der Erdbebenzone liegt, der zurzeit keine seismische Aktivität zeigt. Vieles deutet darauf hin, dass dieser Bereich gegenwärtig und schon seit Langem verhakt ist. Dabei bauen sich dann Spannungen auf, die irgendwann die Festigkeit des Gesteins überschreiten und ruckartig durch einen Versatz beider Erdplatten um mehrere Meter innerhalb von Sekunden abgebaut werden. Die dabei entstehenden Erdbebenwellen stellen dann die eigentliche Gefahr für Gebäude, Infrastruktur und letztlich die örtliche Bevölkerung dar. Es ist also nicht die Frage des „ob", sondern die des „wie stark" und des „wann". Die Stärke versuchen wir durch unsere Forschungsarbeiten besser abschätzen zu können. Die genaue Zeit eines Erdbebens kann man allerdings nicht vorhersagen.*

**Marco Bohnhoff**, deutscher Geophysiker (2019)

In Politik und Wissenschaft besteht Einigkeit darüber, dass Istanbul trotz des 2003 verabschiedeten, 500 Seiten starken Erdbebenmasterplans sowie zahlreicher weiterer Frühwarn- und Schutzmaßnahmen aufgrund der akuten Bedrohungslage und der anfälligen Bausubstanz im Falle eines Erdbebens eine massive Katastrophe droht. [...] Dabei zeigt die große Konzentration von anfälliger Industrie in Istan-

bul, der partiell erdbebenverstärkende Untergrund, auch im Bereich des Flughafens, die vielerorts für Evakuierung zu engen Gassen, die dauerhafte Belegung von Katstrophensammelplätzen und die kurze Vorwarnzeit von geschätzten zwei bis fünf Sekunden einerseits, dass vieles für eine große Vulnerabilität der Stadt spricht. Als besonders problematisch wird die partiell marode Bausubstanz eingeschätzt, wobei vorsorgliche Abrissarbeiten aufgrund von vielen denkmalgeschützten Gebäuden häufig kaum vorankommen. Zudem verursacht der enorme Zuzug ins Stadtgebiet von Istanbul einen hohen Bevölkerungsdruck, welcher oftmals Neubauten zur Folge hat, die kaum den grundsätzlich hohen Sicherheitsstandards entsprechen.

Andererseits gilt Istanbul als vergleichsweise gut vorbereitet, da Bauwerke wie Tunnel, Brücken oder der neue Flughafen gute Noten im Erdbebenschutz bekommen. Darüber hinaus soll das bisher überwiegend testweise in Istanbul betriebene neue Frühwarnsystem SOSEWIN für eine präzise kurzfristige Vorhersage sorgen können. [...] Eine Frühwarnung sei im Rahmen von wenigen Sekunden bis sogar rund anderthalb Minuten möglich. Diese im Normalfall jedoch nur wenige Sekunden betragende Vorwarnzeit könnte die Abschaltung von Gas, Strom und industriellen Prozessen sowie die Rotschaltung von Ampeln ermöglichen.

*Hendrik Bergers: Erdbeben in Istanbul. geographie heute 351/2020, S. 24 – 25*

M 7    Quellentexte zur Gefährdung und Vulnerabilität von Istanbul gegenüber Erdbeben

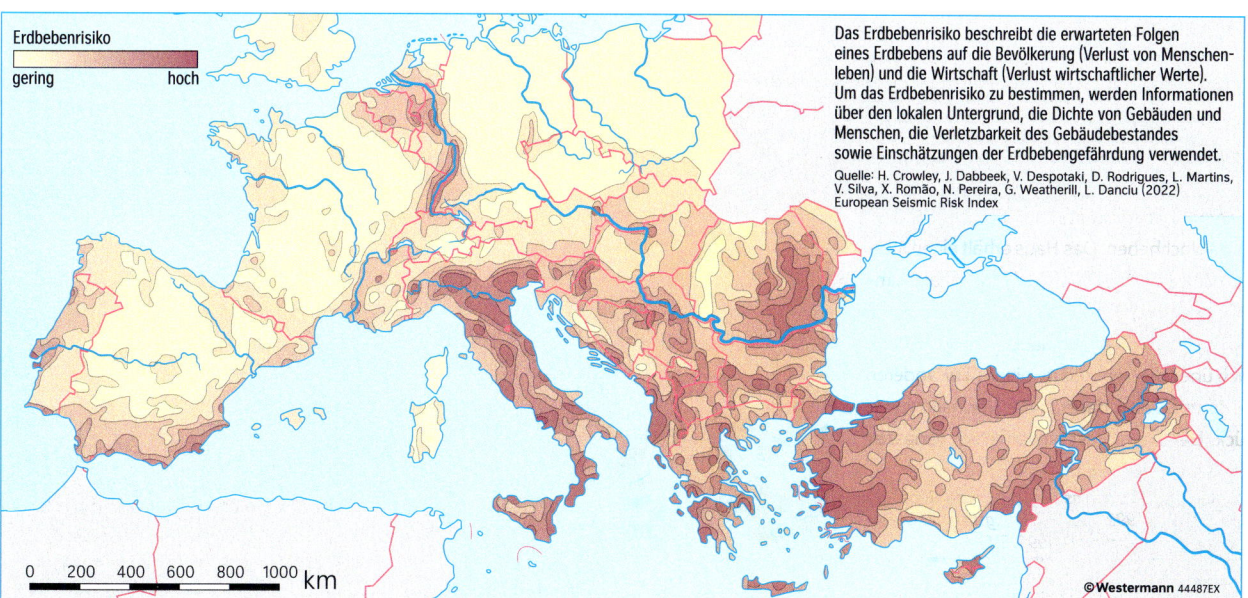

Erdbebenrisiko

gering        hoch

Das Erdbebenrisiko beschreibt die erwarteten Folgen eines Erdbebens auf die Bevölkerung (Verlust von Menschenleben) und die Wirtschaft (Verlust wirtschaftlicher Werte). Um das Erdbebenrisiko zu bestimmen, werden Informationen über den lokalen Untergrund, die Dichte von Gebäuden und Menschen, die Verletzbarkeit des Gebäudebestandes sowie Einschätzungen der Erdbebengefährdung verwendet.

Quelle: H. Crowley, J. Dabbeek, V. Despotaki, D. Rodrigues, L. Martins, V. Silva, X. Romão, N. Pereira, G. Weatherill, L. Danciu (2022) European Seismic Risk Index

M 8    European Seismic Risk Index (2022)

# 1.7 Historische Wurzeln heutiger Konflikte

*Wir nehmen Vorderasien heute als eine Region wahr, in dem es fortlaufend zu Konflikten zwischen arabischen/islamischen Ländern und Gruppen kommt. Hinzu kommt der scheinbar unlösbare Konflikt zwischen der Arabischen Welt und Israel sowie von bestimmten islamischen Gruppierungen und dem „ungläubigen Westen". Noch mehr als anderswo haben alle Auseinandersetzungen eine historische Komponente, die ihr Verständnis so erschweren. Welche Bedeutung haben heute zum Beispiel noch der jahrhundertelange Konflikt mit Europa und die europäische Kolonialisierung?*

1. Beschreiben Sie die Ausbreitung des Islams bis zum 8. Jahrhundert und die des Osmanischen Reichs (M1, M3).
2. Fassen Sie den Konflikt zwischen Europa und der Arabisch/islamischen Welt zusammen (M4, M6).
Ⓩ 3. Analysieren Sie die Aussage der Karikatur (M5).
4. Erklären Sie die wirtschaftlichen und politischen Motive bei der Kolonialisierung Nordafrikas und Vorderasiens (Atlas).
5. Vergleichen Sie die Grenzen der Kolonialstaaten in Nordafrika und Vorderasien mit denen der heutigen Staaten (M8, Atlas).
6. Erläutern Sie die langfristigen Folgen des Sykes-Picot-Abkommens und der kolonialen Aufteilung (M6 – M9).
7. Andreas Dittmann schreibt (M6): „Der Nahe Osten, wie wir ihn bislang kannten, löst sich auf. Staaten schwächeln und zerfallen, alte Grenzen werden bedeutungslos und in den entstaatlichten Räumen entstehen neue Herrschaftsgebilde." Analysieren Sie vor diesem Hintergrund den Text M7.
Ⓩ 8. Nehmen Sie Stellung zu den Aussagen von Brakel (M7).

Das Osmanische Reich (1299 – 1922) war immer ein Vielvölkerstaat. Zu Anfang des 19. Jahrhunderts erstreckte es sich beinahe über den gesamten Balkan, die heutige Ukraine und die meisten arabischen Gebiete. Religion spielte für die Gesellschaft eine zentrale Rolle. Darüber hinaus trugen auch Familie, Stammeszugehörigkeit, regionale Herkunft und der Beruf zur Identität bei. Absoluter Herrscher war der Sultan, der zwar über ein Beratungsgremium und auch über Minister verfügte, ein Parlament oder eine andere Vertretung der Bevölkerung existierte jedoch nicht.

**M2**   Osmanisches Reich

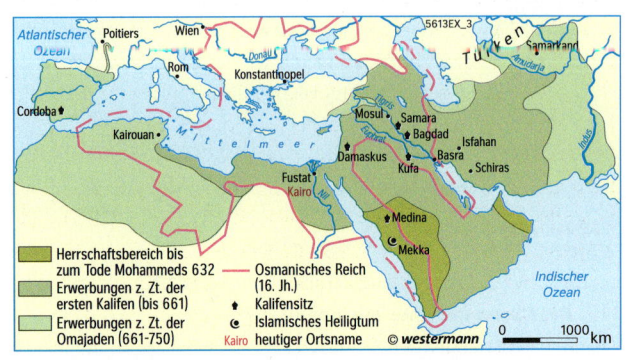

**M3**   Ausbreitung des Islam bis Mitte des 8. Jahrhunderts

Seitdem die Araber sich im 7. Jahrhundert n. Chr. militärisch gegen das oströmische und persische Reich in Vorderasien durchsetzten und sich schließlich von ihrem ursprünglichen Siedlungsgebiet auf der arabischen Halbinsel bis nach Nordafrika und Spanien ausbreiteten, wurden sie von europäischen Mächten als Bedrohung angesehen. So dienten die Kreuzzüge des 11. bis 13. Jahrhunderts und später die Rückeroberung Spaniens auch zur Abwehr der „islamischen Gefahr". Geradezu zu einem Schreckensbild wurde diese in Europa, als sich das Osmanische Reich im 16. Jahrhundert bis weit über den Balkan ausbreitete. Nach der Niederlage der osmanischen Heere vor Wien 1683 drehte sich jedoch das Blatt, und mit der französischen Besetzung Algiers 1830 begann die kulturelle Vereinnahmung und militärische Eroberung Nordafrikas und Vorderasiens durch die Europäer.

Bis zum Beginn des 20. Jahrhunderts gerieten die meisten Länder der Region unter direkten Einfluss der europäischen Mächte, insbesondere Frankreichs und Englands. Nach dem Ersten Weltkrieg wurden die Gebiete des Osmanischen Reiches unter den europäischen Siegermächten aufgeteilt. [...] Sowohl im Ersten als auch im Zweiten Weltkrieg wurde der Orient auf Seiten der Alliierten und der Achsenmächte als Schauplatz kriegerischer Auseinandersetzungen und als Ressource für Soldaten politisch instrumentalisiert.

*Quelle: Thilo Girndt, Anton Escher, Stefan Zimmermann: Nordafrika und Vorderasien. Braunschweig: Westermann 2013, S. 11*

**M4**   Quellentext zum Konflikt der Arabischen Welt und Europa

**M1**   Osmanisches Reich

**M5**   Karikatur aus der Pariser Tageszeitung Le Petit Journal („Das Aufleben der orientalischen Frage" 18.10.1908)

Der Nahe Osten, wie wir ihn bislang kannten, löst sich auf. Staaten schwächeln und zerfallen, alte Grenzen werden bedeutungslos und in den entstaatlichten Räumen entstehen neue Herrschaftsgebilde. Um die aktuellen Prozesse bewerten und einordnen zu können, erscheint es wichtig, einen Überblick über die historisch und politisch prägenden Faktoren der bis vor kurzem noch gültigen Rahmenbedingungen zu versuchen. [...]

Der Erste Weltkrieg war noch nicht zu Ende, da schacherten die vorhersehbaren Gewinner im Nahen Osten schon um die Verteilung des Erbes des Osmanischen Reiches. Bereits 1916 trafen sich britische und französische Unterhändler, um die Gebiete zwischen Mittelmeer und dem Persisch-Arabischen Golf, zwischen Jordan und Shatt-al-Arab unter sich aufzuteilen. Dies alles geschah im Verborgenen, um die gegen die Osmanen aufständischen Araber weiterhin bei der Stange zu halten, die immer noch glaubten, für den versprochenen arabischen Staat von Damaskus bis Mekka und von Aleppo bis Bagdad zu kämpfen. Doch längst war die Beute anders verteilt. Die Hauptunterhändler, der Brite Sykes und der Franzose Picot, hatten sich darauf verständigt, wie die Konkursmasse des Osmanischen Reiches aufgeteilt und wo die engeren und weiteren Einflussgebiete beider Mächte liegen sollten. Im Norden könnte eine Art osmanisches Rest-Reich verbleiben, für den der Name „Türkei" gefunden werden würde. [...] Die wesentlichen Inhalte des Sykes-Picot-Geheimabkommens von 1916 wurden 1919 im Versailler Vertrag und später im Vertrag von Sèvres beziehungsweise in der revidierten Fassung von Lausanne (1922/23) festgelegt. Es sah die „Erfindung des Mandatswesens*" als quasi-kolonialem Instrument

M 9  Britisch-französische Interessengebietsaufteilung 1916

vor. Regional legte es fest, dass die attraktiveren Bereiche der in Frage kommenden Gebiete zwischen Franzosen und Briten aufgeteilt werden sollten, während die arabischen Akteure mit zwar weitläufigen Bereichen, aber größtenteils ariden und semi-ariden Gebieten auf der Arabischen Halbinsel abgefunden werden sollten.

*Quelle: Andreas Dittmann: Der Nahe Osten zerfällt. Geographische Rundschau 10/2014, S. 51*

M 6  Quellentext zum Sykes-Pikot-Abkommen

Die am Reißbrett gezogenen Grenzen – Winston Churchill brüstete sich, den Staat Jordanien „mit einem Stiftzug an einem Sonntagnachmittag" geschaffen zu haben – sind die Grundlage, wenn auch nicht die Ursache für viele der Konflikte im modernen Nahen Osten: der Israel-Palästina-Konflikt, der libanesische Bürgerkrieg, der irakische Überfall auf Kuwait, der türkisch-kurdische Bürgerkrieg. Auslöser für all diese Konflikte war lokale und regionale, nationalistisch-exkludierende Politik. Manchmal wurde diese von externen Mächten unterstützt. Manchmal war sie komplett hausgemacht. Aber die Leinwand, auf der diese Politik entstand, war Sykes-Picot. Ist es nicht also Zeit, dass diese überkommenen Grenzen sich endlich verschieben und existierende Spaltungen in den

Gesellschaften vor Ort besser abbilden, als das die bisherigen Staaten derzeit vermögen? Ein Zerfall von Sykes-Picot wird daher nicht zwingend zu einer besseren regionalen Ordnung führen und der Weg dorthin wird blutig sein. Das Problem des Nahen Ostens ist nicht das Vorhandensein von multiplen Ethnien und Religionen auf engstem Raum, sondern exkludierende Politik, die diese immer wieder gegeneinander ausspielt. Ja, Sykes-Picot mag hinfällig sein. Ja, Sykes-Picot ist eine koloniale Ordnung, die den Menschen in der Region nicht dient. Und nein, man sollte um den Zusammenbruch dieser Ordnung nicht zu viele Tränen vergießen. Doch das heißt nicht, dass eine bessere Alternative in Sicht wäre.

*Quelle: Kristian Brakel: Sykes-Picot zerfällt – endlich! IPG-Journal 1.7.2014*

M 7  Quellentext zur Überwindung der kolonialen Grenzziehung

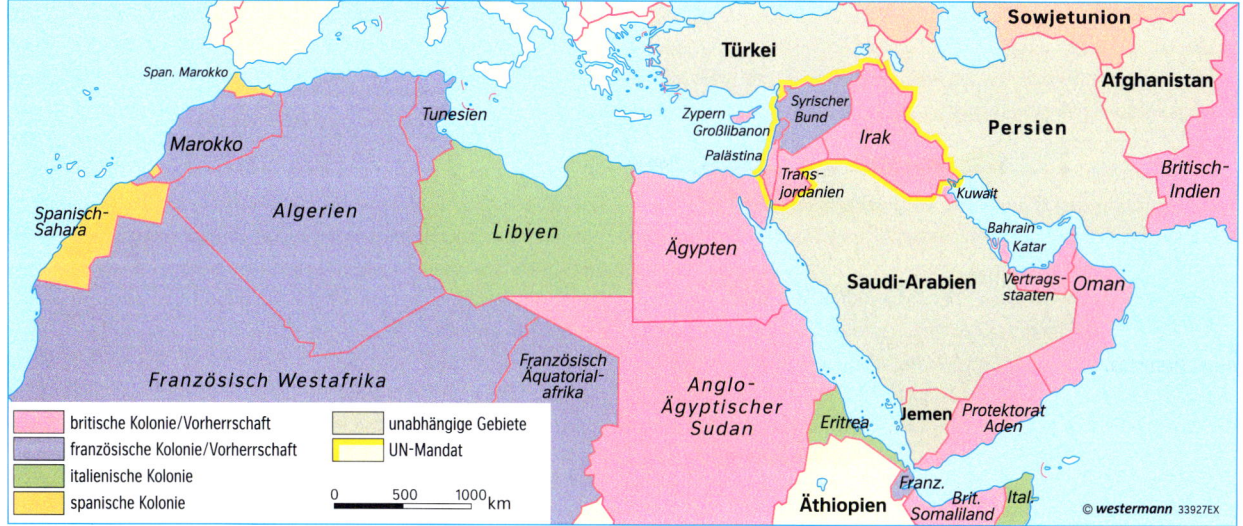

britische Kolonie/Vorherrschaft
französische Kolonie/Vorherrschaft
italienische Kolonie
spanische Kolonie
unabhängige Gebiete
UN-Mandat

M 8  Kolonien in Nordafrika und Vorderasien (1922)

# 1.8 Autokratische Regime und Konflikte ohne Ende

*In der zweiten Hälfte des 20. Jahrhunderts wurden alle europäischen Kolonien in Nordafrika und Vorderasien in die Unabhängigkeit entlassen. In nahezu allen Staaten entstanden autokratische\* Herrschaftssysteme, die sich trotz augenfälliger Entwicklungsprobleme mittels eines großes Polizei- und Militärapparats, Günstlingswirtschaft und Korruption an der Macht halten konnten. 2011 kam es in vielen Ländern erstmals zu Protesten der Bevölkerungen mit politischen, sozialen und wirtschaftlichen Forderungen. Doch über zehn Jahre nach Beginn des Arabischen Frühlings\* ist seine Bilanz dürftig.*

1. a) Beschreiben Sie die politischen Systeme in Nordafrika und Vorderasien (M1, M5).
   b) Analysieren Sie den Demokratisierungsgrad der Region im weltweiten Vergleich (M7).
   Ⓩ c) Charakterisieren Sie die aktuelle politische Situation in einem Land ihrer Wahl in der Region (Internet).
2. Erläutern Sie die Ursachen für die Unzufriedenheit, die in vielen arabischen Ländern 2011 zu Protesten führte (M1, M6).
3. Analysieren Sie die Erfolge des Arabischen Frühlings\* anhand der politischen Indikatoren (M6, M7, M8).
4. „Heute befinden wir uns in einem Zustand wie vor 2011." Nehmen Sie Stellung zu der Aussage eines marokkanischen Politikwissenschaftlers.
   Ⓩ 5. Analysieren Sie die Entwicklung der Konflikte in der Region (M2, M5). Recherchieren Sie aktuelle Daten (www. hiik.de).

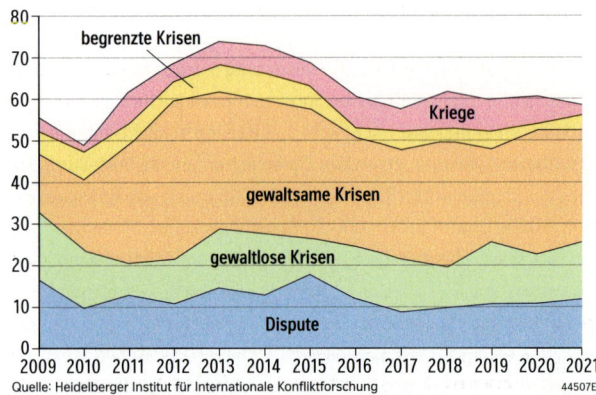

Quelle: Heidelberger Institut für Internationale Konfliktforschung    44507EX

M2    Konflikte in Nordafrika und Vorderasien (inkl. Afghanistan)

M3    König Mohammed VI. von Marokko (Mitte) gibt ein festliches Abendessen (Iftar) zu Ehren von Scheich Mohammed Bin Zayed Al Nahyan, Kronprinz von Abu Dhabi (3. von l.) in der Residenz des Königs in Salé (2022). An der Seite des Königs sein ältester Sohn, der Kronprinz von Marokko, Prinz Moulay Hassan.

M4    Marokkanische Polizisten lösen eine Demonstration von Lehrern in Rabat auf, die bessere Arbeitsbedingungen fordern (2022).

Mit der Entstehung der Nationalstaaten in Nordafrika und Vorderasien haben sich Herrschaftssysteme nach dem formalen Organisationsmuster westlicher Demokratien herausgebildet. Dennoch konnten sich in nahezu allen Staaten monarchische Dynastien\* (Marokko, Jordanien) oder familiäre Clans (Syrien, Libyen) etablieren. Die Herrscher stützen sich auf den eigenen Familienclan und seine Verflechtungen mit anderen Clans sowie auf die Loyalität von Militär, Polizei und Geheimdiensten, um ihre Macht nach außen und innen zu sichern. Dabei spielt es keine Rolle, ob es sich in formaler Hinsicht um eine aufgeklärte Monarchie oder ein autokratisches\* Präsidialsystem handelt. Bis 2011 war ein Abdanken oder ein Rücktritt für den Machthaber nicht denkbar. Ein Wechsel der Herrschaft war in der Regel nur durch den Tod des Regenten möglich. Im Alltag durften die Legitimation des Machthabers und die Ausübung der Macht nicht infrage gestellt werden. Kritik war lediglich an der Art und Weise der Machtausübung in Bezug auf religiöse und humane Normen möglich. Die Legitimation der politischen Macht wird durch religiöse Führerschaft, durch dynastische Abstammung sowie – je nach Herrschaftssystem – durch die Zustimmung der Clanführer oder des Volkes begründet. Die Herrscher sind, unabhängig von der Verfassung und den normativen Ansprüchen der Staatsform, den übergeordneten Regeln der Religion verpflichtet. Damit unterscheiden sich diese Herrschaftsformen klar von einer Diktatur, bei der Willkür angewandt wird, um die Interessen des Diktators durchzusetzen. [...] Es hat sich gezeigt, dass autokratisch regierte Länder in mehrfacher Hinsicht Probleme bei der Entwicklung ihrer Gesellschaften haben. Beispielsweise wird ein überdimensionierter Militär- und Polizeiapparat zur Stabilisierung der Macht genutzt. Korruption und gezielte Förderung von Günstlingen (Patronage) sind weit verbreitet. Auf diese Weise werden menschliche Ressourcen und finanzielles Kapital gebunden,

die dringend für die Entwicklung des Landes benötigt werden. Ende 2010 begannen in der Arabischen Welt [...] Proteste, Aufstände und Revolutionen, die die Bezeichnung Arabischer Frühling\* (Arabellion) erhielten. Die Proteste verbanden neben politischen auch soziale und wirtschaftliche Forderungen. Während es in einigen Ländern tatsächlich zu Umstürzen (Ägypten, Libyen) und Rücktritten kam (Tunesien, Jemen) oder zumindest die autokratischen Herrscher ihre Regierungen austauschten (Kuwait, Jordanien), wurden die Demonstranten in anderen brutal niedergeschlagen (Bahrain) oder mit Zugeständnissen und Reformen besänftigt (Saudi-Arabien, Algerien, Oman, Marokko).
*Quelle: Thilo Girndt, Anton Escher, Stefan Zimmermann: Nordafrika und Vorderasien. Braunschweig: Westermann 2013, S. 11 – 14*

M1    Quellentext zu autokratischen Systemen und dem Arabischen Frühling\*

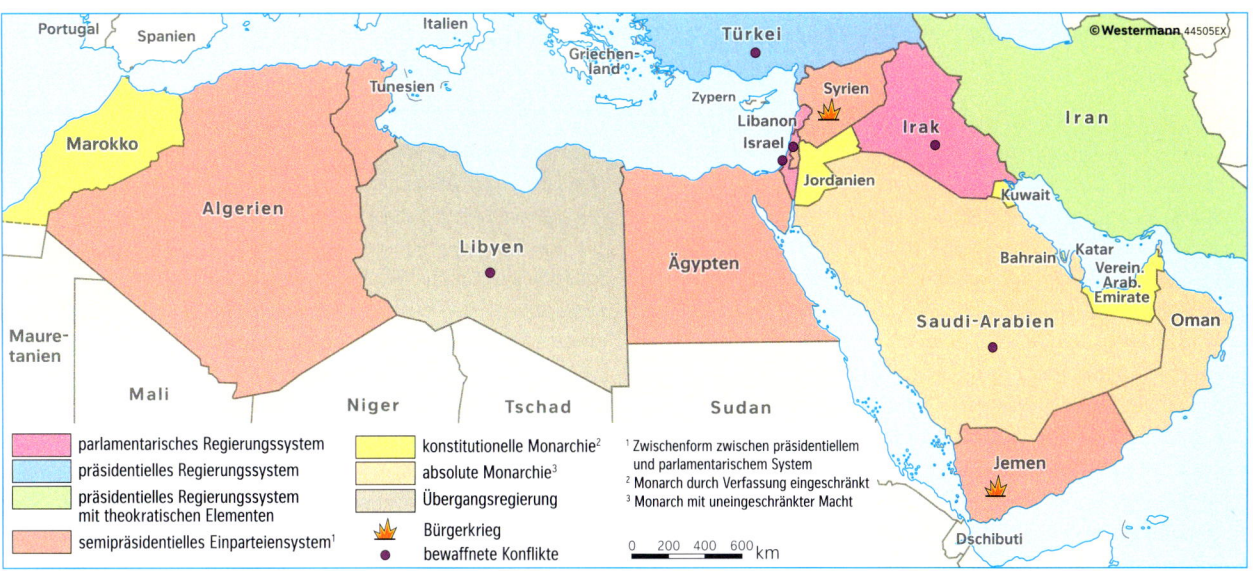

M5 Politische Systeme und bewaffnete Konflikte (Stand Juli 2022)

Die Erwartungen der Bevölkerung Nordafrikas an den Arabischen Frühling* hinsichtlich Demokratisierung und Verbesserung der politischen, sozialen und ökonomischen Situation waren enorm. Heute ist festzustellen, dass diese Erwartungen überwiegend enttäuscht wurden. Im Bereich menschlicher Entwicklung gab es in Nordafrika in den vergangenen zehn Jahren kaum Fortschritte. In Libyen führten die Bürgerkriege sogar zu einer deutlichen Verschlechterung der Lebenssituation und Sicherheit. Die ohnehin schon hohe Jugendarbeitslosigkeit hat sich in allen Ländern erhöht. Die Entwicklung der Einkommensverteilung in der Bevölkerung hat sich in Tunesien und Marokko leicht verbessert, während in Algerien und insbesondere Ägypten deutliche Verschlechterungen zu verzeichnen sind. [...] Besorgniserregend ist weiterhin die wahrgenommene Korruption, die zwar in allen Ländern außer Libyen abgenommen hat, sich aber noch immer auf einem schlechten Niveau bewegt. [...] In Ägypten und Algerien ist das Militär weiterhin mächtig und die Menschenrechte sind bedroht. Marokko ist politisch stabil, aber auch hier fordert die wachsende Bevölkerung Reformen, Jobs und Aufstiegschancen. [...] Tunesien hat es zur Demokratie geschafft, aber ihre Nachhaltigkeit ist durch die schlechte wirtschaftliche Lage und hohe Arbeitslosigkeit im Land bedroht. Politische Teilhabe, Transparenz, Sicherung der Grundrechte und Stabilität sind zentrale Ziele, die die Regierungen in Nordafrika verfolgen müssen, wenn sie eine dauerhafte Perspektive haben wollen.

*Quelle: Janpeter Schilling, Luise Werland: Zehn Jahre Arabischer Frühling. Geographische Rundschau 11/2021, S. 11–14*

M6 Quellentext zur Lage in Nordafrika

|  | politische Rechte[1] | | | bürgerl. Freiheiten[1] | | |
|---|---|---|---|---|---|---|
|  | 2010 | 2015 | 2021 | 2010 | 2015 | 2021 |
| Ägypten | 6 | 6 | 6 | 5 | 5 | 6 |
| Algerien | 6 | 6 | 6 | 5 | 5 | 5 |
| Bahrain | 6 | 7 | 7 | 5 | 6 | 6 |
| Irak | 5 | 5 | 5 | 6 | 6 | 6 |
| Iran | 6 | 6 | 6 | 6 | 6 | 6 |
| Israel | 1 | 1 | 2 | 2 | 2 | 3 |
| Jemen | 6 | 7 | 7 | 5 | 6 | 6 |
| Jordanien | 6 | 6 | 6 | 5 | 5 | 5 |
| Libanon | 5 | 5 | 5 | 3 | 4 | 4 |
| Libyen | 7 | 6 | 7 | 7 | 6 | 6 |
| Marokko | 5 | 5 | 5 | 4 | 4 | 5 |
| Oman | 6 | 6 | 6 | 5 | 5 | 5 |
| Saudi-Arabien | 7 | 7 | 7 | 6 | 7 | 7 |
| Syrien | 7 | 7 | 7 | 6 | 7 | 7 |
| Tunesien | 7 | 1 | 2 | 5 | 3 | 3 |
| Türkei | 3 | 3 | 5 | 3 | 4 | 6 |
| VAE | 6 | 6 | 7 | 5 | 6 | 6 |

[1] Skala von 1 (höchster Grad an Freiheit) bis 7 (geringster Grad an Freiheit)

M8 Politische Indikatoren des Freedom House Reports

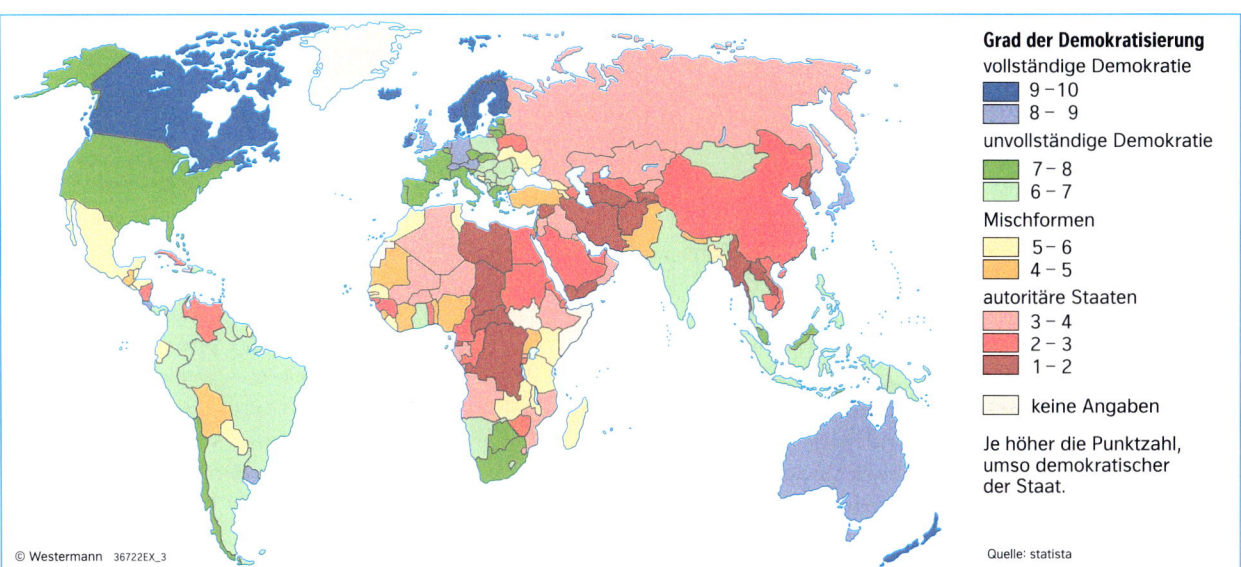

**Grad der Demokratisierung**

vollständige Demokratie
- 9–10
- 8–9

unvollständige Demokratie
- 7–8
- 6–7

Mischformen
- 5–6
- 4–5

autoritäre Staaten
- 3–4
- 2–3
- 1–2

- keine Angaben

Je höher die Punktzahl, umso demokratischer der Staat.

Quelle: statista

M7 Demokratieindex (2021)

# 1.9 Israelis und Palästinenser – der Nahostkonflikt

*Die älteste der zahlreichen Auseinandersetzungen in Vorderasien ist der Konflikt um Palästina, der bereits seit über 70 Jahren andauert. Beide Konfliktparteien – Juden/Israelis und Araber/Palästinenser – betrachten die Region zwischen Jordan und Mittelmeer, in der sie zum Teil abwechselnd, zum Teil gemeinsam gelebt haben, als ihre historische Heimstätte und sich als rechtmäßige Bewohner. Eine Lösung ist noch immer nicht in Sicht.*

1. Beschreiben Sie die territoriale* Entwicklung Israels und der palästinensischen Gebiete (M1, M3, Atlas).
2. Beschreiben Sie die aktuelle territoriale Gliederung der Westjordanlands (M4, M7).
3. Vergleichen Sie die demografischen und wirtschaftlichen Merkmale Israels und der PA (M2, Atlas).
4. Analysieren Sie die Materialien M6, M8, M10.
5. a) Beschreiben Sie das Bild M9 (evtl. Google Earth).
   b) Beurteilen Sie die Folgen der jüdischen Siedlungen und der Grenzanlagen im Westjordanland (M4, M5, M7, M9).

| | Israel | Palästinensische Autonomiegebiete | |
| --- | --- | --- | --- |
| | | Gaza | Westbank |
| Fläche (in km²) | 22 380 | 365 | 5660 |
| Einwohner (in Mio.)[1] | 9,55 | 2,17 | 3,19 |
| Lebenserwartung[3] | 83,0 Jahre | 72,0 Jahre | |
| Fertilitätsrate*[1] | 3,0 | 3,8 | 3,9 |
| Altersgruppe 0–14 J. | 28,2 % | 40,7 % | 35,5 % |
| BIP/ Ew. (in US-$)[2] | 51 430 | 3664 | |
| Arbeitslosenrate[2,4] | 4,9%/5,1 % | 41,9%/65,0% | 12,4%/28,9% |
| Export (in Mrd. US-$)[2] | 143,1 | 3,2 | |
| HDI*[3] | 0,919 (19.) | 0,707 (115.) | |

[1] 2022, [2] 2021, [3] 2019 [4] männlich/weiblich Quelle: Israel Bureau of Statistics, Palestinian Central Bureau of statistics, World Bank, UNDP

**M2** Demografische und wirtschaftliche Daten

Nach dem Ende des Ersten Weltkriegs übertrug der Völkerbund in einem Mandat* Großbritannien die Verwaltung des ehemals zum Osmanischen Reich gehörenden Palästina. Bestandteil dieses Mandats war der Auftrag zur „Errichtung einer nationalen Heimstätte für das jüdische Volk". Doch Palästina war nicht unbewohnt. Neben der wachsenden Zahl jüdischer Einwanderer lebten dort seit Jahrhunderten Araber, die das Land als ihr ererbtes Wohn- und Wirtschaftsgebiet betrachteten. Am 29. November 1947 bestimmten die Vereinten Nationen in New York unter dem Eindruck des jüngst zurückliegenden Holocaust über die Hälfte des britischen Mandatsgebiets Palästina zum Territorium eines zukünftigen jüdischen Staates. Auf dem restlichen Gebiet – ohne das Stadtgebiet Jerusalems, für das eine internationale Verwaltung vorgesehen war– sollte ein arabischer Staat entstehen. Die Araber lehnten den Teilungsplan ab. Nach der Proklamation des Staates Israel 1948 kam es zum ersten arabisch-israelischen Krieg, an dem sämtliche arabischen Nachbarstaaten beteiligt waren. Es folgten [...] weitere Kriege und immer wieder militärische Auseinandersetzungen einschließlich zahlreicher terroristischer Gewalttakte. [...]

Nach dem ersten Aufstand der palästinensischen Bevölkerung, der Intifada des Jahres 1987, kam erneut Bewegung in den Konflikt: 1994 schlossen Jordanien und Israel einen Friedensvertrag. Damals wurden der Gazastreifen und Teile des Westjordanlandes der Verwaltung der Palästinensischen Autonomiebehörde übergeben. Die Gründung eines eigenen Staates ließ jedoch weiter auf sich warten. Auch eine zweite Intifada im Jahr 2000 brachte das palästinensische Volk seinem Ziel nicht näher; der Konflikt ging weiter. In den palästinensischen Autonomiegebieten versuchten militante Gruppen, ihre Forderung nach einem eigenen Staat mit Terrorakten und Raketenangriffen durchzusetzen. Die israelische Armee reagierte mit der Aussperrung palästinensischer Arbeiter, gezielten Tötungen, Bombardements des Westjordanlandes und des Gazastreifens und der kompletten Zerstörung palästinensischer Siedlungen. [...]

Dem überregionalen bis globalen Aspekt der israelisch-palästinensischen Auseinandersetzung trägt der weithin übliche Begriff Nahostkonflikt Rechnung. Neben den lokalen Akteuren sind auch externe Mächte stark involviert. In weiten Teilen der Arabischen Welt gehört das Bekenntnis zu einem unabhängigen Palästina wenigstens in der Öffentlichkeit zum Standardrepertoire der Politiker. Die USA hingegen sind ein treuer Verbündeter Israels. Inzwischen ist allerdings auch das palästinensische Volk politisch gespalten: Auf der einen Seite steht die gemäßigte Fatah, die im Westjordanland „regiert", auf der anderen Seite die radikale Hamas, die den Gazastreifen dominiert. Dies hat die mittlerweile unzähligen, mehr oder weniger ernst vorangetriebenen Friedensbemühungen der vergangenen Jahrzehnte weiter verkompliziert. So bleibt auch das gravierende palästinensische Flüchtlingsproblem in den umliegenden arabischen Ländern ungelöst. Neben dem inzwischen nahezu unüberbrückbaren gegenseitigen Misstrauen beider Seiten bestehen bei einer „Zweistaatenlösung" unter anderem weitere Konfliktpunkte in der Grenzziehung, im Status Jerusalems, den jüdischen Siedlungen in den palästinensischen Gebieten sowie der Wasserfrage.
*Quelle: Thilo Girndt, Anton Escher, Stefan Zimmermann: Nordafrika und Vorderasien. 2013, S. 15–16*

**1947** Teilungsplan der UNO
**1949** nach Unabhängigkeitskrieg
**1967** nach Sechs-Tage-Krieg
**2019**
© Westermann

LIBANON · Mittelmeer · SYRIEN · Golanhöhen · Tel Aviv · WEST-JORDAN-LAND · Jordanien angegliedert · Jerusalem (geteilt) · Gaza · Totes Meer · ägyptisch verwaltet · ISRAEL · Sinai* · Mandatsgebiet PALÄSTINA · ÄGYPTEN · TRANS-JORDANIEN · JORDANIEN · Eilat

0   50   100 km

**1947**
☐ jüdischer Staat
☐ arabischer Staat
☐ internationaler Sonderstatus

**1949**
☐ israelischer Staat

**1967**
☐ von Israel besetzte Gebiete
*Rückgabe der Halbinsel Sinai 1979 (Camp David)

**heute**
☐ israelischer Staat
☐ palästinensisches Autonomiegebiet
☐ von Israel kontrolliert

21075EX_2

**M1** Historische Entwicklung des Konflikts zwischen Israel und den Palästinensern

**M3** Quellentext zum Palästinenser-Konflikt

**M 4    Zugang zu Zone A**

Das Westjordanland ist aufgeteilt in
- Zone A (18 % des Gesamtgebiets, über 50 % der Gesamtbevölkerung) unter palästinensischer Zivil- und Sicherheitsverwaltung,
- Zone B (20 % des Gebiets, über 40 % der Bevölkerung) unter palästinensischer Zivilverwaltung und gemeinsamer israelisch-palästinensischer Sicherheitsverwaltung,
- Zone C (62 % des Gebiets, ca. 6 % der Bevölkerung) unter fast voller israelischer Zivil- und Sicherheitsverwaltung.

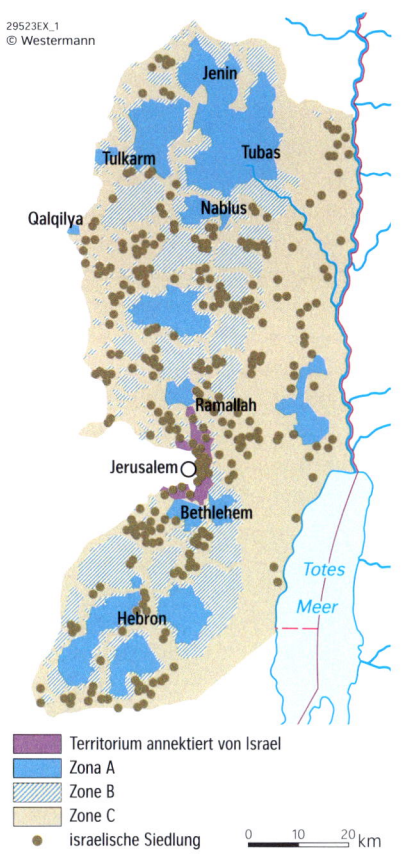

29523EX_1
© Westermann

Territorium annektiert von Israel
Zona A
Zone B
Zone C
israelische Siedlung

0    10    20 km

**M 7    Westjordanland (Westbank)**

**M 9    Grenzmauer zwischen dem Ost-Jerusalemer Stadtteil Pisgat Ze'ev (vorne) und dem Flüchtlingslager Anata im Westjordanland**

Seit 2003 errichtet Israel Grenzanlagen zwischen Israel und dem Westjordanland (Gesamtlänge: 708 km). Ausgegebenes Ziel war, die Anzahl an Selbstmordanschlägen, durch die Hunderte israelischer Zivilisten getötet oder schwer verletzt wurden, zu beenden. Die Grenzanlagen, mit den vom Militär kontrollierten Check-Points und den zugehörigen Straßensperren, laufen häufig direkt durch palästinensische Wohngebiete. Der Ausbau der geplanten Sperranlagen zum Westjordanland (z. T. als bis zu 8 m hohe Mauer) ist zu etwa 85 Prozent abgeschlossen. Die Sperranlagen um den Gaza-Streifen (65 km) wurden bereits 1994 gebaut und seitdem immer wieder ausgebaut und modernisiert.

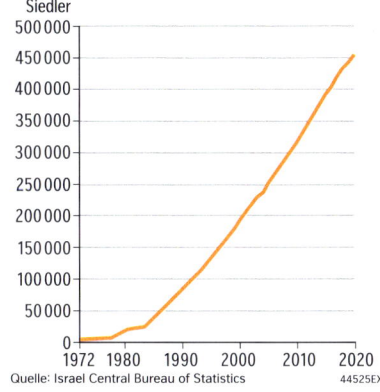

**M 5    Israelische Siedler im Westjordanland (ohne Ost-Jerusalem)**

Quelle: Israel Central Bureau of Statistics    44525EX

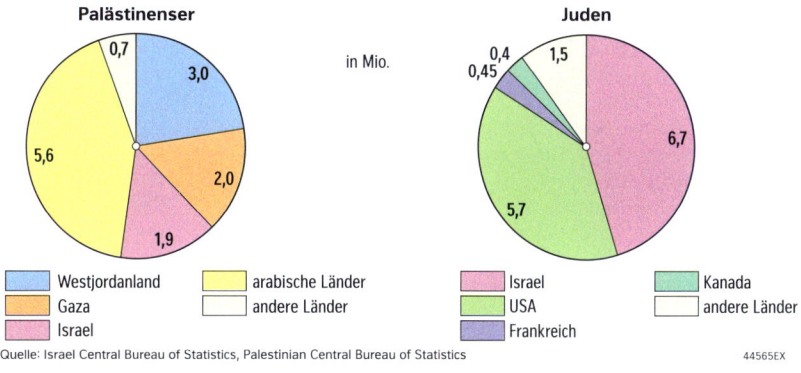

Palästinenser    Juden    in Mio.

Westjordanland
Gaza
Israel
arabische Länder
andere Länder

Israel
USA
Frankreich
Kanada
andere Länder

Quelle: Israel Central Bureau of Statistics, Palestinian Central Bureau of Statistics    44565EX

**M 8    Juden und Palästinenser in der Welt (2020)**

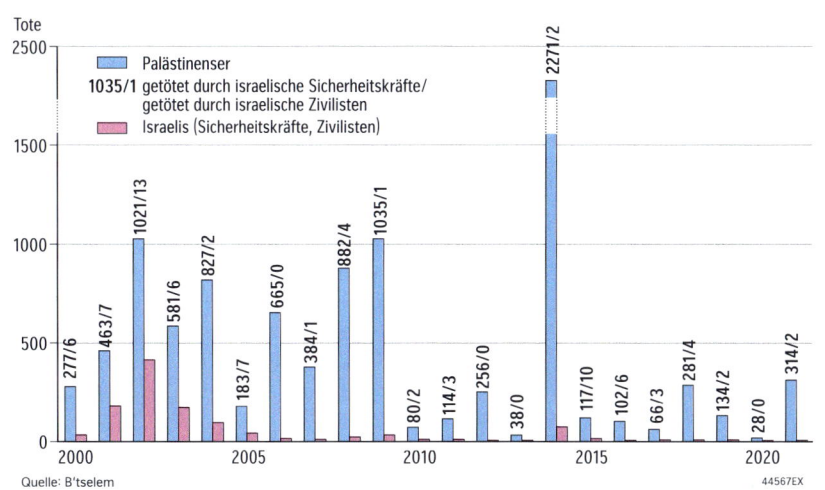

Quelle: B'tselem    44567EX

**M 6    Todesopfer des Konflikts auf palästinensischer und israelischer Seite (2000 – 2021)**

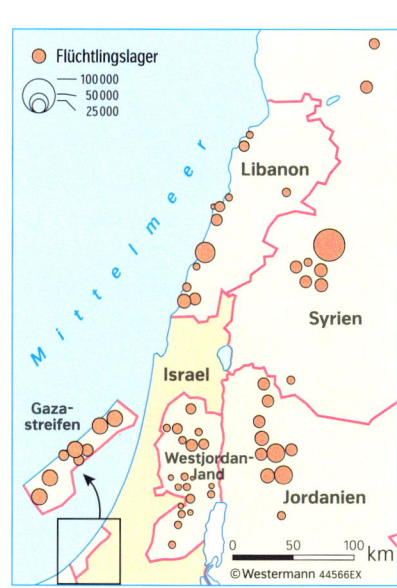

**M 10    Palästinensische Flüchtlingslager (2020)**

# 1.10 Iran vs. Saudi-Arabien – Rivalen um die regionale Vormacht

*Die beiden Regionalmächte Saudi-Arabien und Iran streiten in Vorderasien um wirtschaftlichen und geopolitischen Einfluss. Verstärkt wird der Konflikt um ein konfessionelles\* Element. Der schiitische Iran und das sunnitische Saudi-Arabien (Kap. 4.2) unterstützen entsprechende Gruppierungen in den Nachbarstaaten und sind in die Konflikte in Syrien, Jemen und im Libanon involviert. Es wird in diesem Zusammenhang von Stellvertreterkriegen gesprochen. Dieser Begriff bekommt dabei eine noch erweiterte Dimension, da Saudi-Arabien traditionell Verbündeter der USA und anderer westlicher Staaten ist und der Iran Unterstützung aus Russland und China erhält.*

Ⓩ 1. a) Nennen Sie die Ihnen bekannten Konflikte in der Region.
   b) Recherchieren Sie Beginn, Anlass und beteiligte Parteien dieser Konflikte.
   c) Ordnen Sie diesen Konflikten eine Konfliktdimension, -ursache und -art zu (M1).
2 Fassen Sie den iranisch-saudischen Konflikt zusammen (M3).
Ⓩ 3. Erstellen Sie einen Kurzvortrag zum Engagement beider Länder in Syrien oder im Libanon (Internet).
4. Erklären Sie den Begriff des Stellvertreterkriegs am Beispiel Jemen (M4, M5).
5. „Frieden ist in Vorderasien nur durch eine nachhaltige Verständigung vom Iran und Saudi-Arabien möglich." Nehmen Sie Stellung zu dieser Aussage.

| Konflikt-dimensionen | Konfliktursachen (Beispiele) | Kriegstypen |
|---|---|---|
| • lokal<br>• national<br>• zwischen-staatlich<br>• regional<br>• global | • territoriale\* Streitigkeiten<br>• ethnische/religiöse Differenzen (inner- und zwischenstaatlich)<br>• Imperialismus, Nationalismus, Hegemoniestreben<br>• Ethnien\* ohne Nationalstaat<br>• Rohstoffe (z.B. Erdöl, Wasser)<br>• Aufbegehren gegen autokratische\* Systeme | • zwischenstaatlicher Krieg/Koalitionskrieg<br>• Partisanen-/Guerillakrieg<br>• Bürgerkrieg<br>• Unabhängigkeitskrieg<br>• Antiregimekrieg<br>• (Terrorismus) |

**M1** Konfliktdimensionen, -ursachen und Kriegstypen

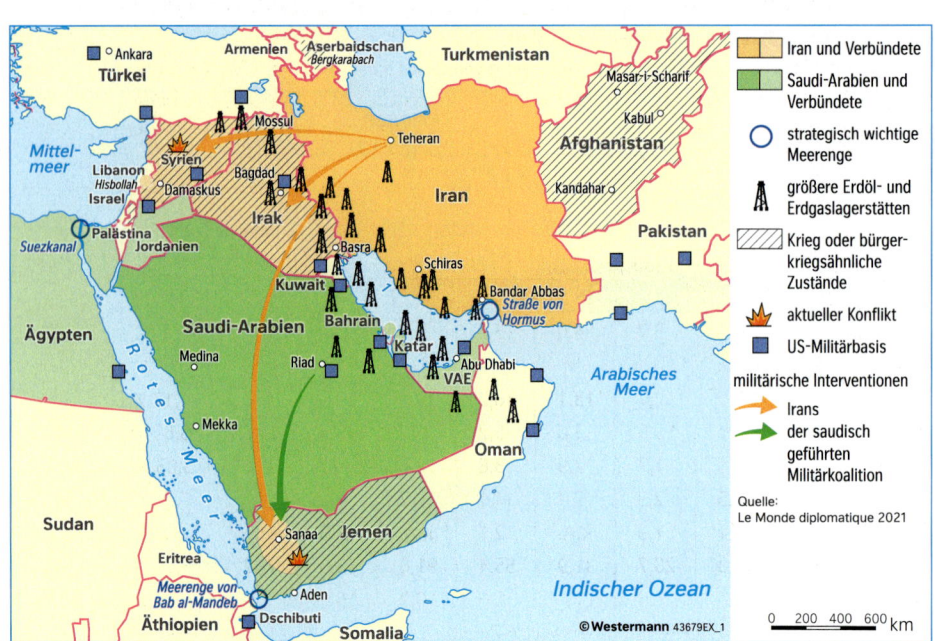

**M2** Regionale Konflikte in Vorderasien

[Irans] Aufstieg zu einem der stärksten Akteure in der Region begann mit der Islamischen Revolution 1979, einem Ereignis, das wie kein zweites die regionale Ordnung im Nahen Osten verändert hat. Den damaligen Sturz des vom Westen unterstützten Schah-Regimes betrachteten die Autokraten\* der arabischen Welt mit größtem Argwohn – aus Angst vor ähnlichen Entwicklungen im eigenen Land. Im kurz darauf folgenden Iran-Irak-Krieg (1980–1988) verband sich der iranische Nationalismus mit der Ideologie des schiitischen Islams, die der Diskriminierung der Schiiten\* durch die Sunniten\* ein Ende setzen will. Kein Wunder also, dass diese Entwicklung den sunnitischen arabischen Staaten, allen voran Saudi-Arabien, wo selbst eine schiitische Minderheit lebt, ein Dorn im Auge war. Von Beginn an versuchte Saudi-Arabien dem Aufstieg Irans entgegenzuwirken. Im Iran-Irak-Krieg stellte sich Riad zunächst auf die Seite von Iraks Diktator Saddam Hussein. Die Invasion der US-geführten „Koalition der Willigen" 2003 im Irak eröffnete Iran neue Chancen, seine Vormachtstellung in der Region auszubauen. Durch den Sturz des Regimes von Saddam Hussein bekam die lange unterdrückte schiitische Mehrheit im Irak wieder politisches Gewicht. Sie dominiert seither die Regierung in Bagdad – was den Einfluss Irans im Nachbarland erheblich verstärkte. Allerdings hatte Teheran schon vorher seinen Einfluss durch die Unterstützung schiitischer Bevölkerungsgruppen und Organisationen in verschiedenen arabischen Staaten geltend gemacht. Dazu zählt zuallererst die libanesische Hisbollah, die mit Unterstützung Irans als Antwort auf die israelische Invasion in den Libanon 1982 gegründet worden war. Einige Jahre konnte sich Teheran so als Speerspitze der „Achse des Widerstands" (zusammen mit Syrien, Hisbollah, Hamas) gegen Israel gerieren und Sympathien auch unter sunnitischen Arabern gewinnen, zum Beispiel während des Kriegs 2006 zwischen der Hisbollah und Israel [...]. Doch spätestens seit Beginn des Kriegs in Syrien 2011 wurde deutlich, dass Iran und seine Verbündeten mitnichten nur den Erzfeind Israel im Auge haben, sondern für die Durchsetzung ihrer realpolitischen Interessen auch bereit sind, ein Regime zu unterstützen, das Krieg gegen die eigene (und vor allem die sunnitische) Bevölkerung führt. Mittlerweile hat der iranisch-saudische Konflikt den israelisch-arabischen als zentralen Konflikt in der Region abgelöst. Dies zeigt sich nicht nur in Syrien, wo das Assad-Regime mit Unterstützung Irans (und Russlands) gegen die teils von Saudi-Arabien und anderen Golfmonarchien, aber auch vom Westen unterstützten Rebellen die Oberhand gewonnen hat. Auch im Jemen liefern sich Riad und Teheran einen Stellvertreterkrieg. [...]

Grundsätzlich geht es beim iranisch-saudischen Konflikt weniger um Religion als um profane machtpolitische Interessen – und damit vor allem um die Vormachtstellung in der Region. Allerdings setzen beide Seiten Religion als Instrument der Mobilisierung ein, was den konfessionellen\* Konflikt zwischen Sunniten und Schiiten gefährlich angeheizt hat.

*Quelle: Jakob Farah: Neue Fronten in Nahost. In: Atlas der Globalisierung. Berlin: taz 2019, S. 92 – 94*

**M3** Quellentext zur Geschichte des iranisch-saudischen Konflikts

  100800-174-01 schueler.diercke.de
 100800-176-01 schueler.diercke.de
 100800-281-05 schueler.diercke.de
 100800-275-04 schueler.diercke.de
 100800-275-05 schueler.diercke.de

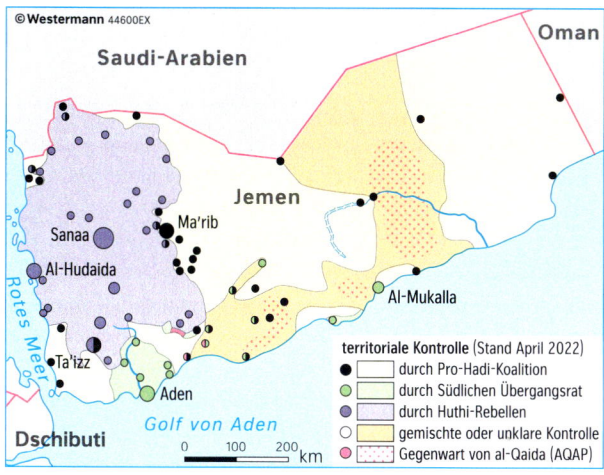

**M 4**  Krieg im Jemen

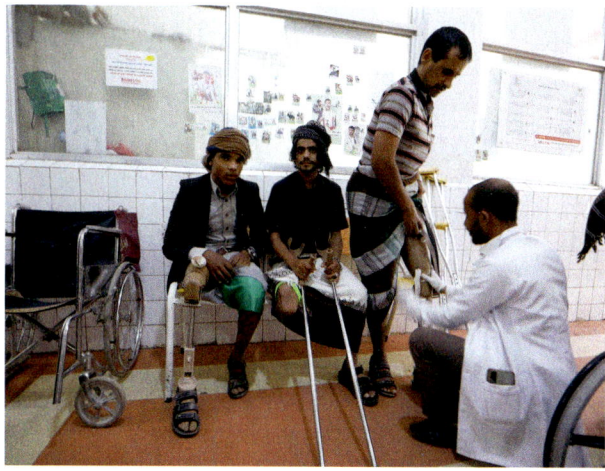

**M 8**  Kriegsopfer in einem Rehabilitationszentrum in Sanaa

2014 eroberten Rebellen aus dem Nordwesten des Landes, nach dem führenden Clan Huthis genannt, die jemenitische Hauptstadt Sanaa. Der Konflikt an der Südspitze der arabischen Halbinsel hatte aber bereits mindestens zehn Jahre zuvor begonnen. 2004 eskalierten die Spannungen zwischen den Huthi-Rebellen, einer vor allem von der Minderheit der Zaiditen [schiitischer Glaubenszweig] getragenen Bewegung im Nordwesten des Landes, die der Regierung Diskriminierung und Benachteiligung vorwarf. Der bereits seit den 70er-Jahren regierende Präsident Ali Abdullah Saleh witterte Separatismus und reagierte brutal. Hunderte Huthis landeten im Gefängnis, das Stammesoberhaupt Hussein al-Huthi wurde getötet. Die Rebellenmiliz der Huthis, die sich selbst „Ansar Allah" (Partisanen Gottes) nennt, setzte daraufhin auf Guerilla-Taktiken. Mit ihrer Strategie überdauerten die Huthi-Kämpfer Saleh, der in Folge des Arabischen Frühlings 2012 gestürzt wurde. 2014 marschierten die mittlerweile mutmaßlich vom Iran unterstützten Huthi-Kämpfer ohne großen Widerstand in die Hauptstadt Sanaa ein. Salehs Nachfolger, Abed Rabbo Mansur Hadi, musste 2015 ins Exil nach Saudi-Arabien fliehen. [...]

Im Süden des Landes sind seit 2017 Separatisten des sogenannten Südübergangsrates (STC) aktiv, die sich für eine Unabhängigkeit des bis 1990 souveränen Südjemens einsetzen. Heute stehen sie offiziell auf Seiten der Regierung. Diese Anti-Huthi-Koalition ist jedoch fragil. Im April 2020 erklärte der STC seine Autonomie, lieferte sich Gefechte mit Regierungstruppen und besetzte Ministerien in Aden, wohin die Regierung nach dem Fall von Sanaa umgezogen war. Wenige Monate später zog die Gruppe ihre Erklärung im Gegenzug für eine Beteiligung an der Regierung von Präsident Mansur Hadi jedoch wieder zurück.

Außerdem gibt es im Jemen Ableger des Terrornetzwerks Al Kaida sowie des Islamischen Staates. Das militärische Kräfteverhältnis ist komplex und hängt zudem häufig nicht nur von der Ausrüstung, sondern auch von wechselnden politischen Allianzen und der Kampfmoral ab.

Mit den Jahren haben sich zunehmend die Regionalmächte Iran und Saudi-Arabien sowie deren Verbündete in den Konflikt eingemischt. Im März 2015, wenige Monate nachdem die Huthis die Hauptstadt Sanaa eingenommen hatten, begannen Kampfjets einer von Riad geführten Militärkoalition damit, Ziele in von der Huthi-Miliz kontrollierten Landesteilen zu bombardieren. Die Vereinigten Arabischen Emirate, Kuwait, Bahrain und Katar unterstützten die Angriffe. Saudi-Arabien berief sich darauf, die international anerkannte Regierung von Mansur Hadi zu stützen. Tatsächlich sah Riad wohl vor allem die Bedrohung durch die Machtübernahme einer mit Teheran verbündeten Miliz an seiner Südgrenze. [Die VAE unterstützen seit 2017 den Südlichen Übergangsrat.]

Der Iran sieht die Huthis als Teil der „Achse des Widerstands" gegen Saudi Arabien und Israel, zu der auch die Hisbollah im Libanon, schiitische Milizen im Irak sowie das Regime in Syrien gehören. Offiziell hält sich Teheran aber bedeckt. Tatsächlich schätzen verschiedene Experten die Verbindung zwischen der iranischen Führung und den Huthis schwächer ein als zu vergleichbaren Gruppen. Dafür spricht zum einen, dass die Huthis die Unterstützung aus dem Iran erst spät annahmen.
*Quelle: Felix Wellisch: Krieg und kein Ende in Sicht. DLF 8.3.2022*

[Seit April 2022 ist im Jemen eine Waffenruhe in Kraft, die zweimal verlängert wurde. Es kam allerdings wiederholt zum Bruch der Vereinbarung und alle Bemühungen um eine politische Lösung sind bisher gescheitert.]

**M 5**  Quellentext zu den Akteuren im Jemenkrieg

- 377 000 Tote (2015-2021), 60 % aufgrund indirekter Ursachen (Hunger, Krankheiten), 70 % Kinder
- 500 Tote durch Landminen (2019)
- 20,1 Mio. Menschen benötigen Nahrungsmittelhilfe (vor dem Krieg: 10,6 Mio.), darunter 12 Mio. Kinder
- 15,6 Mio Menschen leben in absoluter Armut, 8,6 Mio. mit Unterernährung
- 2,4 Mio. Kinder mit akuter Unterernährung, 7,8 Mio. Kinder ohne Zugang zu Bildung, Einsatz von Kindersoldaten auf allen Seiten
- *Einwohner Yemen: 30,5 Mio. (2021)*
Quelle: UNDP, Human Rights Watch

**M 6**  Folgen des Jemenkriegs

|  | 1980 | 1990 | 2000 | 2010 | 2015 | 2021 | | |
|---|---|---|---|---|---|---|---|---|
|  | in Mrd. US-$ | | | | | | pro Ew. | in % BIP |
| Ägypten | 4,7 | 3,7 | 4,0 | 5,0 | 5,4 | 4,9 | 50 | 1,30 % |
| Iran | 10,6 | 6,4 | 9,8 | 23,7 | 18,2 | 17,6 | 289 | 2,30 % |
| Israel | 13,3 | 12,7 | 13,1 | 16,2 | 18,7 | 22,5 | 2769 | 5,17 % |
| Kuwait | 2,8 | 19,5 | 5,0 | 5,2 | 6,2 | 8,7 | 2085 | 6,69 % |
| Libanon | 5,1 | 1,7 | 2,9 | 3,8 | 4,6 | 1,9[1] | 282[1] | 3,03 %[1] |
| Oman | 1,5 | 2,3 | 2,4 | 4,1 | 7,7 | 5,5 | 1107 | 7,34 % |
| Katar | 2,1 | 1,9 | k.A. | 2,1 | k.A. | 11,3 | 3955 | 4,81 % |
| Saudi-Arabien | 31,8 | 28,7 | 31,9 | 55,4 | 91,6 | 53,8 | 1572 | 6,59 % |
| Türkei | 4,6 | 7,3 | 11,4 | 9,9 | 16,7 | 16,7 | 182 | 2,06 % |

[1] 2020    VAE (nur 2014): 24,6 Mrd. US-$ (5,6 % BIP)    Quelle: SIPRI

**M 7**  Militärausgaben ausgewählter Länder der Region (1980 – 2021)

# 1.11 Messung nachhaltiger Entwicklung: SDG-Index

*Am 25.9.2015 beschlossen 193 Staaten die Agenda 2030 für nachhaltige Entwicklung auf einer Generalversammlung der UN in New York. Grundlage der Agenda 2030 sind 17 Ziele für nachhaltige Entwicklung. Diese Ziele sind gleichermaßen gültig sowohl für Entwicklungsländer als auch für (Post-) Industrieländer. Der Zeithorizont für die Umsetzung der Ziele ist auf 15 Jahre festgesetzt. Aus einer Vielzahl von Indikatoren können für die einzelnen Ziele der jeweilige Status der Entwicklung angegeben werden. Die Fortschritte bei der Erfüllung dieser Ziele lassen sich dafür heranziehen, differenziert den Entwicklungsstatus von Ländern zu kennzeichnen. Der SDG-Index (dashboards.sdgindex.org) hat daher gegenüber anderen Methoden zur Messung des Entwicklungsstandes von Ländern ein anderes Konzept (z. B. HDI\*, hdr.undp.org).*

1. a) Fassen Sie die Berechnung des SDG-Index zusammen (M3).
   b) Erörtern Sie die Komplexität des SDG-Index mit seinen Unterzielen und Indikatoren (M3, M8, Internet).
2. Erläutern Sie die nachhaltige Entwicklung in Nordafrika/Vorderasien im Vergleich zu anderen Großräumen (M5, M2).
3. Analysieren Sie den Entwicklungsstand von Algerien und Jemen auf Basis des SDG-Index (M1, M6, M7).
4. a) Vergleichen Sie die Ergebnisse des SDG-Index und des Human Development Index sowie des Pro-Kopf-Einkommens der südostasiatischen Länder (M6).
   c) Erörtern Sie die Konzepte des SDG- und des HD-Index (M9).

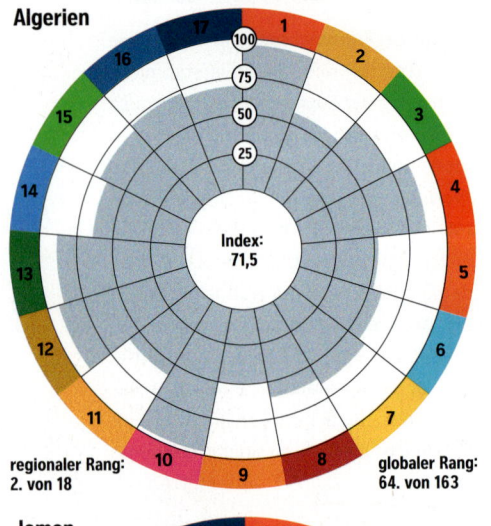

regionaler Rang:
2. von 18

globaler Rang:
64. von 163

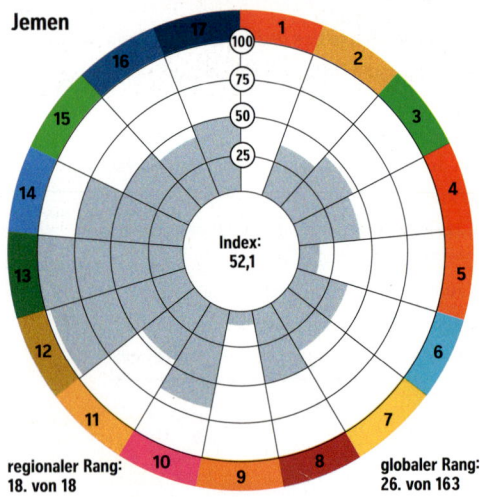

regionaler Rang:
18. von 18

globaler Rang:
26. von 163

Quelle: Sustainable Development Report 2022          44469EX

**M1   SDG-Index Algerien und Jemen (2021)**

Die Bertelsmann Stiftung entwickelte in Zusammenarbeit mit den Vereinten Nationen den Sustainable Development Goal Index (SDGI), der den Status der nachhaltigen Entwicklung einzelner Staaten sowohl komprimiert anzeigt als auch im Detail aufschlüsselt. Der SDG-Index kann maximal einen Wert von 100 – entsprechend einer einhundertprozentig abgeschlossenen nachhaltigen Entwicklung – einnehmen. Er stellt das arithmetische Mittel von 17 Einzelwerten dar, die den Stand der Entwicklung zu jedem der 17 Ziele einer nachhaltigen Entwicklung (Sustainable Development Goals, M4) für ein Land anzeigen.

Die Berechnung der 17 mit den Sustainable Development Goals jeweils korrespondierenden Einzelwerten basiert auf jeweils mehreren statistischen Größen mit der Intention, eine möglichst große Zahl der 169 Zielvorgaben der SDG-Unterziele abzubilden. Beispielsweise fließen bei der Berechnung des Einzelwertes für das Nachhaltigkeitsziel Nr. 2 „Ernährungssicherheit" mit seinen sechs Unterzielen auch fünf statistische Größen (Indikatoren) in den SDGI ein (M8). Der SDG-Indexeinzelwert für jedes Nachhaltigkeitsziel ergibt sich aus dem arithmetischen Mittel des Zielerfüllungsgrades in Prozent zu jedem dieser statistischen Einzelgrößen. Der SDG-Index zeigt also auf Länderebene und für Ländergruppen, welche Erfolge erzielt wurden bzw. welche Notwendigkeiten und Herausforderungen bezogen auf eine nachhaltige Entwicklung bestehen.

**M3   Sustainable Development Goal Index**

1. Armut in allen ihren Formen und überall beenden.
2. Den Hunger beenden, Ernährungssicherheit und eine bessere Ernährung erreichen.
3. Ein gesundes Leben für alle Menschen jeden Alters gewährleisten und ihr Wohlergehen fördern.
4. Inklusive, gleichberechtigte und hochwertige Bildung gewährleisten und Möglichkeiten lebenslangen Lernens für alle fördern.
5. Geschlechtergleichstellung erreichen und alle Frauen und Mädchen zur Selbstbestimmung befähigen.
6. Verfügbarkeit und nachhaltige Bewirtschaftung von Wasser und Sanitärversorgung für alle gewährleisten.
7. Zugang zu bezahlbarer, verlässlicher, nachhaltiger und moderner Energie für alle sichern.
8. Dauerhaftes, breitenwirksames und nachhaltiges Wirtschaftswachstum, produktive Vollbeschäftigung und menschenwürdige Arbeit für alle fördern.
9. Eine widerstandsfähige Infrastruktur aufbauen, breitenwirksame und nachhaltige Industrialisierung fördern und Innovationen unterstützen.
10. Ungleichheit in und zwischen Ländern verringern.
11. Städte und Siedlungen inklusiv, sicher, widerstandsfähig und nachhaltig gestalten.
12. Nachhaltige Konsum- und Produktionsmuster sicherstellen.
13. Umgehend Maßnahmen zur Bekämpfung des Klimawandels und seiner Auswirkungen ergreifen.
14. Ozeane, Meere und Meeresressourcen im Sinne nachhaltiger Entwicklung erhalten und nachhaltig nutzen.
15. Landökosysteme schützen, wiederherstellen und ihre nachhaltige Nutzung fördern, Wälder nachhaltig bewirtschaften, Wüstenbildung bekämpfen, Bodendegradation beenden und umkehren und dem Verlust der biologischen Vielfalt ein Ende setzen.
16. Friedliche und inklusive Gesellschaften für eine nachhaltige Entwicklung fördern, allen Menschen Zugang zur Justiz ermöglichen und leistungsfähige, rechenschaftspflichtige und inklusive Institutionen auf allen Ebenen aufbauen.
17. Umsetzungsmittel stärken und die globale Partnerschaft für nachhaltige Entwicklung mit neuem Leben erfüllen.

**M4   Sustainable Development Goals (SDG) der Agenda 2030**

Quelle: Sustainable Development Report 2022          44476EX

**M2   SDG-Index (2000–2021)**

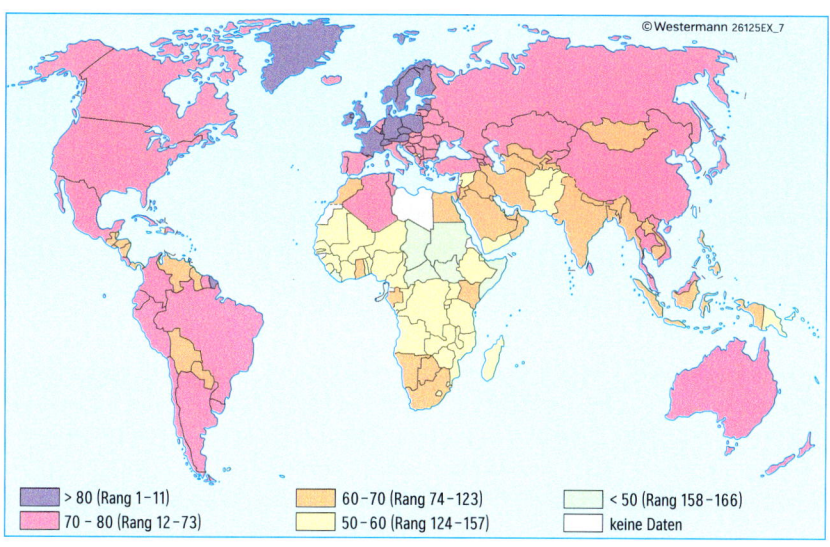

**M5** SDG-Index (2021, Zielerfüllungsgrad in %)

Legende:
- > 80 (Rang 1–11)
- 70–80 (Rang 12–73)
- 60–70 (Rang 74–123)
- 50–60 (Rang 124–157)
- < 50 (Rang 158–166)
- keine Daten

| Unterziel | Indikator |
|---|---|
| • Hungerbekämpfung<br>• Beendigung der Mangel-ernährung<br>• Verdoppelung der land-wirtschaftlichen Produk-tivität<br>• sicherer Zugang zu Grund und Boden<br>• resiliente landwirtschaft-liche Anbausysteme<br>• genetische Vielfalt bei Saatgut und Nutztieren | • Unterernährung (in % der Bevölkerung)<br>• Wachstumsstörungen von Kindern (in %)<br>• Untergewicht bei Kindern<br>• Adipositashäufigkeit bei Erwachsenen (in %)<br>• Human-Trophy-Index[1]<br>• Getreideertrag (in t/ha)<br>• nachhaltiger Stick-stoffmanagement-Index[2] |

[1] Maß für die Energieintensität der Nahrungszusammensetzung (Verhält-nis tierischer/pflanzlicher Nahrung)
[2] Maß, das Stickstoffnutzungseffizienz und Flächennutzungseffizienz (Ernteertrag) bei Pflanzenproduktion kombiniert

**M8** Unterziele und Indikatoren für das SDG 2 „Ernährungssicherheit"

| | SDG-Index[1] | | | Human Development Index | | | Rang BIP/ Ew. (Welt) |
|---|---|---|---|---|---|---|---|
| | Wert | Rang N/V | Rang Welt | Wert | Rang N/V | Rang Welt | |
| Finnland | 86,5 | | 1. v. 163 | 0,938 | | 11 | 21. v. 198 |
| Norwegen | 82,3 | | 4. v. 163 | 0,957 | | 1 | 7. v. 198 |
| Israel | 73,5 | 1. v. 18 | 49. v. 163 | 0,919 | 1. v. 20 | 19 | 32. v. 198 |
| Algerien | 71,5 | 2. v. 18 | 64. v. 163 | 0,748 | 10. v. 20 | 91 | 106. v. 198 |
| Türkei | 70,4 | 4. v. 18 | 71. v. 163 | 0,820 | 6. v. 20 | 54 | 46. v. 198 |
| VAE | 68,8 | 8. v. 18 | 85. v. 163 | 0,890 | 2. v. 20 | 31 | 6. v. 198 |
| Ägypten | 68,7 | 9. v. 18 | 87. v. 163 | 0,707 | 16. v. 20 | 116 | 97. v. 198 |
| Iran | 68,6 | 10. v. 18 | 88. v. 163 | 0,783 | 9. v. 20 | 70 | 80. v. 198 |
| Katar | 66,8 | 11. v. 18 | 94. v. 163 | 0,848 | 5. v. 20 | 45 | 4. v. 198 |
| Saudi-Arabien | 66,6 | 12. v. 18 | 96. v. 163 | 0,854 | 3. v. 20 | 40 | 25. v. 198 |
| Irak | 62,3 | 16. v. 18 | 115. v. 163 | 0,672 | 18. v. 20 | 123 | 111. v. 198 |
| Jemen | 52,1 | 18. v. 18 | 150. v. 163 | 0,470 | 20. v. 20 | 179 | 180. v. 198 |
| Südsudan | 39,0 | | 163. v. 163 | 0,433 | | 185 | 197. v. 198 |
| Niger | 52,2 | | 149. v. 163 | 0,394 | | 189 | 193. v. 198 |

[1] ohne Libyen und Palästinensische Autonomieg.  N/V = Nordafrika/Vorderasien  Quelle: SDG Report 2022, UNDP, IWF

**M6** Wert und Ranking ausgewählter Länder beim Sustainable Development Goal Index 2021 und dem Human Development Index* 2020 sowie Rang Pro-Kopf-Einkommen 2022

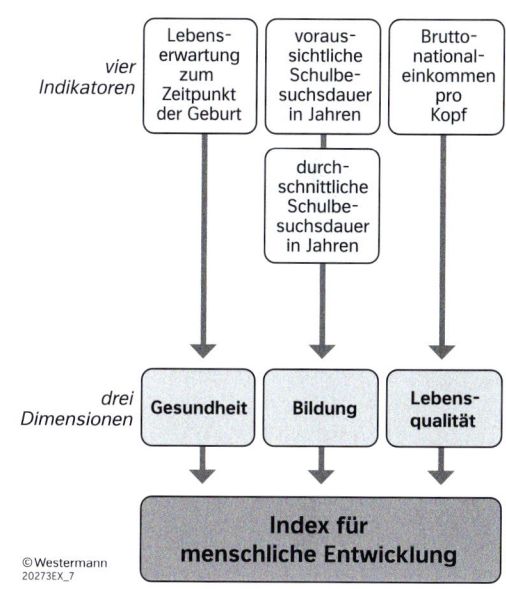

**M9** Human Development Index*

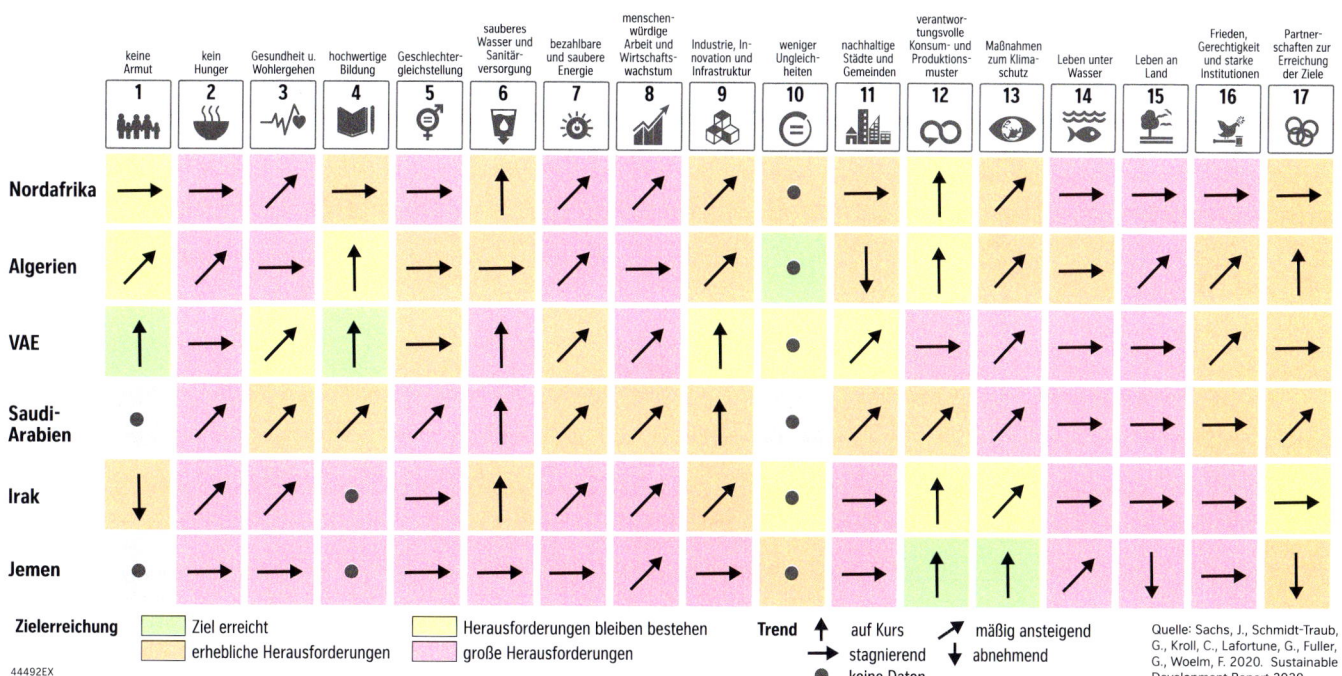

**M7** Zielerfüllung und Trends für die 17 SDG im SDG-Index 2022 für die Region und ausgewählte Länder Nordafrikas und Vorderasiens

# Zusammenfassung

Der sich von der Atlantikküste in Marokko bis zum Iran durchziehende Wüsten- und Trockengürtel hat zusammen mit den historischen, kulturellen, religiösen und ethnischen Gemeinsamkeiten des Raumes dazu geführt, dass Nordafrika und Vorderasien als zusammenhängender Großraum abgegrenzt wird, obwohl er sich in zwei Kontinenten befindet. Allerdings zeigen etliche humide Regionen, das Auftreten anderer Ethnien und Religionen trotz Dominanz von Arabern und Islam, aber auch die Kluft zwischen Erdöl produzierenden Ländern und Agrarstaaten, dass es sich aber keinesfalls um einen homogenen Natur-, Kultur- und Wirtschaftsraum handelt.

## Arabische und Islamische Welt

Der Großraum Nordafrika und Vorderasien wurde früher „Orient" genannt, wodurch sein (geographischer) Bezug zu Europa in den Mittelpunkt der räumlichen Definition gestellt wurde. Heute, da der Raum vor allem durch die arabische Kultur und den Islam bestimmt wird, ist es üblicher, ihn als Arabische und Islamische Welt zu bezeichnen, wenn auch beide nicht deckungsgleich sind. Dabei umfasst die arabische Welt Staaten und Menschen, die sich in erster Linie durch die arabische Sprache und die arabische Kultur definieren. Der Begriff Islamische Welt bezeichnet Länder, deren Bewohner mehrheitlich Muslime sind.

## Naturräumliche Gliederung und Klima

Der Norden des Großraums wird von Faltengebirgsregionen eingenommen, an die sich im Süden Tafelländer anschließen. Die Randgebirge verstärken die Aufteilung in humide, mediterrane Küstenebenen (Winterregenklima), in denen Regenfeldbau betrieben wird, und aride Wüsten, Halbwüsten und Steppen. In den Sand-, Kies- und Steinwüsten ist Ackerbau nur an den sie durchziehenden Fremdlingsflüssen und in Oasen möglich. Hoher Bevölkerungsdruck und Überweidung führten zur Ausweitung der Wüsten (Desertifikation). Das Aufeinandertreffen verschiedener Lithosphärenplatten hat außerdem eine hohe Erdbebengefährdung in der Region zur Folge, zum Beispiel in der Megastadt Istanbul, in der in absehbarer Zeit mit einem Starkbeben gerechnet wird.

## Politik: Konflikte ohne Ende?

Der Konflikt von Arabischer/Islamischer Welt und Europa hat eine lange Geschichte. Das Verhältnis wurde und wird geprägt durch eine Faszination für die orientalische Kultur und eine Furcht vor den arabischen/osmanischen Reichen beziehungsweise heute vor Fundamentalismus und Terrorismus auf europäischer Seite und den militärischen, politischen und wirtschaftlichen „Demütigungen" durch Europa seit der Kolonialzeit auf arabischer Seite. Die aus der Kolonialzeit übernommenen Grenzziehungen trugen zudem zu den aktuellen Konflikten bei.

In den arabischen Gesellschaften, in denen Familie und Clan immer noch eine wichtige Rolle spielen, haben autokratische Herrschaftssysteme lange überlebt. Erst der Arabische Frühling 2011 führte zu Umstürzen und nährte die Hoffnung, dass sich Reformen und eine demokratische Öffnung durchsetzen. Doch über zehn Jahre danach fällt die Bilanz negativ aus: In Libyen, Syrien und Jemen herrschen Bürgerkrieg, Regionalmacht Ägypten ist destabilisiert und in vielen Ländern herrschen immer noch die gleichen oder neue Autokraten. Hinzu kommt der seit Jahrzehnten andauernde, unlösbar erscheinende Palästinenser-Konflikt. Das in Syrien und Irak seit 2014 lokalisierte „Staatsbildungsprojekt" Islamischer Staat ist hingegen weitgehend gescheitert. Bestimmt wird die Region zudem von dem Konflikt der um Vorherrschaft streitenden Regionalmächte Iran (schiitisch) und Saudi-Arabien (sunnitisch), die in diverse Konflikte ihrer Nachbarländer eingebunden sind.

# Weiterführende Literatur und Internetlinks

**Geographische Rundschau**
- Wüsten 8/1987
- Staaten der Levante 2/2002
- Krisenregion Persischer Golf 11/2005
- Vorderer Orient 11/2006
- Maghrebländer 7-8/2008
- Wandel im arabischen Raum 2/2014
- Trockenräume 11/2020
- Israel und Palästina 12/2020
- Der Mittelmeerraum 11/2021
- Religion – Selbstverständnis und Konflikt 10/2022

**Charlotte Wiedemann: Der neue Iran. Eine Gesellschaft tritt aus dem Schatten.** Bonn: Bundeszentrale für politische Bildung 2018

**Said AlDailami: Jemen. Der vergessene Krieg.** Bonn: Bundeszentrale für politische Bildung 2020

**Gisela Dachs (Hrsg.): Länderbericht Israel.** Bonn: Bundeszentrale für politische Bildung 2018

**Jürgen Stryjak: Ägypten. Ein Länderporträt.** Bonn: Bundeszentrale für politische Bildung 2020

**Edition Le Monde diplomatique:**
- Israel und Palästina – Zwei Nationen beschäftigen die Welt 2017
- Iran – Persische Paradoxien 2020
- Türkei – Gezi, Gülen, Großmachtträume 2021

**Informationen zur politischen Bildung**
- Israel – Band 278
- Afrika – Länder und Regionen – Band 302
- Türkei – Band 313
- Naher Osten – Band 317
- www.bpb.de/themen/naher-mittlerer-osten

**GIGA-Institut für Nahoststudien**
- www.giga-hamburg.de/de/das-giga/regionalinstitute/giga-institut-fuer-nahost-studien

**Deutsche Gesellschaft für Auswärtige Politik: Nahost & Nordafrika**
- dgap.org/de/forschung/expertise/nahost-nordafrika

**Stiftung Wissenschaft und Politik**
- www.swp-berlin.org/themen/forschungsgebiete/nordafrika-und-mittlerer-osten

**dis:orient**
- www.disorient.de

**Arabische Liga**
- www.lasportal.org

**Organisation für Islamische Zusammenarbeit**
- www.oic-oci.org

**SDG-Index**
- www.sdgindex.org
- sdgs.un.org/goals

**Erdbeben in der Türkei**
- www.deprem.gov.tr/en/home

# 2 LANDWIRTSCHAFT UND WASSER

Kasbah bei Tinghir (Marokko)

## 2.1 Anpassung an einen ariden Raum

Abgesehen von einigen Regionen, in denen Regenfeldbau* möglich ist, stellt Wasser den limitierenden Faktor für die Landwirtschaft Nordafrikas und Vorderasiens dar. Der Jahresniederschlag ist viel zu gering, um die landwirtschaftlichen Nutzflächen ausreichend mit Regenwasser zu versorgen. In diesen semiariden* und ariden* Gebieten haben sich über Jahrtausende spezielle, optimal an die ungünstigen naturräumlichen Bedingungen der Wüsten, Halbwüsten und Steppen angepasste Formen der agrarischen Nutzung entwickelt.

Dazu zählt zum einen eine extensive Viehweidewirtschaft*, wobei die Wirtschafts- und Lebensform des Nomadismus* eine wichtige Rolle spielte. Zum anderen entwickelte sich insbesondere in den inselhaft auftretenden Gunsträumen auch Ackerbau durch sesshafte Bauern. Um den fehlenden Niederschlag zu ersetzen, wurden hier raffinierte und aufwendige Bewässerungsverfahren ausgeklügelt, die an die lokalen Gegebenheiten angepasst sind. Das Bewässerungswasser stammt aus den natürlich vorkommenden ober- oder unterirdisch stehenden oder fließenden Gewässern.

Die Hochkulturen* an den Flussoasen an Euphrat und Tigris sowie am Nil zählen sogar zu den ersten Zentren der Landwirtschaft, an denen Menschen das mobile Leben als

M 3  Hirte mit Ziegenherde in Tunesien

Jäger, Sammler, und Fischer aufgegeben haben und sich Sesshaftigkeit, Ackerbau und Viehzucht sowie im Anschluss die ersten Städte entwickelten.

Waren die traditionellen Nutzungsformen noch vor allem an den trockenen Naturraum angepasst, hat sich die heutige Landwirtschaft aufgrund von Bevölkerungswachstum, wirtschaftlichen und gesellschaftlichen Veränderungen, Ein-

M 1  Gärten in einer Oase im Oman

| Produkt | Export (in Mio. US-$) | Anteil an Weltexporten | Produkt | Export (in Mio. US-$) | Anteil an Weltexporten |
|---|---|---|---|---|---|
| Tomaten | 1534 | 15,5 % | Sesam | 780 | 24,4 % |
| Datteln | 1356 | 67,1 % | Linsen | 509 | 17,4 % |
| Haselnüsse | 1312 | 70,1 % | Chillies | 473 | 7,6 % |
| Mandarinen | 1168 | 19,9 % | Trauben | 471 | 5,0 % |
| Hühnchenfl. | 1038 | 4,9 % | Zitronen | 406 | 10,2 % |
| Orangen | 988 | 17,5 % | Erdnüsse | 356 | 10,0 % |

Quelle: FAO

M 4  Nordafrika/Vorderasien: wichtigste agrarische Exportprodukte (ohne verarbeitete Lebensmittel, 2020)

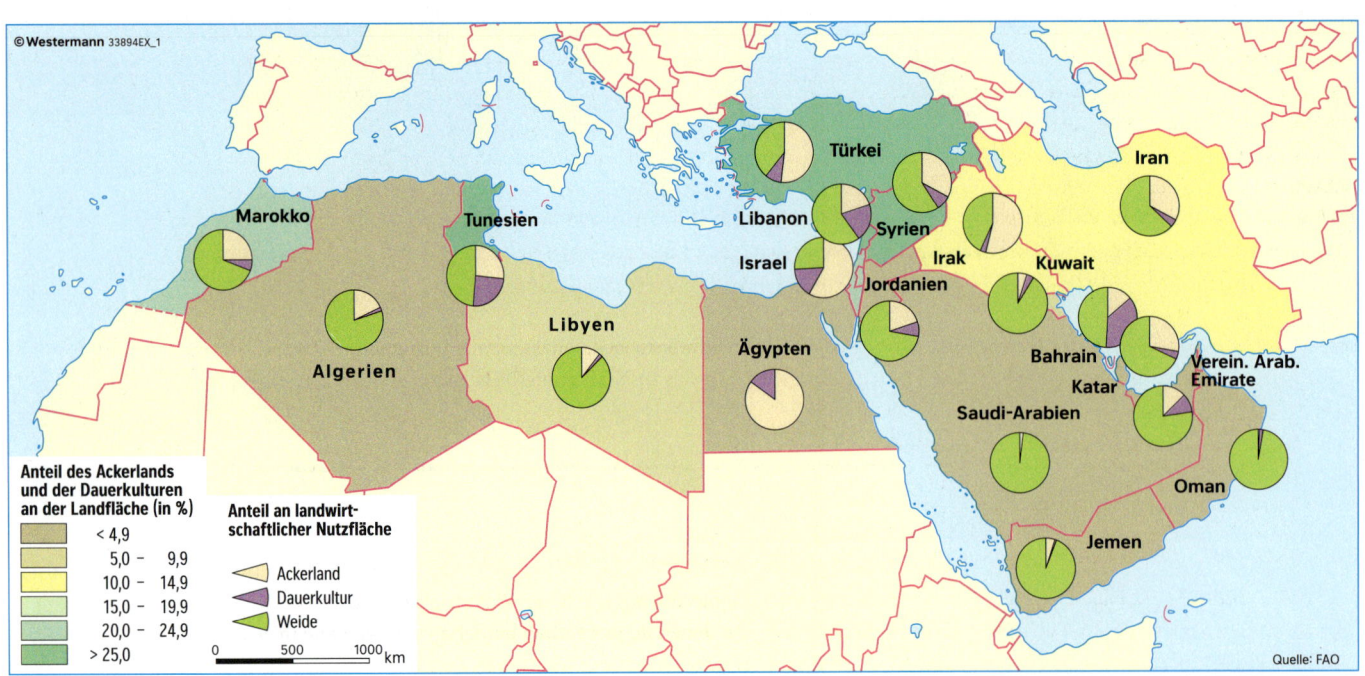

M 2  Nordafrika und Vorderasien: Anteil des Ackerlands und der Dauerkulturen* an der Landfläche sowie Anteil von Ackerland, Dauerkulturen und Weideland an landwirtschaftlicher Nutzfläche (2020)

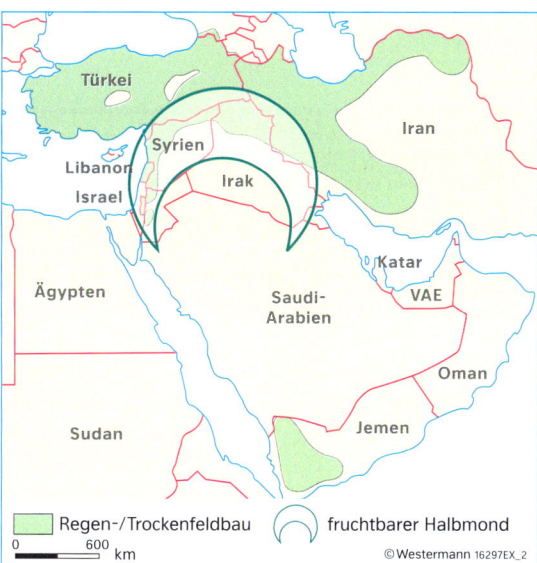

M5 Grenze des Regenfeldbaus (inkl. Trockenfeldbau)* in Vorderasien und fruchtbarer Halbmond*

bindung in den globalisierten Handel und Einsatz moderner landwirtschaftlicher Methoden massiv gewandelt. Diese Umstellung hat in vielen Regionen des Großraums zu erheblichen ökologischen und sozialen Verwerfungen geführt.

M6 Felder am Nil (Ägypten)

M8 Reisanbau im Westen des Irans

| | Anteil der Landwirtschaft am BIP[1] | Anteil der Landwirtschaft an der Beschäftigung[2] | Anteil der bewässerten Fläche (Ackerland, Dauerkulturen*)[3] |
|---|---|---|---|
| Ägypten | 11,8 % | 20,6 % | 99,7 % |
| Algerien | 12,3 % | 10,8 % | 16,0 % |
| Irak | 4,0 % | 18,3 % | 67,1 % |
| Iran | 12,8 % | 17,4 % | 49,9 % |
| Israel | 1,2 % | 0,9 % | 46,6 % |
| Jemen | 5,0 % | 19,0 % | 46,9 % |
| Jordanien | 5,3 % | 2,5 % | 32,4 % |
| Libanon | 8,9 % | 11,3 % | 34,9 % |
| Libyen | 4,0 % | 16,4 % | 19,5 % |
| Marokko | 12,7 % | 33,3 % | 16,0 % |
| Oman | 2,4 % | 4,6 % | 100,0 % |
| Saudi-Arabien | 2,3 % | 2,4 % | 91,2 % |
| Syrien | k. A. | 10,1 % | 23,4 % |
| Tunesien | 9,2% | 12,8 % | 9,9 % |
| Türkei | 6,7 % | 18,1 % | 23,1 % |
| VAE | 0,9 % | 1,4 % | 66,8 % |
| Welt | 4,3 % | 26,7 % | 20,6 % |

[1] 2021, [2] 2019, [3] 2018 Quelle: FAO, World Bank

M9 Kenndaten der Landwirtschaft in ausgewählten Ländern Nordafrikas und Vorderasiens (2020)

In einigen subtropischen Regionen des altweltlichen Trockengürtels* ist der Jahresniederschlag größer als die Verdunstung. Ackerbau kann hier ohne zusätzliche Bewässerung betrieben werden. Im Gegensatz zur Bewässerungslandwirtschaft wird bei dieser Anbauform, dem sogenannten Regenfeldbau*, der Wasserbedarf der Pflanze ausschließlich aus den Niederschlägen gedeckt. Beim Regenfeldbau lässt man die Felder in der Regel zunächst zwei Jahre brach liegen. Auf den Äckern werden Furchen gezogen, in denen sich Wasser sammeln kann. Nachdem Niederschlag gefallen ist, werden die Felder gepflügt, um die Verdunstung zu verringern. Während der zweijährigen Brache reichert sich der Boden auf diese Weise mit Feuchtigkeit an. Im dritten Jahr wird kurz vor der Regenzeit das Getreide gesät. Der Boden enthält nun genügend Wasser, um die Reifung des Getreides zu gewährleisten. Vor allem aufgrund der zweijährigen Brache geht der Regenfeldbau mit einem hohen Flächenverbrauch einher.

Die Trennlinie zwischen Regenfeldbau und Bewässerungslandwirtschaft bildet die sogenannte agronomische Trockengrenze. Sie fällt in etwa mit der 400-mm-Isohyete* zusammen. In Nordafrika und Vorderasien entspricht die Grenze des Regenfeldbaus in etwa dem Verlauf der Randgebirge. Allerdings unterliegen die winterlichen Niederschläge an der Küste von Jahr zu Jahr starken Schwankungen, sodass sich die Anbaugrenze teilweise jährlich um bis zu 200 km verschieben kann.

*Quelle: Anton Escher, Stefan Zimmermann: Trockenräume. Diercke Spezial. Braunschweig: Westermann 2009, S. 25 – 26*

M7 Quellentext zum Regenfeldbau*

1. Beschreiben Sie die Bilder M1, M3, M6 und M8 im Hinblick auf die Verfügbarkeit von Wasser als landwirtschaftlichen Standortfaktor.
2. Lokalisieren Sie die Regionen in Nordafrika und Vorderasien, in denen Regenfeldbau betrieben werden kann (M5, Atlas).
3. Vergleichen Sie die Landwirtschaft in Tunesien, Ägypten, der Türkei und Saudi-Arabien (M2, M9, Atlas).
4. Charakterisieren Sie die landwirtschaftlichen Exportprodukte des Großraums Nordafrika und Vorderasien (M4).
5. Beurteilen Sie die globale Bedeutung des Großraums Nordafrika/Vorderasien in der Landwirtschaft (M2, M4, M9).

# 2.2 Nomadismus und mobile Tierhaltung

*Die traditionelle, bestens an die naturräumlichen Extrembedingungen angepasste landwirtschaftliche Nutzungs- und Lebensform der ariden\* Regionen Nordafrikas und Vorderasiens war der Nomadismus\*. Die so praktizierte extensive Weidewirtschaft\* wurde vielerorts durch die sogenannte mobile Tierhaltung\* abgelöst, eine Übergangsform zwischen Nomadismus und Sesshaftigkeit, bei der nicht mehr Selbstversorgung (Subsistenz), sondern die Tierproduktion für den Markt im Mittelpunkt steht.*

1. Beschreiben Sie die Formen von Weidewirtschaft (M1, M2).
2. „Nomadische Weidenutzung ist mobil und zugleich hochgradig flexibel." Erklären Sie diese Aussage (M1, M2, M3).
3. Erläutern Sie die Einschränkung dieser Flexibilität durch aktuelle Entwicklungen (am Beispiel Marokko; M5, M6).
4. Stellen Sie die agrarischen Nutzungsformen in Marokko auf Grundlage der naturräumlichen Gegebenheiten dar (M4, Atlas).
Ⓩ 5. Erstellen Sie ein Wirkungsgefüge zur Zurückdrängung nomadischer Wirtschaftsformen in Marokko (M5, M6).
6. a) Fassen Sie die Probleme, die sich aus Veränderungen bei der mobilen Tierhaltung in Marokko ergeben, zusammen (M5).
   b) Erläutern Sie die Auswirkungen der Aufgabe kollektiver/traditioneller Strukturen (M5, M7).
7. Beurteilen Sie die in M8 genannten Forderungen.

Offensichtlich ist Mobilität für nomadische Gruppen von zentraler Bedeutung. Viele Nomaden erschließen sich durch Weidewanderungen unterschiedlichster Radien und Frequenzen den Zugang zu natürlichen und sozialen Ressourcen. Entsprechend sind Nomaden Menschen, deren Alltag durch permanente oder zyklische Mobilität gekennzeichnet ist. [...] Aus nomadischer Sicht ist zu bedenken, dass Weideland kein homogenes Territorium darstellt, sondern sich sehr komplex gliedert, etwa in sonnen- oder windexponierte, schattige, trockene, wasserreiche oder salzhaltige Böden und Orte, die komplementäre Eigenschaften für eine pastorale\* Nutzung hervorbringen. Natürliche Ressourcen sind weit und spärlich über ein Territorium verteilt und nur saisonal und unter bestimmten Umständen nutzbar. Große Erfahrung ist notwendig, um mit der Variabilität von Niederschlägen, der spezifischen Herdenkomposition, dem lageabhängigen Bewuchs und den schwer vorauszusehenden Nutzungsansprüchen von Dritten umzugehen. Dies alles muss zusammenhängend bewertet werden, um die Ansprüche an Weiden saisonal und institutionell zu justieren. Nomadische Weidenutzung ist daher gleichzeitig mobil, hochgradig flexibel und jedenfalls sensibel. Fällt nur eine Weide aus, kann dies das gesamte Nutzungsgefüge bedrohen.

*Quelle: Jörg Gertel: Nomaden – Aufbrüche und Umbrüche in Zeiten neoliberaler Globalisierung. Aus Politik und Zeitgeschichte 26-27/2015*

**M3** Quellentext zum Nomadismus\*

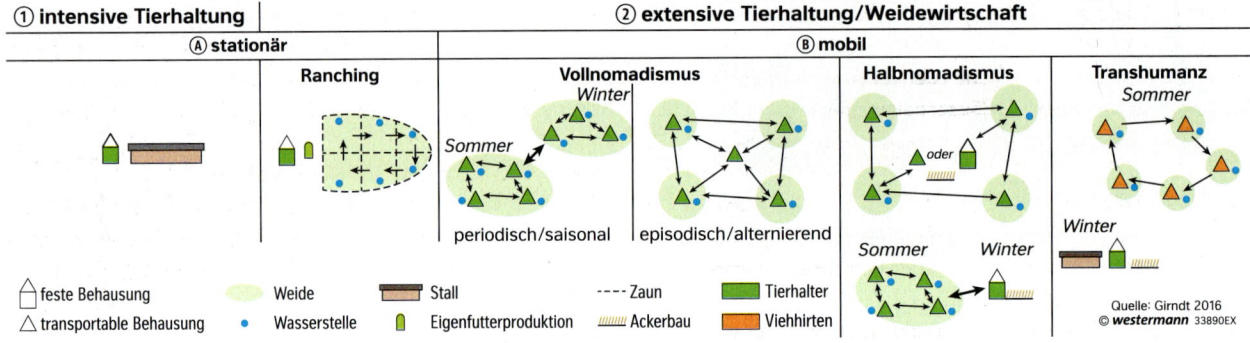

**M1** Formen intensiver und extensiver Tierhaltung\*/Weidewirtschaft

| | Ranching (stationär) | Voll-/Halbnomadismus (mobil, traditionell) | Transhumanz (mobil, tradit.) |
|---|---|---|---|
| Raumbeispiele | semiaride\* Trockensavannen und Steppen Nord- und Südamerikas, Südafrikas und Australiens | Trockensavannen, Steppen, Halbwüsten, Wüsten Nordafrikas, Vorder- und Zentralasiens, Tundren Nordeurasiens sowie Bergregionen vieler Kontinente | winterfeuchte/sommertrockene Mittelmeerklimate und angrenzende subtropische Trockengebiete Nordafrikas |
| Vieh | • Rind, Schafe<br>• (häufig) nur eine Tierrasse | • Schafe, Ziegen, Dromedare, Trampeltiere, Yaks, Rentiere, (Rinder)<br>• z. T. Einsatz von Reit- und Zugtieren: Kamel, Pferd | • Schafe, Ziegen |
| Wanderung | • freier Weidegang des Viehs mit regelmäßigen Umtrieben<br>• halbsesshafte Viehhirten (z. B. Cowboys, Gauchos) | • zyklisches Wandern, Weidenwechsel bei Mangel an Futter und/oder Wasser (saisonbedingt)<br>• Rhythmus der Wanderungen aber sehr unterschiedlich: Tage bis Jahre<br>• Wanderung der ganzen Sippe (Vollnomadismus) oder Wanderung nur Teile der Sippe oder nur saisonal (Halbnomadismus) | • nur saisonweise<br>• mit meist gleichartiger Route<br>• oft Winterweide in der Ebene, Sommerweide im Gebirge<br>• bezahlte Wanderhirten |
| wirtschaftliche Ausrichtung | • marktorientiert | • subsistenzorientiert, Austausch von Produkten zwischen Nomaden und sesshaften Ackerbauern | • eher marktorientiert |
| Besonderheiten | • auch traditionelle stationäre, subsistenzorientierte Weidewirtschaft mit Feldbau zum Beispiel in afrikanischen Savannen (Agropastoralismus\*) | • Wüstennomadismus: Zurücklegung langer Strecken mit Kamelen (hohe Bedeutung des Handels)<br>• Bergnomadismus/vertikaler Nomadismus: sommerliche Hochweiden im Gebirge, winterliche Tiefweiden in den Tälern | • heute aufgrund Weidemangel oft Beifütterung und Einstallung im Winter |

**M2** Merkmale extensiver Tierhaltung\*/Weidewirtschaft

  100800-158-01
schueler.diercke.de
 100800-263-03
schueler.diercke.de

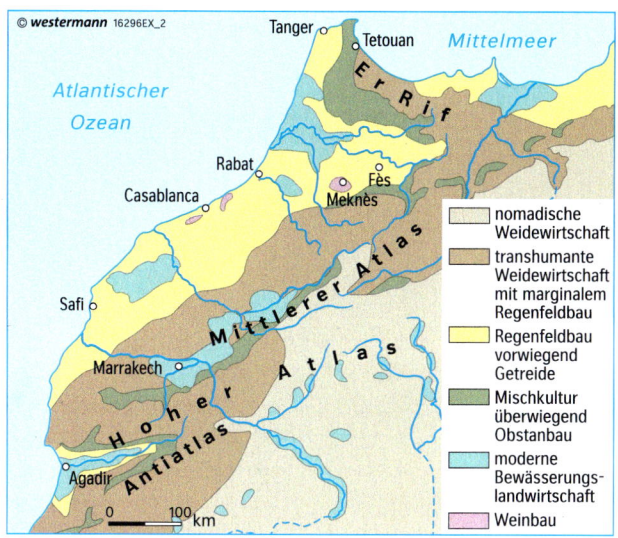

M 4   Flächennutzung in Marokko

Die Tierhaltung spielt in Marokko eine wesentliche wirtschaftliche, soziale und kulturelle Rolle. Die Viehzucht verschafft einem großen Teil der Landbevölkerung ein Einkommen und trägt zur Ernährungssicherheit und Armutsbekämpfung bei. Die Viehzucht macht zwischen 25 % und 30 % des marokkanischen landwirtschaftlichen BIP aus.

Innerhalb von zehn Jahren, zwischen 2004 und 2014, ist die nomadische Bevölkerung Marokkos um 63 % zurückgegangen (von 65500 auf 25000 Nomaden). Wenn dieses Tempo anhält, wird es sehr bald keine marokkanischen Nomaden mehr geben. [...] Einige der Hauptursachen hierfür sind:

- eine engere Beziehung zwischen den Nomaden und den Städten, in denen die Nomaden nun Häuser bauen oder kaufen, ihre Kinder zur Schule schicken und ihre Familien mit Vorräten versorgen [...],
- eine neue Art von Lebensstil mit Unternehmergeist, bei dem die Nomaden ihre Aktivitäten von den städtischen Zentren aus steuern,
- Transportmittel – Wasser und Kraftfutter werden jetzt mit Lastwagen zu den Herden gebracht und nicht mehr andersherum. [...]

Zwischen 2000 und 2012 ist der Viehbestand um 14 % gestiegen. Die Besatzdichte für Schafe in Marokko ist eine der höchsten in Afrika – rund 20 Schafe/km². Im Gegensatz dazu verbessert eine maßvolle Beweidung (wie sie für die nachhaltige mobile oder nomadische Weidewirtschaft charakteristisch ist) die Produktivität der Grasflächen, wodurch die Böden Kohlenstoff speichern können. Ordnungsgemäß bewirtschaftete Weiden sind ein Mittel gegen den Klimawandel. Überweidung* in Dürreperioden führt hingegen zu Winderosion*. Die Überweidung wird vom marokkanischen Landwirtschaftsministerium als eine der Hauptursachen für die Wüstenbildung eingestuft. [...] Subventionen* für Futtermitteltransporte und importierte Futtermittel haben sich verheerend auf die Weideflächen ausgewirkt. Diese Maßnahmen ermöglichen einen erheblichen Anstieg der Tierzahlen. Der Rückgang gemeinschaftlicher Organisationen mit ihren traditionellen Praktiken verursacht einen Wettbewerb auf den Weideflächen, was wiederum zu Konflikten führt. Die Beziehungen basieren nicht mehr auf dem Gewohnheitsrecht, das ungeschrieben und von den Behörden nicht anerkannt ist. [M 7] [...] Der Transport von Wasser mit Lastwagen oder die Verteilung von Wassertanks aus Kunststoff durch die Regierung erweitert die Weideflächen. Allerdings wird dadurch auch die Vergrößerung der Herden gefördert. Auch der Transport der Herden per Lkw erhöht den Druck auf die Weideressourcen.

*Quelle: The roots of overgrazing in Morocco. Divers Earth 2020 (Übers.: T. G.)*

M 5   Quellentext zur mobilen Tierhaltung in Marokko

- Behinderung traditioneller Routen durch staatliche Grenzziehungen, Einzäunungen infrastruktureller und touristischer Großprojekte,
- kriegerische Auseinandersetzungen (in Marokko aktuell nicht)
- Ausweitung des Ackerbaus, Ausbau von Olivenplantagen, Ausweitung der Mandel-, Getreide- und Gemüseproduktion sowie der Forstwirtschaft (Atriplex), Natur- und Jagdreservate
- andere Umnutzungen ehemaligen Weidelands (Schutzgebiete)
- Landprivatisierung, heute oft Land Grabbing* (vereinfacht durch Fehlen nachweisbarer Landnutzungsrechte)
- fehlende lokale Märkte für Produkte der Nomaden, Niedergang des traditionellen Tauschhandels mit sesshaften Ackerbauern
- nur wenig nachgefragte Produkte beziehungsweise geringere Qualität für den globalisierten Weltmarkt, Probleme bei der Vermarktung, Preisrückgang für Tierprodukte
- niedriges Ansehen des Nomadentums in der Gesamtgesellschaft
- gesellschaftlicher Wandel innerhalb der Nomadenkultur

M 6   Weitere Gründe für Zurückdrängung nomadischer Wirtschaftsformen In Marokko

Der Kollektivstatus (2011: 17 % der Landesfläche in Marokko) verleiht lokalen ethnischen Gruppen – Stammesfraktionen, einzelnen Dörfern oder kleineren Verwandtschaftsgruppen – Besitzrechte an den von ihnen genutzten Weideflächen. Details der Nutzung werden von den lokalen Gruppen selbst geregelt. Die kollektiven Weiden sind unveräußerlich, können jedoch durch Pachtverträge oder Konzessionen an Privatpersonen abgetreten werden.

M 7   Kollektivstatus

*Förderung traditioneller Verwaltungssysteme für Weideland*
*Hirtenorganisationen oder -kooperativen, die auf ethnisch-sprachlichen Kriterien beruhen, sollten mit einer eigenen Satzung ausgestattet werden, die das besondere Gewohnheitsrecht in Bezug auf das Weideland enthält. Diese Gewohnheitsrechte sind im kollektiven Gedächtnis der Nutznießer der gemeinsamen Weideflächen und Wälder noch präsent. Solche Organisationen müssen durch Gesetze gestärkt werden.*
*Verringerung der Anzahl der Tiere auf den Weiden*
*Sicherstellung eines Gleichgewichts zwischen der Anzahl der Weidetiere und der Futterverfügbarkeit auf den Weiden, die direkt mit den klimatischen Bedingungen zusammenhängt. Die Reduzierung kann durch klare Regeln erfolgen, die in den Satzungen der Nutzerorganisationen festgelegt werden müssen.*
*Beendigung der Dauerweidehaltung auf Weideflächen*
*Unserer Meinung nach ist es notwendig, die Sesshaftigkeit der Hirten auf den Weideflächen zu verbieten, ein saisonales Weideverbot einzuführen, verbunden mit Anreizen, und die Praxis des Kollektivstatus wiederzubeleben. Die FAO* schlägt als Beispiel Zahlungen für Umweltleistungen vor, um die Bewirtschaftung der Weideflächen zu verbessern.*
*Quelle: Divers Earth 2020*

M 8   Forderungen aus Sicht der mobilen Tierhalter

M 9   Schafherde im Hohen Atlas

# 2.3 Oasen – die Zukunft eines produktiven Agrarsystems

*Oasen sind fruchtbare Inseln in einem sonst durch Aridität\* und geringe Besiedlungsdichte geprägten Umland. Sie entstehen überall dort in der Wüste, wo sich Oberflächen- oder Niederschlagswasser sammelt, Grundwasser an die Oberfläche tritt oder in geringer Tiefe gefunden werden kann. Die traditionellen Oase (griechisch: „oasis" – bewohnter Ort) bildete früher ein in sich geschlossenes Wirtschafts- und Sozialsystem, deren Produkte in erster Linie zur Versorgung der Oasenbewohner diente. Sie war aber auch wichtiger Anlaufpunkt im transsaharischen Karawanenverkehr und -handel. Heute steht die produktive Landwirtschaft der Oasen am Scheideweg.*

1. a) Lokalisieren Sie Ouargla und beschreiben Sie die Oasenstadt 1970 (M1, Atlas).
   b) Erläutern Sie die Entwicklung Ouarglas seit 1970 (M1–M3, Atlas, Google Earth).
2. Analysieren Sie die Lebensmittelversorgung in Algerien (M4).
3. Vergleichen Sie die verschiedenen Oasentypen (M5, M10).
4. Erklären Sie den Prozess der Bodenversalzung (M6).
5. Erläutern Sie die Nachhaltigkeit der traditionellen Oasen am Beispiel der Faladsch-Oasen in Oman (M7 – M10, S. 30; M1).
6. Die Oasenwirtschaft in Oman ist bedroht durch Mineraldünger und billigen Importweizen, durch die lukrative Arbeit in der Stadt und das Vergessen der alten Techniken.
   a) Beurteilen Sie ihre Überlebensmöglichkeiten.
   b) Entwickeln Sie Vorschläge, die traditionelle Oasenwirtschaft zu erhalten und zu modernisieren.

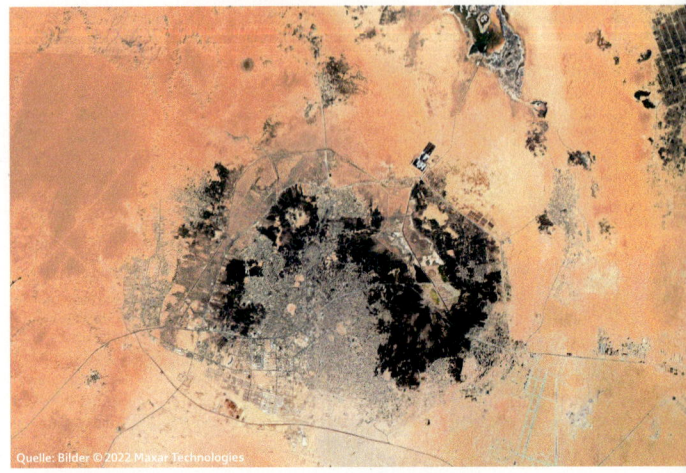
Quelle: Bilder ©2022 Maxar Technologies

**M 2**   Aktuelles Satellitenbild von Ouargla (Algerien)

In vorkolonialer Zeit nahm Ouargla die Funktion eines Etappenorts im Karawanenhandel wahr. [...] Darüber hinaus war Ouargla Marktort für die Nomadenstämme der weiteren Umgebung. Das heutige Erscheinungsbild der Oase wird wesentlich durch die Stellung als regionales Verwaltungs- und Entwicklungszentrum geprägt. [...] Gab es 1977 rund 42000 Einwohner, waren es 1987 bereits 82000 [...]; gegenwärtig sind es rund [190000]. Die wichtigste landwirtschaftliche Kultur sind die Dattelpalmenhaine. Sie werden zum einen über Kanäle aus artesischen Brunnen\* bewässert, zum anderen aus Tiefbrunnen (vor allem im nördlichen Teil der Oase). Neben Datteln werden auch Gemüse, Obst, Getreide und Luzerne (als Zusatzfutter für Kamele, Schafe und Esel) erzeugt. Nach 1960 wurden die Dattelpalmenhaine im Rahmen eines staatlichen Programms zum Oasenausbau ausgeweitet. Die Ansiedlung des „Forschungsinstituts für die Landwirtschaft in der Wüste" in Ouargla zeigt das Bemühen Algeriens, die Nutzung der Wüste durch Viehwirtschaft und Bewässerungsfeldbau zu fördern; die Sicherung der Nahrungsmittelerzeugung wird als wichtige Aufgabe angesehen. Wie in vielen anderen Oasen auch ist in Ouargla nicht allein die ausreichende Bereitstellung von Bewässerungswasser wichtig, sondern auch die Entwässerung (Entsorgung des Drainagewassers\*). Ouargla liegt in einer flachen Senke, an deren Rändern ausgedehnte Salztonebenen die Palmenhaine begrenzen. Überschüssiges Wasser aus den Drainagekanälen und aus der Kanalisation der wachsenden Stadt muss zum Teil durch diese Salztonebenen hindurch in benachbarte Senken gepumpt werden, um ein „Versumpfen" der Oase zu verhindern; nördlich von Ouargla liegt dafür ein Verdunstungssee.
*Quelle: Ouargla (Algerien) – Brunnenoase. In Diercke Handbuch 2015, S. 239*

**M 3**   Quellentext zu Ouargla in Algerien

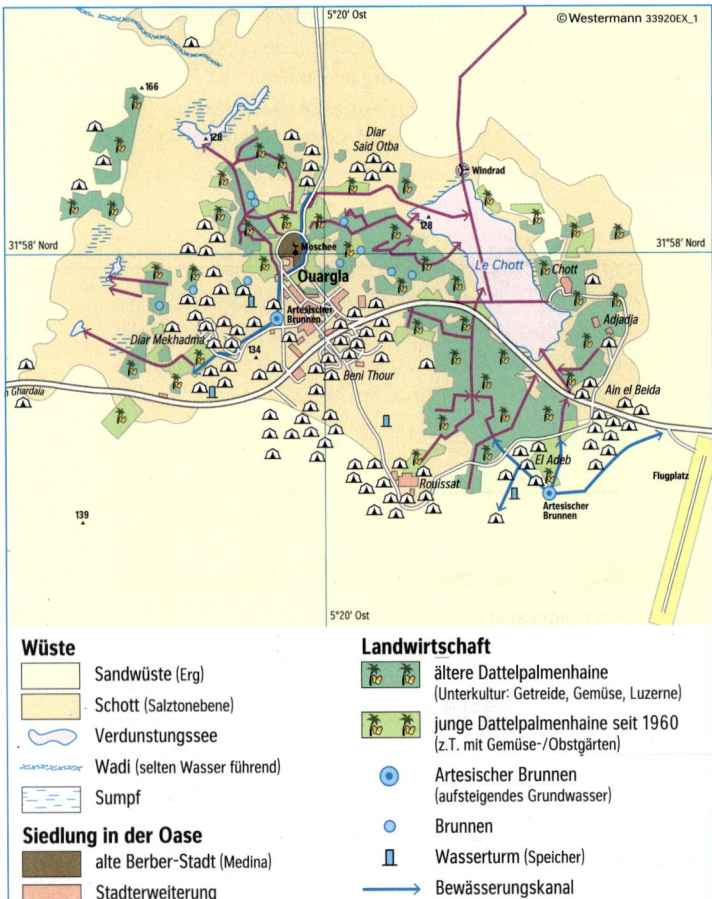

**Wüste**
- Sandwüste (Erg)
- Schott (Salztonebene)
- Verdunstungssee
- Wadi (selten Wasser führend)
- Sumpf

**Siedlung in der Oase**
- alte Berber-Stadt (Medina)
- Stadterweiterung
- Nomadenansiedlungen

**Landwirtschaft**
- ältere Dattelpalmenhaine (Unterkultur: Getreide, Gemüse, Luzerne)
- junge Dattelpalmenhaine seit 1960 (z.T. mit Gemüse-/Obstgärten)
- Artesischer Brunnen (aufsteigendes Grundwasser)
- Brunnen
- Wasserturm (Speicher)
- Bewässerungskanal
- Entwässerungskanal

**M 1**   Brunnenoase Ouargla 1970

**M 4**   Lebensmittelbilanz von Algerien 2019 (in 1000 t)

|  | Produktion | Import | Export | Verbrauch |
|---|---|---|---|---|
| Getreide | 5634 (2057) | 11527 (372) | 5 (116) | 16963 (2509) |
| Gemüse | 9516 (510) | 196 (16) | 10 (21) | 9679 (504) |
| Früchte | 4229 (1976) | 317 (11) | 55 (230) | 5118 (1792) |
| Fleisch | 804 (114) | 58 (0) | 2 (0) | 832 (114) |
| Datteln | 1136 (79) | 1 (0) | 54 (11) | 1082 (103) |

in Klammern: 1970   Quelle: FAO

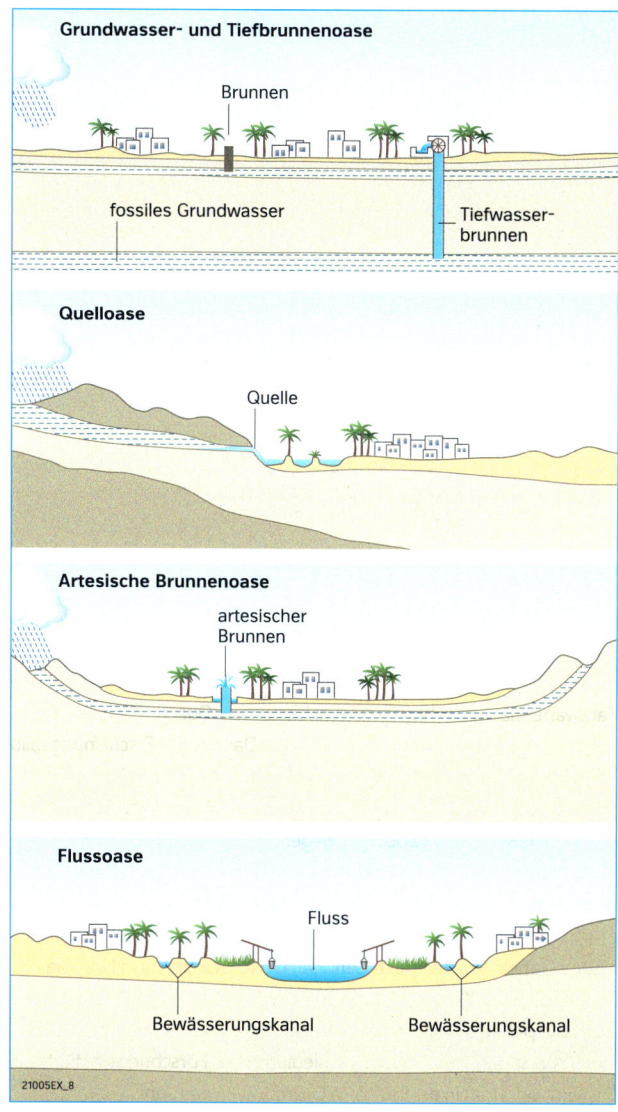

**M5** Oasentypen

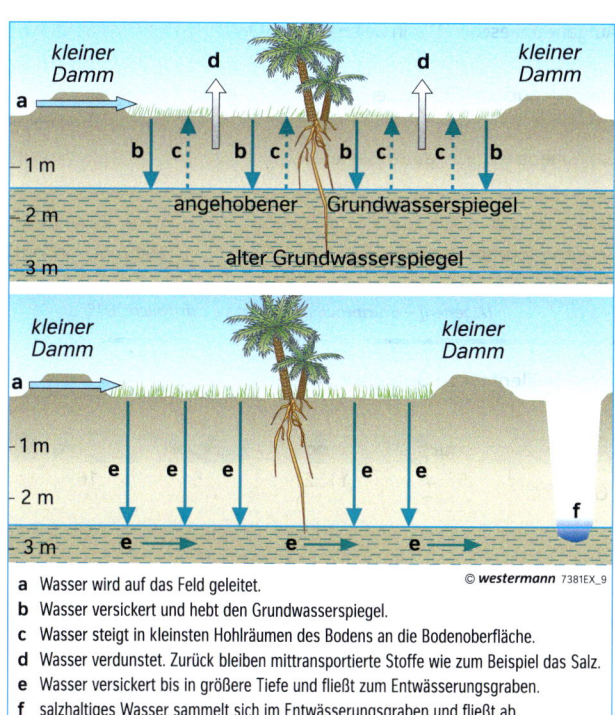

a  Wasser wird auf das Feld geleitet.
b  Wasser versickert und hebt den Grundwasserspiegel.
c  Wasser steigt in kleinsten Hohlräumen des Bodens an die Bodenoberfläche.
d  Wasser verdunstet. Zurück bleiben mittransportierte Stoffe wie zum Beispiel das Salz.
e  Wasser versickert bis in größere Tiefe und fließt zum Entwässerungsgraben.
f  salzhaltiges Wasser sammelt sich im Entwässerungsgraben und fließt ab.

**M6** Versalzung bei Bewässerung in ariden* Regionen und ihre Verhinderung durch Drainagegräben*

**M7** Terrassenanbau in Bilad Sayt (Oman)

Um das Dorf Bilad Sayit herum ruht die steinige Wüste. Trockene Hitze herrscht über schroffen Fels. Doch in der Siedlung behauptet sich das Grün. Vier Quellen sprudeln aus dem Berg, Dattelpalmen recken sich in den Himmel, in ihrem Schatten wachsen Bananen, Weizen, Gerste, Knoblauch, Limetten und Wein. [...] An diesem unwahrscheinlichen Ort wohnen Menschen seit mehr als 2500 Jahren. Einst rangen sie der Wüste fruchtbares Land ab, dann bauten sie mit Zement ein feines Netzwerk von Bewässerungskanälen und begannen, mit ihren Datteln Handel zu treiben. [...] Die Trinität von Mensch, Tier und Pflanze, in der ein Teil nicht ohne den anderen überleben kann, hat [die Oasen] blühen lassen. Angetrieben werden sie vom Wasser. Die Bewohner hegen ihre Quellen, fangen das Nass auf, jahrhundertealte Wasserrechte regeln die Aufteilung unter den Familien. [...] Die Familien lassen ihre kleinen Ziegenherden gemeinsam auf den Plateaus weiden. Ohne die Tiere hätten die Oasen nie stabil über lange Zeit existieren können. [...] Sie sammeln beim Weiden Nährstoffe aus der Umgebung und tragen sie als Dünger in ihren Bäuchen in die Oasen. [...] Oasen sind Archetypen der Nachhaltigkeit, ihr Beispiel lehrt, wie Menschen mit der klugen Verteilung knapper Ressourcen selbst dem unwirtlichsten Flecken Erde Leben entlocken können. Auf der Welt gibt es kein zweites Landwirtschaftssystem, das so lange und erfolgreich besteht wie das der Oasen.
*Quelle: Fritz Habekuß: Bis zum letzten Tropfen. Die Zeit 16.7.2015*

**M8** Quellentext zu Oasen in Oman

**M9** Bewässerungskanal einer Faladsch-Oase in Oman

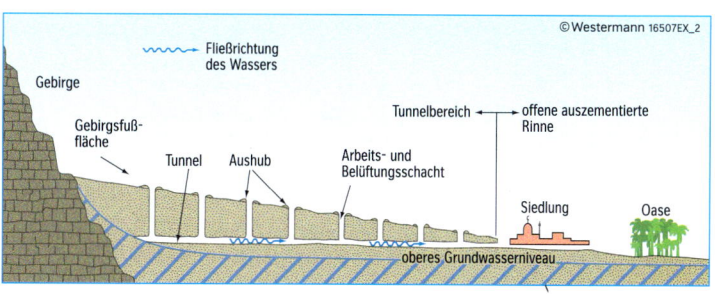

**M10** Faladsch-Oase (ähnliche Systeme im Iran (Qanat), Nordafrika (Foggara) etc.)

# 2.4 Saudi-Arabien – Weizen und Milch aus der Wüste

Außerhalb der Regenfeldbaugebiete* entstand in einigen Regionen Nordafrikas und Vorderasiens in den letzten Jahrzehnten neben der traditionellen Oasenlandwirtschaft eine „moderne" Bewässerungslandwirtschaft: im Einzugsbereich großer Stauseen und oberhalb von unterirdischen Grundwasserleitern (Aquiferen*) mit fossilem*, nicht erneuerbarem Wasser*. Dabei rufen der Anbau von Weizen und die Milchviehhaltung in den Wüstenregionen Saudi-Arabiens Erstaunen hervor. Dies gilt umso mehr, als die Milchviehbetriebe eine für Deutschland undenkbare Dimension aufweisen und die Kühe wegen der Hitze beregnet werden müssen. Zudem müssen durch technische Maßnahmen ausreichende Wassermengen in die Ställe und auf die Felder geleitet werden, um den fehlenden Niederschlag zu ersetzen. In Saudi-Arabien stammt das Wasser hauptsächlich aus den Aquiferen, es wird aber auch in Meerwasserentsalzungsanlagen gewonnen (Kap. 2.8).

1. Beschreiben Sie das Wasserangebot und die Wassergewinnung auf der arabischen Halbinsel (M1, M3, M8).
2. Charakterisieren Sie die Landwirtschaft im Wadi as-Sirhan (M2).
3. Analysieren Sie den Milchviehbetrieb Al Safi Farm (M7, M10).
4. Erläutern Sie die Entwicklung der ackerbaulichen Fläche sowie der Weizen- und Milchproduktion in Saudi-Arabien (M4, M6, M9).
5. Erörtern Sie die Dimensionen des Wadi Ad Dawasir und des Betriebes Al Safi Farm sowie deren Wasserverbrauch (M5, M10).
6. Beurteilen Sie auf der Grundlage des Wasserangebotes die saudische Landwirtschaftspolitik (M1, M6, M8).

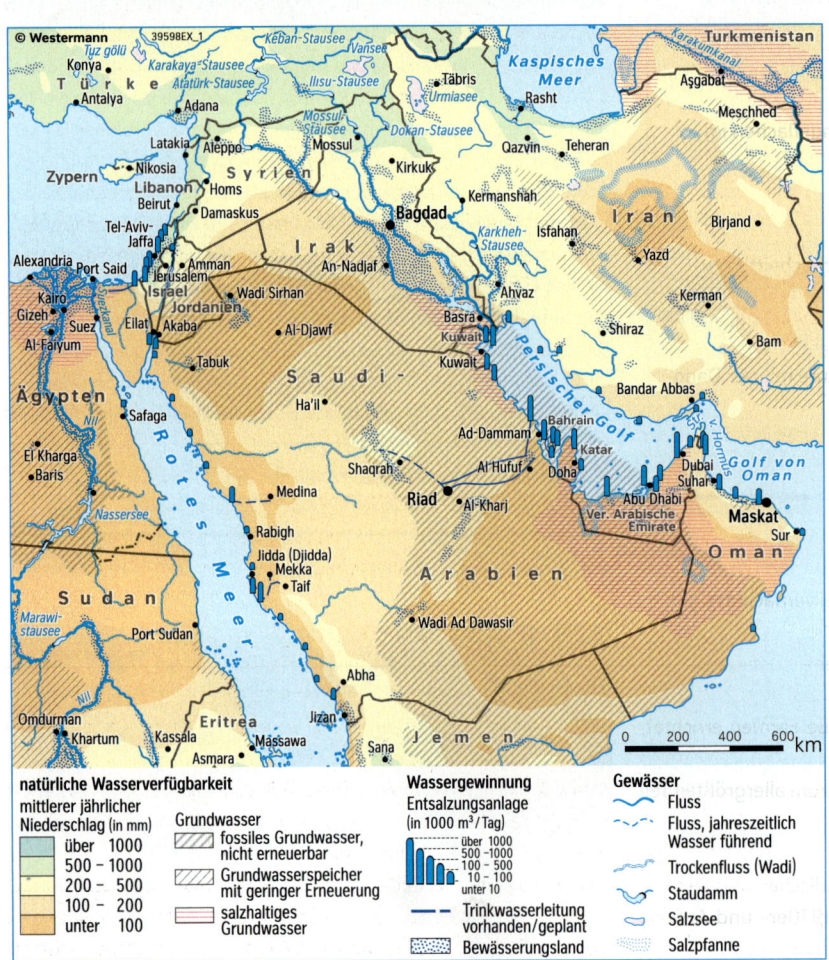

**natürliche Wasserverfügbarkeit**

mittlerer jährlicher Niederschlag (in mm)
- über 1000
- 500 – 1000
- 200 – 500
- 100 – 200
- unter 100

Grundwasser
- fossiles Grundwasser, nicht erneuerbar
- Grundwasserspeicher mit geringer Erneuerung
- salzhaltiges Grundwasser

**Wassergewinnung**

Entsalzungsanlage (in 1000 m³ / Tag)
- über 1000
- 500 –1000
- 100 – 500
- 10 – 100
- unter 10

- Trinkwasserleitung vorhanden/geplant
- Bewässerungsland

**Gewässer**
- Fluss
- Fluss, jahreszeitlich Wasser führend
- Trockenfluss (Wadi)
- Staudamm
- Salzsee
- Salzpfanne

**M1** Wasserangebot und -gewinnung auf der Arabischen Halbinsel

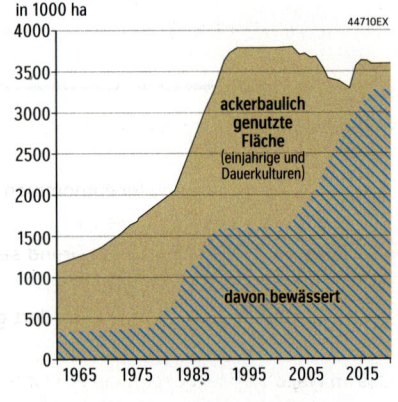

**Riad/Saudi-Arabien**
620 m ü. M.    24°43'N / 46°44'W
T = 25,7 °C    N = 101 mm

**M3** Klimadiagramm Riad (Saudi-Arabien)

**M4** Ackerbaulich genutzte Flächen in Saudi-Arabien (1960 – 2020)

(in 1000 ha: 4000, 3500, 3000, 2500, 2000, 1500, 1000, 500; Jahre: 1965, 1975, 1985, 1995, 2005, 2015)
- ackerbaulich genutzte Fläche (einjährige und Dauerkulturen)
- davon bewässert

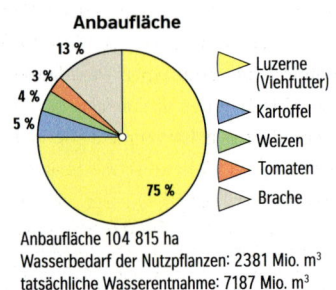

**Anbaufläche**
- 75 % Luzerne (Viehfutter)
- 5 % Kartoffel
- 4 % Weizen
- 3 % Tomaten
- 13 % Brache

Anbaufläche 104 815 ha
Wasserbedarf der Nutzpflanzen: 2381 Mio. m³
tatsächliche Wasserentnahme: 7187 Mio. m³
Quelle: Al-Rumikhani 2004

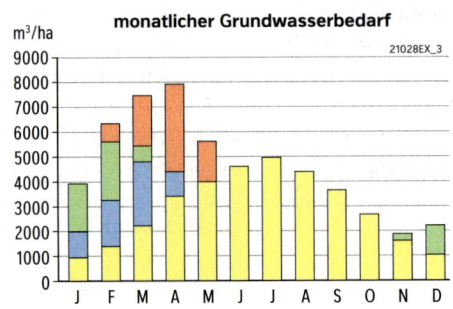

**monatlicher Grundwasserbedarf**
m³/ha (0–9000), Monate J F M A M J J A S O N D

**M2** Bewässerungslandwirtschaft im Wadi Sirhan (Saudi-Arabien, 2001)

Quelle: Bilder ©2022 CNES / Airbus Maxar Technologies

**M5** Kreisbewässerung bei Wadi Ad Dawasir

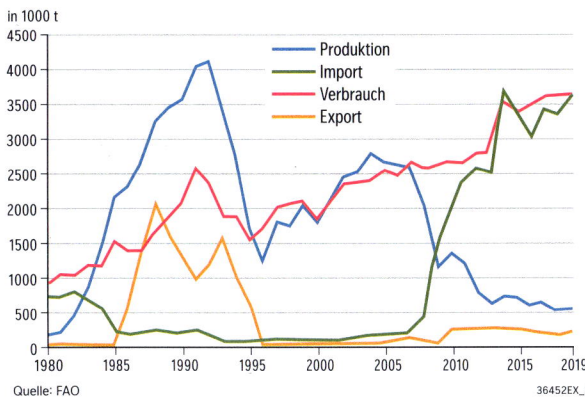

M 6  Weizenproduktion, -export, -import und -verbrauch in Saudi-Arabien (1980 – 2019)

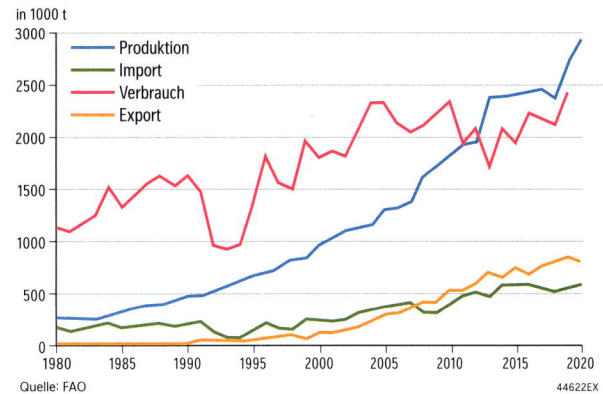

M 9  Produktion, Export, Import und Verbrauch von Milch und Molkereiprodukten in Saudi-Arabien (1980 – 2020)

| Größe des Milchviehbetriebes | 50 000 Milchkühe (60 Kälbergeburten/Tag) |
|---|---|
| technische Ausrüstung | 500 m lange Laufställe für je 1500 Kühe, 7 Melkfließbänder, Ventilatoren zur Kühlung, Sprinkleranlagen zur Feuchthaltung des Bodens, der Wände und der Luft |
| Personal | 250 Melker im 22-Stunden-Betrieb |
| Futterproduktion/ Futterzukauf | 10 km² große Bewässerungsflächen im Unternehmen, Importe aus den USA und Südamerika |
| Wasserbereitstellung | 2 500 Liter Wasser zur Produktion von 1 Liter Milch |
| Erzeugung | 170 Mio. l Milch/Jahr, durchschnittlich 41 l pro Kuh/Tag, 4 Melkzeiten pro Kuh/Tag |
| Weiterverarbeitung | Herstellung von Frischmilch, Joghurt und Fitnessgetränken im Unternehmen |
| Vermarktung | Al Safi Danone (Joint Venture mit der Danone-Gruppe, Frankreich) |

M 7  Steckbrief: Milchviehbetrieb Al Safi Farm

M 10  Al Safi Farm bei Al-Kharj

In Wadi Ad Dawasir, im Südwesten Saudi-Arabiens, werden jedes Jahr bis zu 2 km³ Grundwasser für die landwirtschaftliche Bewässerung aus dem Wajid Aquifer entnommen, bei vernachlässigbarer Grundwasserneubildung. [...] Seit Beginn der 80er-Jahre des letzten Jahrhunderts wird das Gebiet aufgrund seiner ergiebigen Grundwasserressourcen intensiv landwirtschaftlich genutzt. Mehrere landwirtschaftliche Konzerne haben dort große Farmen errichtet, in denen vor allem Getreide und Futtergras produziert werden. [...] Das im Wajid-Aquifer gespeicherte Wasser ist zum allergrößten Teil fossiles Grundwasser*. [...]

Um die Ernährungssicherheit Saudi-Arabiens auch in Krisenzeiten zu gewährleisten und die Ansiedlung der nomadischen Bevölkerung des Landes zu befördern, wurde Ende der 1970er- und Anfang der 1980er-Jahre ein ehrgeiziges landwirtschaftliches Programm gestartet und vom Könighaus großzügig subventioniert*. [...] Eines dieser landwirtschaftlichen Zentren war das Wadi Ad-Dawasir, wo schon seit historischen Zeiten eine kleine Oase bestand, die durch Quellen aus dem Wajid-Aquifer gespeist wurde. [...] Während 1973 die landwirtschaftlich genutzte Fläche nur 82 km² betrug, waren es 1985 bereits 2 291 km² [...] und 2006 3 491 km². [...]

[Von 1980 bis 1992 nahm die Grundwasserförderung stark zu], wobei in dieser Zeit hauptsächlich Getreide (vorrangig Weizen) angebaut wurde. Mit dem Ende der staatlichen Subventionen des Getreideanbaus kam es zu einem deutlichen Rückgang der Grundwasserentnahme, der bis 1996 andauerte. Der Getreideanbau wurde zurückgefahren und weniger Grundwasser gefördert. Dieser Zustand änderte sich ab 1996. Anstelle von Getreide wurde ganzjährig Futtergras (Alfalfa) angebaut, was wiederum zu einem dramatischen Anstieg der Grundwasserförderung beitrug. [...]

Folge dieser großen Grundwasserentnahme ist die Ausbildung eines riesigen Absenkungstrichters mit einem Durchmesser von über 200 km und mit einer Grundwasserabsenkung von über 200 m. [...]. Im Zentrum des Wadi Ad-Dawasir ist die Absenkung so groß, dass die Sohle des Wajid-Aquifers erreicht wird und der Grundwasserleiter dort vollständig entleert ist. Dies bedeutet, dass dort die Grundwasservorräte erschöpft und keine Landwirtschaft mehr möglich ist. [...]

Das Beispiel von Wadi Ad-Dawasir zeigt, dass die Grundwasservorräte endlich sind und es nur noch kurze Zeit möglich ist, Grundwasser zu fördern. Dies gilt auch für andere Gebiete in Saudi-Arabien. Düstere Prognosen sagen, dass die Grundwasservorräte bereits bis 2030 aufgebraucht sind. Daneben haben Kostenanalysen gezeigt, dass die Erzeugung vieler landwirtschaftlicher Produkte im Vergleich mit Weltmarktpreisen viel zu teuer ist und deren Produktion in Saudi-Arabien keinen Sinn ergibt. Diese Erkenntnisse führten zu einem Paradigmenwechsel in der Land- und Wasserwirtschaft des Königreichs. Ab 2016 wurde als Konsequenz die Weizenproduktion auf Anordnung des Königs eingestellt, die Beendigung des Anbaus von Grünfutter sowie die Auslagerung der Landwirtschaft in wasserreichere Länder beschlossen.

*Quelle: Randolf Rausch, Heiko Dirks: Eine Fallstudie zum „Groundwater Mining" fossilen Grundwassers auf der Arabischen Halbinsel. In R. Rausch: Ziele, Anwendungsmöglichkeiten und -grenzen mathematischer Grundwassermodelle. 2019*

M 8  Quellentext zur landwirtschaftlichen Nutzung des Wadi Ad Dawasir

# 2.5 Wasser – knappe Ressource mit Konfliktpotenzial

*In vielen Gesellschaften Nordafrikas und Vorderasiens galten lange Zeit Wasserressourcen als Gemeineigentum, und das Wasserrecht genoss höchsten Stellenwert. Doch Wasser ist aufgrund der stark wachsenden Bevölkerung, aber auch moderner Nutzungsgewohnheiten, strategischer Fehlplanungen, veralteter Infrastruktur und Bewässerungsmethoden zu einem immer knapperen Gut geworden. So kommt es auf lokaler, regionaler, nationaler und zwischenstaatlicher Ebene vermehrt zu Wasserkonflikten.*

1. Stellen Sie dieglobale Süßwasserverteilung und -entnahme dar (M1, M2, M4, M5, Atlas).
2. Vergleichen Sie die Wasserressourcen und die Wasserentnahme in Vorderasien und Nordafrika (M7, M8, M12).
3. Erläutern Sie die Ursachen von Wasserknappheit in der Region (M6, M7, Atlas).
Ⓩ 4. Erstellen Sie ein Wirkungsgefüge zur Wasserverknappung (M10).
5. Vergleichen Sie die Wasserverfügbarkeit und die -ressourcen im Irak, Iran, in der Türkei und in Ägypten (M6, M7, M12).
6. Der bislang in vielen Staaten der Region subventionierte* Wasserpreis muss teurer werden, damit ein Umdenken stattfindet. Erörtern Sie die Konsequenzen dieses Vorschlags.
Ⓩ 7. Erörtern Sie den Bau von Golfplätzen in der Wüste (M3).
8. Erläutern Sie die transnationalen und nationalen Ursachen von Wasserkonflikten (M9, M11).

M3   Golfplatz in Dubai

Maßgeblich für die globale Süßwasserverteilung ist lokaler Niederschlag, bei dem es sich um die einzig erneuerbare, natürliche Süßwasserquelle handelt. Niederschläge sind auf der Erde zeitlich und regional sehr unterschiedlich verteilt und unterliegen saisonalen Schwankungen. Gerade Regionen, in denen keine stetigen ganzjährigen Niederschläge auftreten, sind damit auf natürliche Mechanismen angewiesen, die Wasser längerfristig speichern und damit auch in regenarmer Zeit verfügbar machen (Oberflächengewässer und Grundwasser) oder sie sind von Fließgewässern abhängig, die eine überregionale Wasserverteilung garantieren. Auf den Landmassen können Niederschläge auf der Landoberfläche abfließen (Überlandabfluss) oder im Boden versickern (Grundwasser). Beim Überlandabfluss sammelt sich das Wasser in sogenannten Flusseinzugsgebieten und wird hier über Senken, Bäche und Nebenarme den großen Flusssystemen zugeführt, die das Wasser zum überwiegenden Anteil in Richtung der Ozeane oder aber vereinzelt auch in Oberflächengewässer bzw. Feuchtgebiete transportieren. Verschiedene Flusseinzugsgebiete grenzen sich dabei durch Wasserscheiden voneinander ab; dies sind hydrogeographische Grenzlinien in Form geologischer Erhebungen, die den Überlandabfluss nur in bestimmte ausgewiesene Richtungen zulassen. Die Wasserabflussmenge in einem Flusseinzugsgebiet wird in erster Linie durch klimatische Einflussfaktoren bestimmt und hängt von der Gestalt des Flusses, der Form und Größe des Einzugsgebietes sowie vorherrschenden zivilisatorischen Einflussfaktoren ab. Abhängig von der regionalen Wasserspeicherfähigkeit und der Schichtfolge des Erdbodens versickert ein Anteil des Niederschlags im Boden und sammelt sich dort in lokalen unterirdischen Grundwasserspeichern oder fließt als Grundwasser in Richtung der Ozeane ab.

*Quelle: Christian Alwardt, Jürgen Scheffran: Mensch und Wasser. Praxis Geographie 1/2016, S. 4 – 5*

M4   Quellentext zur globalen Verteilung von Süßwasser

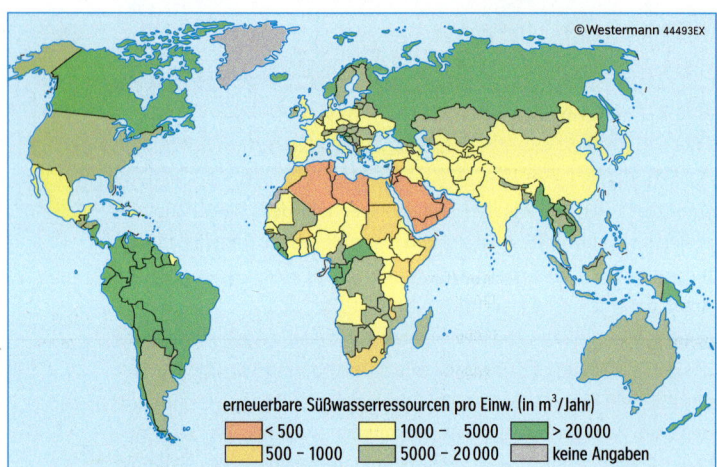

M1   Erneuerbare Süßwasserressourcen pro Einwohner (2018)

erneuerbare Süßwasserressourcen pro Einw. (in m³/Jahr)
- < 500
- 1000 – 5000
- > 20 000
- 500 – 1000
- 5000 – 20 000
- keine Angaben

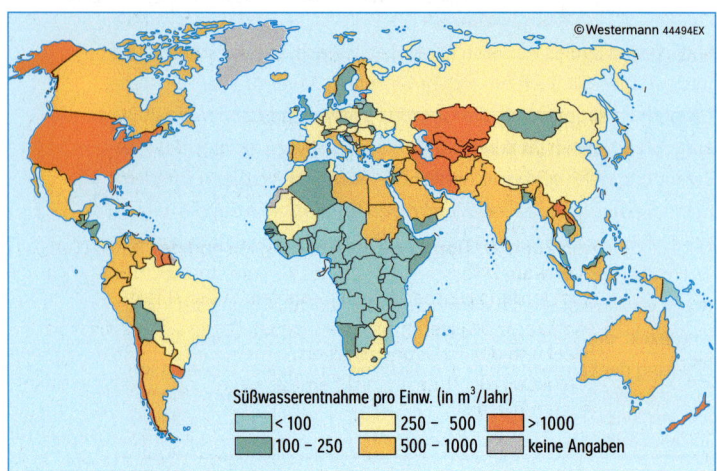

M2   Süßwasserentnahme pro Einwohner (2018)

Süßwasserentnahme pro Einw. (in m³/Jahr)
- < 100
- 250 – 500
- > 1000
- 100 – 250
- 500 – 1000
- keine Angaben

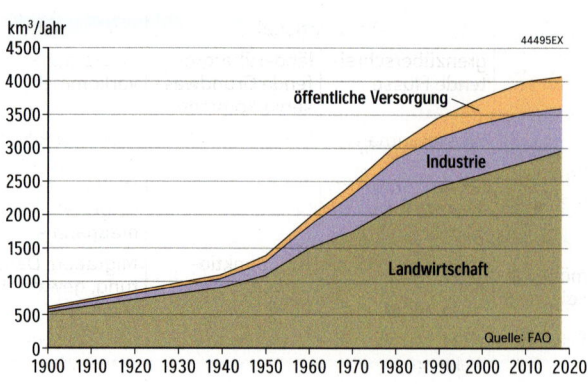

M5   Globale Süßwasserentnahme nach Sektoren (1910 – 2018)

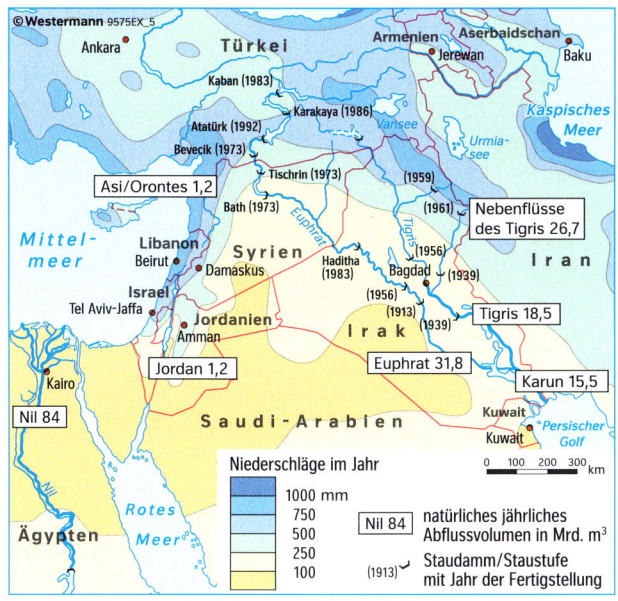

M 6 Niederschläge und mittlerer Jahresabfluss in Vorderasien

## Wasserverfügbarkeit

– Klimawandel: globale/regio-
nale Veränderung von
  • Niederschlägen
  • Abfluss
  • Verdunstung
  • Vegetation (Ausbreitung
    von Wüsten)
– Erschöpfung endlicher Was-
serressourcen (Aquifere)
– Verschmutzung
– defekte Infrastruktur

+ Rainwater Harvesting*
+ technische Verfahren, z. B.
  • Staudämme
  • Meerwasserentsalzung
  • Tiefbrunnen
  • Abwasseraufbereitung
  • Wassersparen
+ Umverteilung von wasser-
reichen zu wasserarmen
Regionen (Kanäle, Pipelines,
Schiffe)

## Wasserbedarf

+ Bevölkerungswachstum
(Trinkwasser)
+ Veränderung Nutzungs-
gewohnheiten
+ Urbanisierung
+ Ausbau/Intensivierung
Landwirtschaft
+ Industrialisierung

– effektivere landwirtschaftliche Anbau- und Bewässe-
rungstechniken
– Verteuerung von Wasser-
preisen
– Nahrungsmittelimporte

M 10 Einflussfaktoren auf die Wasserverknappung (+ verstärken-
de Faktoren, - abschwächende Faktoren)

| | Nieder-schläge (in km³/Jahr) | erneuerbare Süßwasserressourcen | | | Süßwasserentnahme | | | |
|---|---|---|---|---|---|---|---|---|
| | | inländisch | Gesamt | Anteil Grundwasser | gesamt (in km³/Jahr) | pro Ew. (in m³/Jahr) | Anteil Land-wirtschaft | Anteil Industrie |
| | | (in km³/Jahr) | | | | | | |
| Ägypten | 18,1 | 1 | 58 | 2,6 % | 77,5 | 787 | 79,2 % | 7,0 % |
| Marokko | 154,5 | 29 | 29 | 34,5 % | 10,4 | 290 | 87,8 % | 2,0 % |
| Saudi-Arabien | 126,8 | 2,4 | 2,4 | 91,7 % | 24 | 712 | 79,2 % | 5,8 % |
| Iran | 397,9 | 129 | 137 | 36,0 % | 93,3 | 1141 | 92,2 % | 1,2 % |
| Irak | 94 | 35 | 90 | 3,7 % | 33,6 | 874 | 91,5 % | 5,3 % |
| Israel | 9,6 | 0,8 | 1,8 | 68,5 % | 2,3 | 271 | 51,7 % | 4,6 % |
| Jordanien | 9,9 | 0,7 | 0,9 | 57,6 % | 1,0 | 105 | 53,1 % | 3,1 % |
| Syrien | 46,7 | 7 | 17 | 38,8 % | 16,8 | 989 | 87,5 % | 3,7 % |
| Türkei | 465,7 | 227 | 212[1] | 32,0 % | 59,4 | 721 | 87,1 % | 5,2 % |
| Deutschland | 250,1 | 107 | 154 | 29,7 % | 28,5 | 343 | 1,4 % | 62,1 % |

[1] geringer als inländisch wegen vertraglich den Unterliegern zugesicherte Abflüsse der grenzüberscheitenden Flüsse   Quelle: FAO

M 7 Wasserressourcen und -entnahme in ausgewählten Ländern (2018)

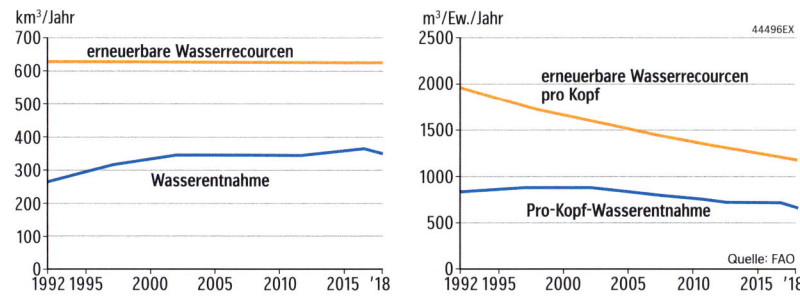

M 8 Nordafrika und Vorderasien: Wasserressourcen und Wasserentnahme (1992 – 2018)

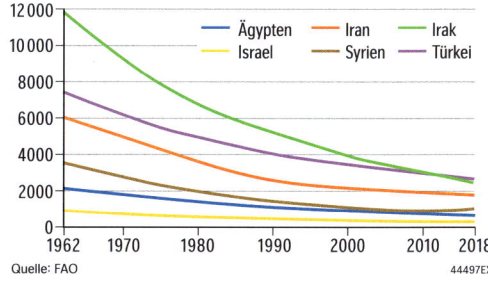

M 12 Wasserressourcen pro Ew. (1962 – 2018)

| | transnational | | national |
|---|---|---|---|
| | grenzüberschrei-tende Flüsse | länderübergrei-fende Grundwas-servorkommen | innerstaatliche Wasser-vorkommen |
| Konflikt-ursachen | Wasserentnah-me, Flussum-leitung, Stau-maßnahmen, Wasserqualität | Wasserentnahme | Verfügbarkeit, Erschließ-barkeit, Besitzverhältnis-se, Wasserkosten Folgen von Wasserbau-maßnahmen |
| mögliche Folgen | diplomatischer Konflikt, Sanktio-nen*, militärische Auseinanderset-zung, Migration | | Migration, Destabilisie-rung, gewalttätige Kon-flikte |
| Präven-tion | rechtliche Rahmenvereinbarungen/ Abkommen | | Gesetzgebung, staatliche Strukturen |

M 9 Transnationale und nationale Wasserkonflikte

Konflikte zwischen Unter- und Oberliegern von Flüssen entstehen
meist im Kontext von Staudammprojekten am Oberlauf für Bewässerungslandwirtschaft und Elektrizitätsgewinnung, zum Beispiel
• am Nil zwischen Ägypten und Sudan/Südsudan/Äthiopien
  (vgl. Kap. 2.8);
• an Euphrat/Tigris zwischen Irak/Syrien und der Türkei (GAP,
  vgl. Kap. 2.7);
• am Jordan zwischen Israel/Jordanien/Syrien/Libanon.

Konflikt um Wasserentnahme aus dem Bergaquifer zwischen
Israel und den Palästinensischen Autonomiegebieten

Konflikt um die Nutzung nicht erneuerbarer Grundwasser-Aquife-
re, zum Beispiel
• um den Disi-Aquifer zwischen Saudi-Arabien und Jordanien,
• den Nubischen Sandstein Aquifer zwischen Libyen und Ägypten

M 11 Beispiele für Wasserkonflikte

# 2.6 Staudammprojekte an Euphrat und Tigris

*Mit gewaltigen Staudämmen und -mauern Flüsse aufzustauen, gilt seit Jahrzehnten als probates Mittel effektiver Wassernutzung. Überall auf der Welt verfolgte man diese oft umstrittenen Großprojekte. Ein Beispiel ist das groß angelegte Südostanatolien-Projekt der Türkei (GAP). Südlich der Quellregion von Euphrat und Tigris entstanden seit 1976 zahlreiche Staudämme, große Wasserkraftwerke und riesige Flächen bewässerter Baumwollpflanzungen. Aus der peripheren, armen Region Südostanatolien sollte eine „blühende Landschaft" werden. Hierfür versanken bedeutende historische Stätten in den Fluten. Auch wird das Projekt von sozialen und ökologischen Problemen begleitet und sorgt für Unmut bei den Nachbarn.*

1. Lokalisieren Sie die beiden Flüsse Euphrat und Tigris und beschreiben Sie ihren Verlauf von ihren Quellen an (Atlas, M6).

2. Fassen Sie Bestandteile des Südostanatolien-Projekts zusammen (M1, M3, M6).
3. Erläutern Sie den Bewässerungsbedarf in der GAP-Region (Atlas: Klimadiagramm Şanliurfa, S.141).
4. Erläutern Sie die Ziele von Staudammprojekten am Beispiel der Staudamm-Projekte an Euphrat und Tigris (M4, M5, M9).
5. Beurteilen Sie den ökonomischen Erfolg des Südostanatolien-Projekts (M2, M5, M7).
6. Erörtern Sie die sozialen und ökologischen Folgen
   a) bei Staudammprojekten allgemein (M9) und
   b) beim Südostanatolien-Projekt (M7).
7. Erläutern Sie das politische Konfliktpotenzial der Anrainerstaaten von Euphrat und Tigris (M6, M10, Atlas).

| Wasser-kraftwerk | Typ | Betreiber | Leistung (in MW) | Inbetrieb-nahme |
|---|---|---|---|---|
| Karakaya | Stausee | EÜAŞ | 1800 | 1987 |
| Sırımtaş | Stausee | Tektuğ | 28 | 2013 |
| Atatürk | Stausee | EÜAŞ | 2405 | 1992 |
| Birecik-Nizip | Stausee | EÜAŞ | 672 | 2000 |
| Karkamiş | Stauwerk | EÜAŞ | 189 | 1999 |
| Şanlıurfa | Kanal | Rönesans | 52 | 2005 |
| Erkenek | Kanal | Tektuğ | 13 | 2010 |
| Çağçağ | Kanal | Fernas | 14,4 | 2011 |

**geplante Kapazität Euphrat: 14 Stauseen, 11 Wasserkraftwerke, Gesamtleistung: 5404 MW**

| | | | | |
|---|---|---|---|---|
| Kralkısı | Stausee | EÜAŞ | 95 | 1998 |
| Dicle | Stausee | EÜAŞ | 110 | 2000 |
| Silvan | Stausee | EÜAŞ | 160 | *2022* |
| Garzan | Stausee | FERNAS | 49 | 2015 |
| Batman | Stausee | EÜAŞ | 199 | 2003 |
| Ilısu | Stausee | EÜAŞ | 1209 | 2020 |

**geplante Kapazität Tigris: 8 Stauseen, 8 Wasserkraftwerke, Gesamtleistung: 2172 MW**

Quelle: EÜAŞ, Rosesans, Fernas, Tektug

**M1   Wasserkraftwerke in der GAP-Region**

| | GAP | | Türkei |
|---|---|---|---|
| | **2013** | **2020** | **2020** |
| Bevölkerung (in Mio.) | 8,1 | 9,1 | 83,6 |
| Einwanderung (in 1000) | 142 | 157,2 | |
| Auswanderung (in 1000) | 189 | 174,7 | |
| Arbeitslosenrate | 14,5 % | 22,4 % | 13,7 % |
| Exporte (in Mrd. US-$) | 8,9 | 10,4 | 169,6 |
| Importe (in Mrd. US-$) | 4,0 | 6,2 | 219,5 |
| Wertschöpfung/ Ew. (in US-$) | 4641 | 4897 | 9693 |
| Anteil der Landwirtschaft am BIP | 12,6 % | 12,1 % | 6,7 % |
| Anteil Arbeitskräfte in Sektoren[1] | 35 %/ 31 %/ 34 % | 26 %/ 24 %/ 50 % | 18 %/ 26 %/ 56 % |

[1] Landwirtschaft / Industrie / Dienstleistungen
Quelle: GAP Regional Development Administration; TUIK

**M2   Kenndaten zur GAP-Region und Türkei**

Im Vordergrund der Bemühungen zur Entwicklung Südostanatoliens stand ab den 1960er-Jahren zunächst die Energiegewinnung aus Wasserkraft, um die Stromversorgung der rasch wachsenden türkischen Bevölkerung zu gewährleisten. [...] 1976 wurden die Planungen zum „Güney Anadolu Projesi" (GAP Südostanatolien-Projekt) unter einem Dach zusammengefasst und später einer eigenen Behörde unterstellt (1989). Die Planungen gehen seitdem weit über die Energiegewinnung hinaus. Das Projekt wird heute als ein „multi-sectoral, integrated regional development project" verstanden. Investitionen fließen nicht nur in die Energiegewinnung, die Bewässerung und die nötige Infrastruktur wie Straßen und Flughäfen (insgesamt rund 75 % der Mittel), sondern in beträchtlichem Umfang auch in Wirtschafts- und Sozialprojekte (25 % der Mittel) [...]. Grundlage für eine intensive landwirtschaftliche Nutzung der Region ist die Bewässerung. Planungen gingen zunächst von bis zu 1,7 Mio. Hektar Land aus [...]. [Erst etwa 570000 Hektar wurden bis Ende 2019 unter Kultur genommen. Um die Bewässerungsgebiete mit Wasser zu versorgen, wurden Hauptbewässerungskanäle von knapp 1500 km Länge fertiggestellt, dazu Stollen, Pumpstationen.]
*Quelle: Südostanatolien: Bewässerungsprojekt. In Diercke Handbuch 2015, S. 223*

Obwohl 80 % der Energieprojekte fertiggestellt wurden, sind bis heute weniger als 20 % der Bewässerungssysteme in Betrieb genommen worden. Trotz der Ausgaben von über 20 Mrd. US-$ blieb das GAP im Wesentlichen eine Gruppe getrennter Wasserkraftwerke. [...] Leider wird die Inbetriebnahme der Bewässerungssysteme das Problem nicht allein lösen, da die Stauseen in Privatbesitz sind. Der Einfluss und die Kontrolle der Verwaltung über das Einzugsgebiet haben sich durch die wachsende Zahl der beteiligten Akteure verringert. Durch die rasante Entwicklung des Einzugsgebiets von Tigris und Euphrat mit den von privaten Unternehmen entwickelten Projekten stellt sich heute das Problem, wie ein Kaskadenspeichersystem, das aus staatlichen und privaten Speicherseen besteht, in Hinblick auf die Menge und den Zeitpunkt der Wasserabgabe zur Deckung des Bewässerungsbedarfs der flussabwärts gelegenen Gebiete betrieben werden kann.
*Quelle: Emrah Yalcin & Sahnaz Tigrek: The Tigris hydropower system operations: the need for an integrated approach. International Journal of Water Resources Development 35:1, S. 110 – 125 (Übers.: Georg Stöber)*

**M3   Quellentexte zum Südostanatolien-Projekt**

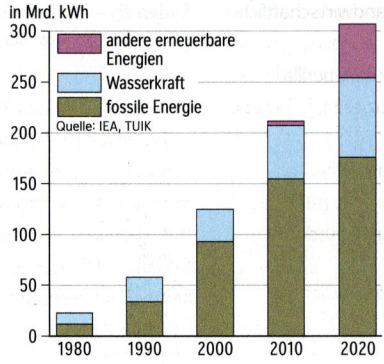

**M4   Elektrizitätsgewinnung in der Türkei**

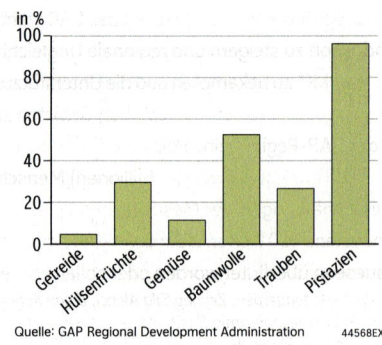

Quelle: GAP Regional Development Administration   44568EX

**M5   Anteil des GAP an der Kulturfläche in der Türkei (2020, in %)**

 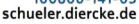

M 6 **Südostanatolien-Projekt (GAP)**

M 8 **Atatürk-Stausee**

| Ziele | Probleme |
|---|---|
| • Ausdehnung der Bewässerungsflächen<br>• Sicherheit bei der Trinkwasserversorgung<br>• Hochwasserschutz<br>• Stromgewinnung durch Wasserkraft<br>• Schaffung infrastruktureller Voraussetzungen für industrielle Entwicklungsprojekte<br>• Regionalentwicklung durch Schaffung von Arbeitsplätzen und Infrastrukturausbau<br>• Handel mit Wasser<br>• Schiffbarmachung | • Umsiedlung der ansässigen Bevölkerung<br>• meist unzureichende Kompensationsleistungen für die Umgesiedelten (Verarmung)<br>• Zerstörung historischer Zeugnisse<br>• Zerstörung von Ökosystemen<br>• Beeinträchtigung der Existenzgrundlage von Unterliegern, politische Konflikte mit Unterliegern<br>• Verringerung des fruchtbaren Schwemmlands in Flüssen<br>• Verdrängung von Kleinbauern durch industrielle Landwirtschaft<br>• diverse ökologische Folgeprobleme (Verschlammung, Erosion*, Versalzung der Böden, lokaler Klimawandel)<br>• finanzielle Risiken bei der Finanzierung (Verschuldung), Finanzmangel für andere Vorhaben<br>• ungerechte Verteilung von Kosten und Nutzen |

M 9 **Typische Ziele und Probleme von Staudamm-Großprojekten**

Die Region Harran südlich der Stadt Urfa an der Grenze zu Syrien wurde als Modellfall für die staatliche Strategie der ländlichen Entwicklung betrachtet. Das unmittelbare Ziel war die Bewässerung der dortigen 150000 Hektar großen Ebene [...] und die Umgestaltung der Landwirtschaft. Mit der Einführung der Bewässerung verringerte sich die Anbaufläche für Trockenfrüchte wie Gerste, Linsen und Kichererbsen, während die für wasserintensive Kulturen wie Mais und Sonnenblumen drastisch um fast 1500 bzw. 7500 % anstieg. GAP prognostizierte, dass Baumwolle nur 25 % der Harran-Ebene in Urfa einnehmen würde, aber aufgrund einer Kombination aus Marktnachfrage, sicheren Ernten, einfacher Bewirtschaftung und Lagerung sowie einfachem Zugang zu Geräten und Maschinen wurde sie zur bevorzugten Kultur der Landwirte. [...] Im Jahr 2002 [...] nahm Baumwolle 96 % der gesamten bewässerten Anbauflächen ein. [...]. Um 2010 herum ersetzte Mais nach und nach die Baumwolle [...], hauptsächlich aufgrund des Rückgangs des Baumwollpreises. Das Erfordernis für die Landwirte, sich ständig an einen veränderlichen Markt anzupassen, war nicht das einzige Problem. Ein Mangel an Infrastruktur wie Entwässerungssystemen und Beratungsdiensten hatte starke nachteilige Auswirkungen, während ein weiteres Problem Bewässerungsmethoden betraf.

Landwirte in Harran setzten weiterhin Oberflächenbewässerungsmethoden ein. Einige Wissenschaftler [...] betrachten dies als eine Hauptursache für die Versalzung [...]. Am Ende waren 2005 15000 Hektar von der Versalzung betroffen und 40000 bis 50000 Hektar von einem steigenden Grundwasserspiegel bedroht, zusammen mit 450 Tonnen Bodenerosion jeden Tag. Dies ist nicht nur in Bezug auf die Umweltzerstörung von entscheidender Bedeutung, sondern auch schädlich für die Pflanzenproduktion und das Pflanzenwachstum, was in krassem Gegensatz zu dem ursprünglichen Versprechen des GAP steht, die landwirtschaftliche Produktion zu steigern und regionale Ungleichheiten zu beseitigen. [...] Um die PKK* zu bekämpfen und die Unterstützung für die Guerilla in den überwiegend kurdischen ländlichen Gebieten zu reduzieren, [...] wurde [in der GAP-Region] eine Politik der Zwangsevakuierung durchgeführt, d. h. die Vertreibung von (1-3 Millionen) Menschen aus dem Gebiet. [...] Nach Schätzungen der Mesopotamia Ecology Movement (MEM) sind mindestens 400 Dörfer, die in den 1990er-Jahren geräumt wurden, durch Stauseen überflutet worden oder sollen es werden.

*Quelle: Joost Jongerden, Zeynep Sıla Akıncı, Ercan Ayboğa: Water, Politics and Dams in the Mesopotamia Basin of the Northern Middle East. In: L. A. Jawad: Tigris and Euphrates Rivers. Heidelberg: Springer 2021, S. 387 – 389 (Übers.: G. Stöber)*

M 7 **Quellentext zu den Folgen in der GAP-Region**

Seit 2020 ist das Niveau des [syrischen] Assad-Sees um sechs Meter gesunken. Der Wasserstand des Euphrats ist so niedrig, dass die Pumpstationen, die die umliegenden Dörfer und Felder versorgen sollen, nicht mehr an das Flusswasser heranreichen. [...] Die Wasserkrise im Nordosten Syriens hat vor allem zwei Ursachen: Der Nahe Osten ist eine der Regionen, die weltweit am schlimmsten von der Klimakrise betroffen sind. So setzte die Regensaison in Syrien im Winter 2020/2021 erst mit zwei Monaten Verspätung ein und endete im Frühling 2021 zwei Monate früher als üblich. [...] Der zweite Grund: Aus der Türkei kommt nicht mehr genügend Euphrat-Wasser in Syrien an. [...] Der Euphrat fließt durch drei Länder: die Türkei, Syrien und den Irak. Auf türkischer Seite wird er durch den Atatürk-Damm gestaut. Nach Fertigstellung des Staudamms 1987 verpflichtete sich die Türkei, „im Jahresdurchschnitt mehr als 500 Kubikmeter pro Sekunde" an Euphratwasser nach Syrien durchzulassen. Doch in den vergangenen Monaten kam immer weniger Wasser in Syrien an – im Juni nur noch knapp 215 Kubikmeter pro Sekunde.

*Quelle: Daniela Sala, Bart von Laffert, Shaveen Mohammad: Eine Region trocknet aus. Qantara 13.12.2021*

Insbesondere nach 1990, als der Konflikt mit der PKK* eskalierte, fühlten sich die türkischen Behörden in der Lage, regionale Machtpolitik zu betreiben. Die türkische Regionalpolitik ist sehr direkt mit der ungelösten kurdischen Frage verbunden, ebenso wie für die drei nahöstlichen Nachbarn des Landes, Syrien, Irak und Iran, wo Kurdistan liegt. [...] Die Wasserfrage wurde daher genutzt, um Syrien zu drängen, seine stillschweigende Unterstützung der PKK-Aktivitäten in seiner Grenzregion zur Türkei einzustellen oder zumindest nicht einzugreifen.

*Quelle: Jongerden, Akıncı, Ayboğa 2021, S. 394*

M 10 **Quellentext zu den Konsequenzen für Syrien**

# 2.7 Konflikte um das Nilwasser

*Schon im Altertum galt der Nil als „Lebensader Ägyptens". Die „Nil-schwemme" überflutete alljährlich das Land beiderseits des Flusses. Anfang des zwanzigsten Jahrhunderts wurden erste große Staudämme errichtet – in Ägypten die erste Assuan-Staumauer (Betriebsaufnahme 1902), in Sudan die Sennar-Staumauer (1925) und die Jebel-Aulia-Talsperre (1937). Auch andere Länder nutzen das Wasser des Nils, seiner Quell- und Nebenflüsse. Eine steigende Entnahme der Oberlieger begrenzt die bei den Unterliegern ankommende Wassermenge – eine konfliktträchtige Lage, sofern nicht Verträge eine von den Beteiligten akzeptierte Lösung vorsehen.*

1. Beschreiben Sie den Verlauf des Nils und seiner Quellflüsse (M5).
2. a) Beschreiben Sie M3.
   b) Erläutern Sie die Schwierigkeiten der ägyptischen Landwirtschaft und Nahrungssicherheit* (M2).
3. Analysieren Sie das Abflussverhalten des Nils (M4) und charakterisieren Sie den möglichen Einfluss von Großdämmen.
4. Vergleichen Sie die Interessen von Ägypten, Äthiopien und dem Sudan bei der Nilnutzung (M5, M8).
5. a) Erklären Sie die Doktrinen* zur Regelung der zwischenstaatlichen Wasserverteilung (Nutznießer, Probleme, M7).
   b) Ordnen Sie die Konflikte am Nil und an Euphrat und Tigris in diesem Zusammenhang ein (M6).
   c) Erläutern Sie die Bedeutung des GERD in diesem Konflikt.
6. Entwickeln Sie ein Nutzungskonzept, bei dem alle drei Staaten profitieren und Konflikte vermeiden.

**M3**   Nil bei Asyut (Ägypten)

Der Nil, der längste Fluss der Welt, wird von 11 Ländern in Nord- und Ostafrika geteilt [...], und mehr als 291 Millionen Menschen leben in seinem Einzugsgebiet [...]. Die Wasserressourcen des Nils werden bereits intensiv genutzt, und das Risiko einer weiteren Erschöpfung aufgrund des regionalen Bevölkerungswachstums, des erhöhten Bedarfs in der Landwirtschaft und der Verstädterung in Verbindung mit dem Klimawandel führt dazu, dass das Einzugsgebiet als eines der konfliktträchtigsten Anrainergebiete der Welt gilt [...].

Der GERD ist der erste große Staudamm am Blauen Nil in Äthiopien, der etwa 20 Kilometer von der äthiopisch-sudanesischen Grenze entfernt liegt. Die Baukosten für die Mega-Talsperre werden auf rund 5 Mrd. US-$ geschätzt. Nach seiner Fertigstellung und Inbetriebnahme soll der Staudamm die größte Anlage zur Stromerzeugung aus Wasserkraft in Afrika werden, was nach Angaben Äthiopiens der Hauptzweck des Dammbaus ist.

Die Ankündigung des Baus der GERD durch Äthiopien im April 2011 ohne vorherige Konsultation oder Benachrichtigung der flussabwärts gelegenen Anrainerstaaten stieß auf Protest von Ägypten und Sudan, die den Bau als existenzielle Bedrohung ihrer Wasser-, Nahrungsmittel- und Umweltsicherheit ansahen. Die Ankündigung löste einen langwierigen Verhandlungsprozess über die Befüllung und den Betrieb der GERD aus, der nun schon fast ein Jahrzehnt andauert und bisher nicht zu einer rechtsverbindlichen Vereinbarung geführt hat, die die Rechte und Bedenken aller drei Staaten berücksichtigt.

*Quelle: Hana Attia, Saleh Mona: Politischer Stillstand am Grand Ethiopian Renaissance Dam. GIGA Focus Afrika, 4, 2021*

**M1**   Quellentext zum Grand Ethiopian Renaissance Dam (GERD)

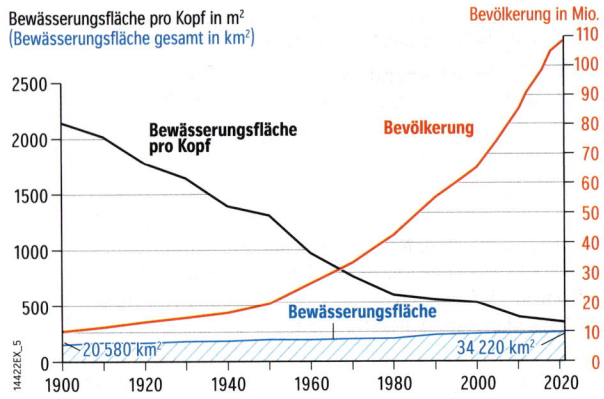

**M2**   Ägypten: Bewässerungsflächen und Bevölkerungsentwicklung

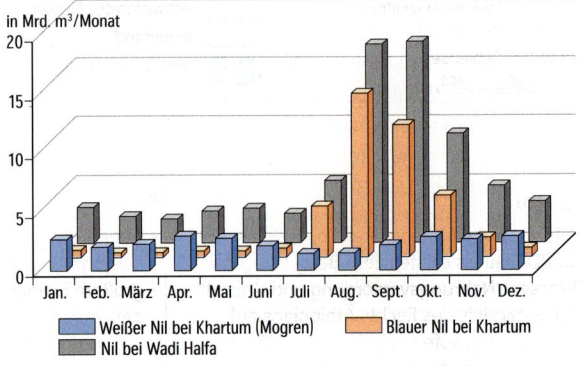

Quelle der Daten: Sutcliffe, J.V.&Y.P. Parks: The Hydrology of the Nile. Willigfort: IAHS 1999   44569EX

**M4**   Mittlerer monatlicher Nilabfluss an verschiedenen Stationen

 100800-154-01
schueler.diercke.de     100800-156-01
schueler.diercke.de

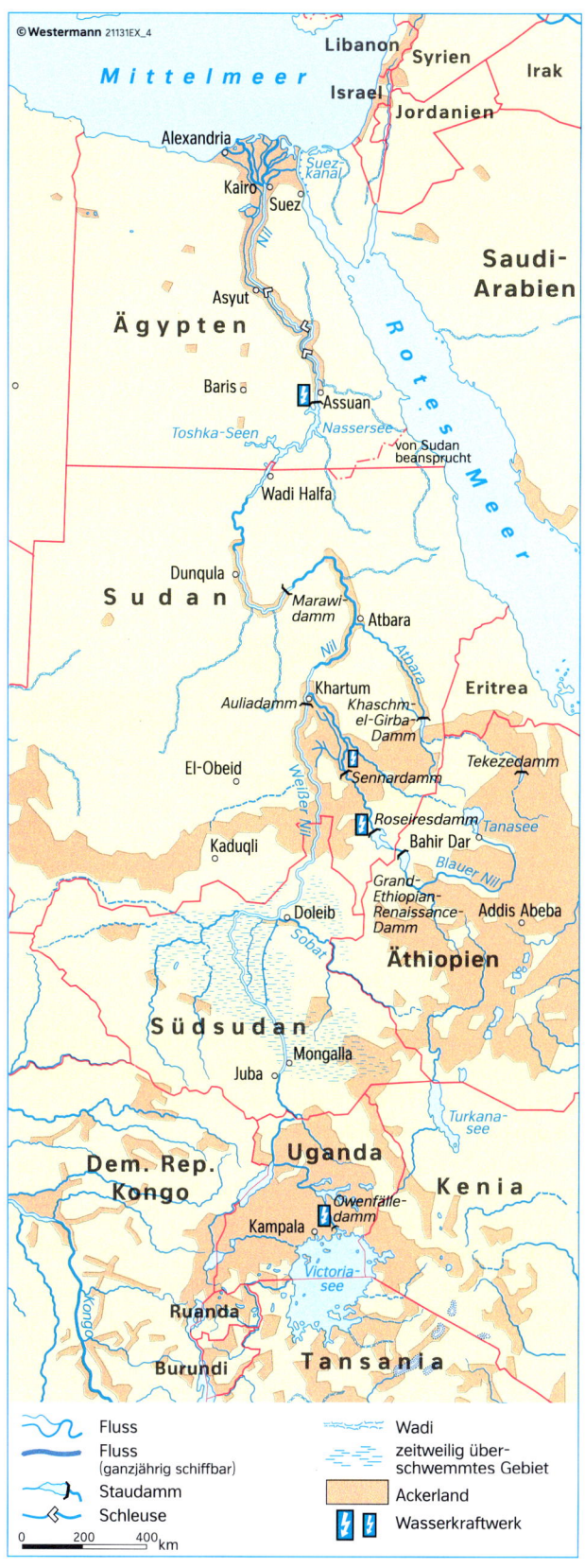

M5  Der Nil und seine Anrainer

Legende:
- Fluss
- Fluss (ganzjährig schiffbar)
- Staudamm
- Schleuse
- Wadi
- zeitweilig überschwemmtes Gebiet
- Ackerland
- Wasserkraftwerk

0  200  400 km

| Doktrin | Merkmal |
|---|---|
| Prinzip der rechtlichen Gemeinschaft | • unbegrenztes Gemeineigentum aller Flussanlieger |
| Prinzip der absoluten Souveränität | • territoriale* Souveränität über alle Wasserressourcen auf Staatsgebiet<br>• alleiniges Nutzungsrecht über Gewässerabschnitt |
| Prinzip der absoluten Integrität | • Recht auf unbeeinträchtigten Zufluss,<br>• Pflicht des Oberliegers: ungestörte Weiterleitung |
| Prinzip der beschränkten Souveränität („Helsinki Rules") | • Anerkennung der Interessen und Rechte anderer Anlieger und damit Aufgabe einer Position der absoluten Souveränität<br>• Verpflichtung zur Entschädigung bei Beeinträchtigung der Interessen anderer Staaten<br>• Kosten-Nutzen-Analyse in der Planung mit dem Ziel nachhaltiger Nutzung<br>• Informationspflicht für die Anlieger und offener Datenaustausch<br>• Regelung von Einwänden durch Konsultationsausschüsse und Schiedskommissionen |

M7  Völkerrechtliche Doktrinen* zur Regelung der zwischenstaatlichen Wasserverteilung von Flussanrainern

| | Ägypten | Äthiopien | Sudan |
|---|---|---|---|
| Bevölkerung (in Mio.) | 107,5 | 117,2 | 44,4 |
| BIP/Ew. (in US-$) | 3609 | 840 | 1415 |
| Niederschläge (in mm/Jahr) | 51 | 848 | 250 |
| Ackerfläche[1] (in 1000 ha) | 3971 | 18476 | 21211 |
| Bewässerungsfläche (in 1000 ha) | 3928 | 858 | 1855 |
| Wasserverbrauch/Ew. (in m³) | 787,4 | 96,6 | 644,4 |
| Zugang zu Trinkwasser[2] | 100 %/100 % | 11 %/71 % | 60 %/87% |
| Stromerzeugung (in Mrd. kWh) | 188104 | 14120 | 16256 |
| Anteil Wasserkraft an Stromerzeugung | 7,0 % | 96,1 % | 59,4 % |
| Zugang zu Stromversorgung | 100 % | 45,1 % | 52,3 % |

[1] einjährige und Dauerkulturen [2] sicher (z.B. ohne Verunreinigungen) /verfügbar Quelle: FAO, UN, IEA

M8  Verschiedene Kenndaten zu Ägypten, Äthiopien und dem Sudan (2020)

| | |
|---|---|
| 1902 | Vertrag zwischen Äthiopien und Großbritannien verpflichtet Äthiopien, keine Bauwerke zu errichten, die den Nilabfluss behindern, es sei denn mit britischer und sudanesischer Zustimmung. Dies wird von Äthiopien als kolonial und ungültig betrachtet. |
| 1929 | Nile Waters Agreement - Vetorecht für Ägypten bei der Errichtung von Bewässerungsanlagen oder Kraftwerken im Nil-Oberlauf auf dem Gebiet britischer Kolonien (Kenia, Uganda, Tansania). Wird von den meisten betroffenen Ländern als ungültig betrachtet. |
| 1959 | Abkommen zwischen Ägypten und Sudan über volle Nutzung des Nilwassers; Ägypten und Sudan beanspruchen den gesamten, auf 84 km³/Jahr geschätzen Abfluss des Nils bei Assuan, von dem Sudan 18,5 km³ und Ägypten 55,5 km³ zustehen. Es ist kein Wasser für andere Nilanrainer vorgesehen, von denen das Abkommen abgelehnt wird. |
| ab 1999 | Nil Basin Initiative der Weltbank und UNDP als Kooperationsmechanismus der Nilanrainer, „Wassersicherheit" mit Zugang aller Anrainer, von Ägypten und Sudan abgelehnt |
| 2010 | Entebbe-Rahmenabkommen, von Ägypten und Sudan nicht unterzeichnet, da ihnen kein Vetorecht eingeräumt wird |
| ab 2016 | trilaterale Verhandlungen zwischen Ägypten, dem Sudan und Äthiopien bei Einbezug der USA, des UN-Sicherheitsrats und der Afrik. Union |

M9  Zwischenstaatliche Nil-Abkommen

**Ägypten**
- äußerst hohe Abhängigkeit vom Nilwasser
- GERD-Bau als existenzielle Bedrohung der Wasser-, Nahrungsversorgung und Umwelt
- Zugeständnis des Rechts Äthiopiens auf Entwicklung, sofern GERD Assuan-Damm-Versorgung nicht behindert

**Sudan**
- hohe Abhängigkeit vom Nilwasser, Blauer Nil versorgt großen Teil der Bewässerungslandwirtschaft
- größere Einigungsbereitschaft mit Äthiopien wegen Vorteilen des GERD für Sudan (Stromimport), aber Bedenken gegenüber Dammsicherheit, zudem Grenzkonflikt mit Äthiopien

**Äthiopien**
- beträchtliche Wasserreserven, aber hoher Entwicklungsbedarf für Strom- und Trinkwasserversorgung und Bewässerung (zzt. meist Regenfeldbau*)
- beansprucht Recht zur Wassernutzung für eigene Entwicklung, GERD als nationales Projekt

M6  Positionen von Ägypten, dem Sudan und Äthiopien in Bezug auf den Nil

# 2.8 Ist Meerwasserentsalzung eine Alternative?

*Zunehmender Wasserbedarf und ein abnehmendes Angebot von Süßwasser lassen die Suche nach alternativen Wasserressourcen notwendig erscheinen. Fossile, nicht erneuerbare Grundwasservorräte* sind keine nachhaltige Lösung; Grundwasser ist oftmals salzhaltig. Ist die Entsalzung von Meerwasser die Alternative, um die Wasserknappheit in vielen Ländern, auch in Nordafrika und Vorderasien, in den Griff zu bekommen?*

1. Stellen Sie die Wasserentsalzungverfahren dar (M2, M3, M6).
2. Beschreiben Sie die Entwicklung und globale Verteilung der Wasserentsalzung (M5, M7).
3. Charakterisieren Sie die Wasserentsalzung in den Ländern Nordafrikas und Vorderasiens (M10, S. 36: M1).
4. Vergleichen Sie die Entwicklung städtischer Trinkwasserversorgung und der Wasserentsalzung in Saudi-Arabien (M8, M9).
5. Erläutern Sie die Bedeutung der Entsalzung für die Süßwasserversorgung in Israel (M11, M12).
6. Beurteilen Sie die Rolle der Meerwasserentsalzung sowie ihre Vor- und Nachteile in den Ländern Nordafrikas und Vorderasiens (vgl. auch Kap. 2.5).
7. Nehmen Sie Stellung zu den Zitaten (M1).

*„Meerwasserentsalzung ist das technologische Schicksal der Region."*
**Hussein Amery**, *Politologe und Experte für Wassersicherheit*
*„Niemand entscheidet sich für die Entsalzung, wenn er eine andere Wahl hat."*

**Maria Kennedy**, *Wasseraufbereitungsexpertin*

**M 1   Zitate**

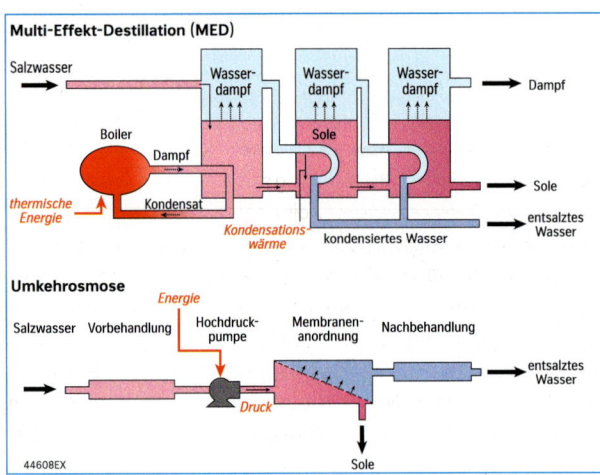

**M 2   Verfahren der Meerwasserentsalzung**

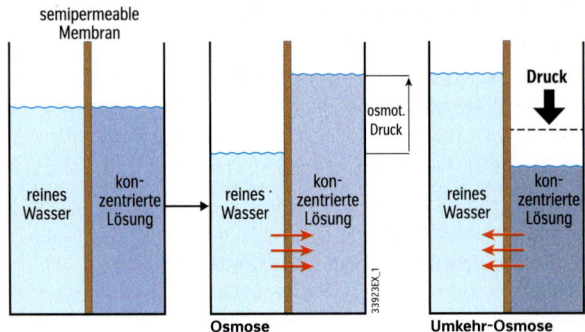

**M 3   Prinzip der Umkehrosmose**

**M 4   Meerwasserentsalzungsanlage in Hadera (Israel)**

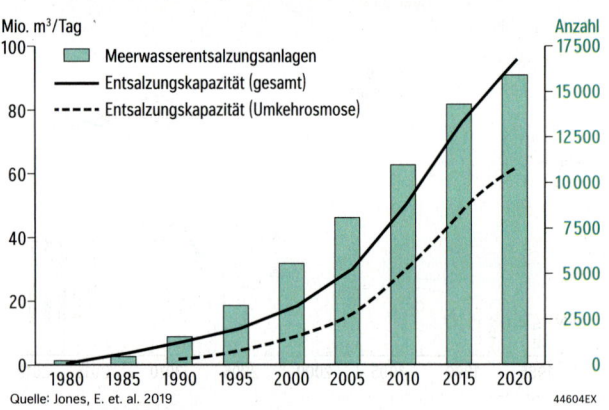

Quelle: Jones, E. et. al. 2019                                    44604EX

**M 5   Anzahl und Kapazität der weltweiten Meerwasserentsalzungsanlagen (1980 – 2020)**

| | |
|---|---|
| **Zweck** | • Gewinnung von Trinkwasser oder industriellem oder landwirtschaftlichem Brauchwasser durch Meerwasserentsalzung<br>• Entsalzung von Brack-, Brunnen- oder Abwasser |
| **Technologien** | • thermisch durch Verdampfung: MED (Multi Effect Distillation – 7 % der Anlagen weltweit), mehrstufige Flash-Verdampfung (MSF, Multi-stage Flash Evaporation – 18 % der Anlagen)<br>• mittels Druck und Membran: Umkehrosmose (RO, Reverse Osmosis – 69 % der Anlagen)<br>• elektrisch: Elektrodialyse (ED – 2 % der Anlagen), vor allem bei niedrigem Salzgehalt |
| **Energiebedarf** | • thermische Energie in Verdampfungsanlagen (65-85 kWh/m³)<br>• Elektroenergie für Pumpen (Salzwasserzufuhr, Sole-Ableitung, Trinkwassertransport - (1 – 1,5 kWh/m³); ggf. für RO-Prozess (~1,5 kWh/m³); ggf. für Elektrolyse (abhängig von Salzgehalt) |
| **Sole** | (konzentrierte Salzlösung, angereichert mit Chemikalien, weltweit 142 Mio. m³ pro Tag)<br>• meist Ableitung ins Meer (bei küstennahen Meerwasserentsalzungsanlagen),<br>• im Binnenland in Verdunstungsbecken, Tiefbrunneninjektion oder in Kläranlagen |
| **Umweltprobleme** | • Verbrennungsabgase thermischer Anlagen emittieren u. a. große Mengen $CO_2$<br>• Übersalzung von Habitaten durch Sole-Einleitung<br>• negative Auswirkungen des Ansaugens der enormen Wassermengen |

**M 6   Übersicht über Entsalzungstechnologien**

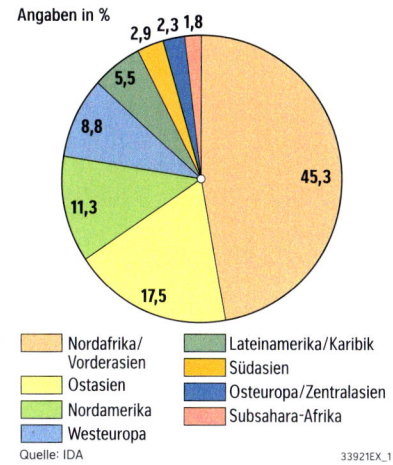

Angaben in %

Quelle: IDA

33921EX_1

**M 7** Kapazität der Entsalzungsanlagen nach Großräumen (in Mio. m³/Tag, 2018)

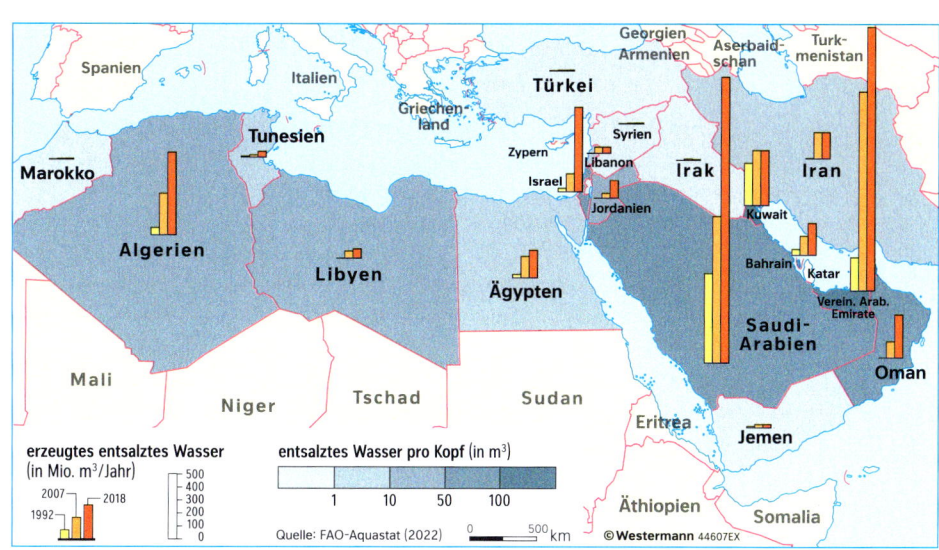

erzeugtes entsalztes Wasser (in Mio. m³/Jahr)

entsalztes Wasser pro Kopf (in m³)

Quelle: FAO-Aquastat (2022)

© Westermann 44607EX

**M 10** Meerwasserentsalzung in Nordafrika und Vorderasien

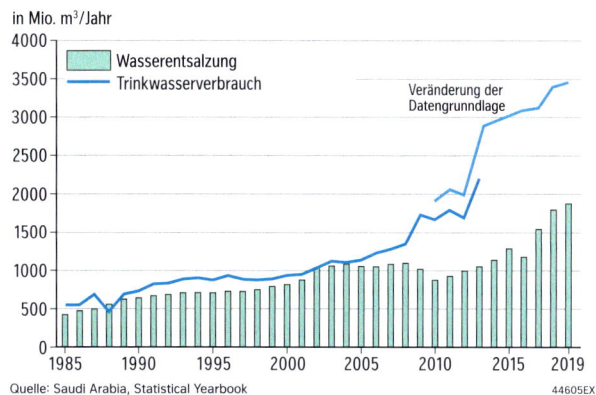

Quelle: Saudi Arabia, Statistical Yearbook

44605EX

**M 8** Wasserentsalzung und städtischer Wasserverbrauch in Saudi-Arabien (1985 – 2019)

entsalztes Wasser    öffentlicher, privater und industrieller Wasserverbrauch
Anteil entsalzten Wassers an der Wassergesamtproduktion (für Haushalte, Industrie und Landwirtschaft)    Quelle: Israel-Central Bureau of Statistics

**M 11** Meerwasserentsalzung und Wasserverbrauch in Israel (2007 – 2020)

Zwischen dem Persischen Golf und dem Roten Meer gelegen, ist Saudi-Arabien eines der größten ariden* Länder ohne perennierende Flüsse oder Seen. Während global die mittleren erneuerbaren Wasserressourcen pro Kopf und Jahr 6000 m³ betragen, verfügt Saudi Arabien nur über 84,8 m³. Trotz der Wasserknappheit besitzt Saudi Arabien [weltweit] den drittgrößten Wasserverbrauch von 250 l pro Kopf und Tag. [...] Man erwartet, dass der Wasserbedarf des Landes bis 2035 um 56 Prozent anwachsen wird. Bei der gegenwärtigen Wasserentnahme liefern die Grundwasseraquifere* voraussichtlich nur für die nächsten 10 bis 30 Jahre Wasser. [...]

Um die Süßwasserressourcen zu vergrößern, greift Saudi-Arabien auf Meerwasserentsalzung zurück, vor allem um die städtische und industrielle Nachfrage zu bedienen. 2010 wurden 58 Prozent des gesamten Wasserverbrauchs des Landes durch nicht erneuerbare Grundwasserressourcen gedeckt, 33,5 Prozent durch Oberflächen- und erneuerbares Grundwasser, sechs Prozent durch entsalztes Wasser und zwei Prozent durch aufbereitetes Abwasser. 2014 machte entsalztes Wasser schätzungsweise 60 Prozent des städtischen [Trink-]Wasserverbrauchs Saudi-Arabiens aus. [...] Jedoch ist die Entsalzung ein energieintensiver Prozess [...]. Saudi-Arabien soll 25 Prozent seiner einheimischen Öl- und Gasproduktion in Entsalzungsanlagen einsetzen, und es wird erwartet, dass der Anteil bis 2030 auf 50 Prozent anwachsen wird.

*Quelle: Upeksha Caldera et al.: Role of Seawater Desalination in the Management of an Integrated Water and 100% Renewable Energy Based Power Sector in Saudi Arabia. Water 10 (2018), 3 (Übersetzung: Georg Stöber)*

**M 9** Quellentext zur Wasserversorgung in Saudi-Arabien

Im Wesentlichen stützt sich Israels blaue Revolution auf die drei Säulen Meerwasserentsalzung, Abwasseraufbereitung und Technikeinsatz bei der landwirtschaftlichen Bewässerung sowie der Vermeidung von Wasserverlusten. Zentrales Element ist die Meerwasserentsalzung, die Israel in seiner Trinkwasserversorgung weniger abhängig von Regenfällen und unterirdischen Wasservorkommen macht. Heute werden rund zwei Drittel des gesamten Trinkwassers durch Entsalzung gewonnen. [...] In urbanen Regionen werden so 80 Prozent der Haushalte versorgt. [...] Herzstück der Meerwasserentsalzung sind sieben Großanlagen an der Mittelmeerküste, die das Wasser nach dem Verfahren der Umkehrosmose aufbereiten. Die Anlagen zählen zu den modernsten und effizientesten der Welt. Sie stellen insgesamt etwa eine Milliarde Kubikmeter Trinkwasser pro Jahr bereit. Betrieben werden die Anlagen von privaten Unternehmen – ohne staatliche Subventionen*. Nach 25 Jahren gehen die Anlagen in den Besitz des Staates über, bis dahin garantiert die Regierung den Betreibern die Abnahme des Wassers zu einem festen Preis. Das entsalzte Wasser kostet den Endverbraucher umgerechnet vergleichsweise moderate 50 bis 60 Cent pro Kubikmeter. Doch diese bemerkenswerte Entwicklung hat auch ihre Schattenseiten [...]. [Bei] der Umkehrosmose [werden] neben Salz auch nahezu alle Mineralien herausgefiltert. [...] [Neben dem immensen Energiebedarf und den damit verbundenen $CO_2$-Emissionen] bieten die ökologischen Folgen des eigentlichen Entsalzungsvorgangs Anlass für Kritik.

*Quelle: Tobias von Lossow: Blaues Wunder. Internationale Politik 2/2016, S. 52 – 57*

**M 12** Quellentext zur Meerwasserentsalzung in Israel

# Zusammenfassung

### Agrarische Nutzung

Zentrales Merkmal weiter Teile Nordafrikas und Vorderasiens ist die Aridität. Dennoch gibt es auch in diesem Raum humide Gebiete, die als klimatische Gunsträume gelten, etwa die Küstenräume am Mittelmeer, die Türkei oder der Westen des Irans sowie die verschiedenen Oasen (z. B. Nildelta). Die wichtigsten Nutzungsformen sind Regen-, Bewässerungsfeldbau und mobile Tierhaltung. Ackerbau ist in ariden Gebieten nur in Form von Bewässerungswirtschaft möglich.

Die Verfügbarkeit von landwirtschaftlichen Gunsträumen und die wirtschaftliche Bedeutung der Landwirtschaft sind in den einzelnen Ländern sehr unterschiedlich. Auch die Produktivität und der Einsatz von Agrartechnik, Dünge- und Pflanzenschutzmitteln variieren stark zwischen den Ländern. Viele Staaten sind – auch aufgrund des Bevölkerungswachstums – auf Lebensmittelimporte angewiesen. Die traditionellen, eine produktive Landwirtschaft behindernden rentenkapitalistischen Strukturen machten Agrarreformen notwendig, die aber nur bedingt erfolgreich waren.

### Nomadische Weidewirtschaft

Der ehemals in Wüsten und Halbwüsten vorherrschende traditionelle Nomadismus, der eine optimal an aride Bedingungen angepasste Nutzungsform ist, wird heute kaum noch betrieben. Moderne Formen der Viehweidewirtschaft sind weniger mobil. Zudem besteht eine Konkurrenz um das bislang gemeinschaftlich genutzte Weideland mit im großen Stil – auch von internationalen Investoren – betriebenen Ackerbau- oder Tourismusprojekten. Die bestehenden gemeinschaftlichen Weidenutzungen sind rechtlich nur schwach geschützt.

### Regen- und Bewässerungsfeldbau

In manchen nordafrikanischen Küstengebieten und der Region des fruchtbaren Halbmonds in Vorderasien ist Regenfeldbau ohne zusätzliche Bewässerung möglich. In Oasen steht Oberflächen- oder Grundwasser zur Verfügung. Die traditionelle Oasenwirtschaft, die weltweit eine der produktivsten der Welt ist, unterliegt jedoch einem Strukturwandel. Mancherorts wurde sie aufgegeben, und das komplexe Wissen um die Bewässerungssysteme geht verloren. Andernorts wurde die Subsistenzwirtschaft durch eine agrarische Exportproduktion abgelöst, bei der häufig fossiles Wasser aus großen Tiefen verwendet wird. Dabei muss allerdings immer die große Gefahr der Bodenversalzung beachtet werden.

In Saudi-Arabien hat man sich mittlerweile von der aufwendig betriebenen Bewässerungswirtschaft wieder abgewendet. Getreide wird weniger selber produziert, sondern importiert oder durch saudische Firmen in wasserreicheren Entwicklungsländern produziert (Land Grabbing). An der Milchproduktion und dem damit verbundenen bewässerungsintensiven Anbau von Futtermitteln wird allerdings festgehalten.

### Wasser: Ressource mit Konfliktpotenzial

In Nordafrika und Vorderasien leben etwa 7,7 Prozent der Weltbevölkerung. Diese verfügen aber nur über etwa 1,2 Prozent der weltweiten Wasservorräte. So finden um die in der Region besonders begrenzte Ressource Wasser auf unterschiedlichen räumlichen Ebenen zahlreiche Konflikte statt. Um das knappe Gut wird auf lokaler Ebene zwischen den Bauern eines Dorfes genauso gestritten wie auf nationaler Ebene zwischen den Großverbrauchern aus Landwirtschaft, Industrie und Tourismus. Auch die Anrainerstaaten am Ober- und Unterlauf der großen Fremdlingsflüsse Nil sowie Euphrat und Tigris streiten um die Nutzung des Flusswassers. Zwischenstaatliche Verträge können hier einen Ausgleich der unterschiedlichen Interessen schaffen und Regelungsmechanismen etablieren, die Einbindung in ein breiteres politisches Umfeld mit weiteren Konfliktfeldern erschwert aber solche Lösungen.

Mittels großer Staudammprojekte wurden die landwirtschaftlich nutzbaren Flächen vergrößert und die Möglichkeit zur Stromgewinnung aus Wasserkraft geschaffen. Die Staudämme führen aber nicht nur zu zwischenstaatlichen Auseinandersetzungen, sondern sind aufgrund ihrer sozialen und ökologischen Folgen in den Staaten umstritten. In Israel ist der Zugang zu Wasser ein wesentliches Element der Auseinandersetzungen mit den Palästinensischen Autonomiegebieten.

Eine sehr energieintensive Lösung des Wasserproblems ist die Meerwasserentsalzung. Schließlich bietet auch die Nutzung der großen nicht erneuerbaren Grundwasseraquifere Konfliktpotenzial.

# Weiterführende Literatur und Internetlinks

**Geographische Rundschau**
- Wasserpolitik 2/2006
- Konflikte um Weideland 7-8/2011
- Wasser – Lebensgrundlage, Ressource, Naturgefahr 1-2/2018

**Daten zur Landwirtschaft**
Ernährungs- und Landwirtschaftsorganisation der Vereinten Nationen (FAO)
- www.fao.org/faostat/en/

**Aquastat – Wasserinformationssystem der FAO**
- www.fao.org/nr/water/aquastat/main
- data.apps.fao.org (interaktive Karte)

**UN Water**
- www.unwater.org/statistics

**Weltagrarbericht**
- www.weltagrarbericht.de

**Water Risk Atlas**
- www.wri.org/applications/aqueduct/water-risk-atlas

**Divers Earth** (Tierhaltung in Marokko)
- www.diversearth.org/projects/nature-culture/mobile-pastoralism/

**UNESCO: Weltkulturerbe Faladsch-Oasen im Oman**
- whc.unesco.org/en/list/1207

**SaudiAgriculure (offiziell)**
- saudi-agriculture.com

**Offizielle Projektseite zum Südostanatolien-Projekt**
- www.gap.gov.tr/en/

**Nile Basin Discourse**
- www.nilebasindiscourse.org

**International Hydropower Association**
- www.hydropower.org

**UN-Gewässer-Konvention**
- www.unwatercoursesconvention.org
- nece.org/environment-policy/water

- www.riversnetwork.org

**Atlas of Desertification**
- wad.jrc.ec.europa.eu

# 3 WIRTSCHAFT UND ENERGIE

Raffinerie in Ras Tanura (Saudi-Arabien)

# 3.1 Erdöl als Entwicklungsfaktor

| Rang | Land | BIP/ Ew. |
|---|---|---|
| 1 | Luxemburg | 140694 |
| 2 | Singapur | 131580 |
| 3 | Irland | 124596 |
| 4 | Katar | 112789 |
| 5 | Schweiz | 84659 |
| 6 | VAE | 78255 |
| 17 | Deutschland | 63271 |
| 28 | Saudi-Arabien | 55368 |
| 97 | Ägypten | 14928 |
| 124 | Marokko | 9041 |
| 137 | Syrien | 6343 |
| 180 | Jemen | 2048 |
| 192 | Burundi | 856 |

Quelle: IMF

**M 1** Bruttoinlandsprodukt* pro Einwohner (Pro-Kopf-Einkommen) ausgewählter Länder 2022 (in US-$, kaufpreisbereinigt)

In der Rangliste der Pro-Kopf-Einkommen aller Staaten der Welt finden sich die Länder Nordafrikas und Vorderasiens an beiden Enden (M1). Ein Blick auf die Wirtschafts- und Exportstruktur der arabischen Staaten offenbart einen einzelnen Faktor, der die armen und reichen Länder der Region trennt: Erdöl. Doch nicht nur die armen Agrarländer ohne oder mit nur geringen Erdölvorkommen weisen erhebliche Entwicklungsdefizite auf. Auch nur wenige der Erdöl fördernden Staaten haben es seit den 1970er-Jahren geschafft, eine wirtschaftliche Entwicklung jenseits des Verkaufs von Rohöl und Erdgas auf die Beine zu stellen.

## Petrodollar-Recycling

Zu diesem Zeitpunkt begann mit den steigenden Erdölpreisen und der mühsam errungenen Souveränität über ihre Ölquellen (M 2) ein gewaltiger Devisenstrom* in die Erdölstaaten zu fließen. Doch dieser wurde lange Zeit nicht etwa zum Auf- und Ausbau eigener Industrien genutzt, sondern bei westlichen Banken angelegt und für Konsumgüter, Nahrungsmittel, große Infrastrukturmaßnahmen und Waffen ausgegeben (Petrodollar-Recycling). Die meist autoritären Herrscher der Staaten erwarben für ihre großen Familien Luxusgüter und errichteten protzige Prestigeobjekte. Daneben wurden umfangreiche Wohlfahrtssyteme aufgebaut, um die Bürger zumindest teilweise an

dem neuen Reichtum partizipieren zu lassen (Rentierstaaten*). Die Investitionen in den erdöllosen arabischen Nachbarstaaten fielen hingegen eher niedrig aus.

Erst langsam setzte ein Umdenken ein. Vor allem die Golfstaaten versuchten, ihre allein auf den Ölexport ausgelegte Wirtschaft zu diversifizieren*, etwa durch den Bau von Werften, Aluminium-, Eisen- und Kupferschmelzen, von Raffinerien und petrochemischen Werken, von Textil- und Nahrungsmittelfabriken. Außerdem wird dort seit Anfang der 1990er-Jahre der Immobilien-, Tourismus-, Dienstleistungs- und Finanzsektor ausgebaut.

## Ausbleibender Strukturwandel

Da in einigen der Erdöl fördernden Staaten das Ende der Ölreserven bald erreicht sein wird, ist es dringend erforderlich, sich auf die Zeit nach dem Erdöl vorzubereiten. Allerdings steht abgesehen von wenigen Ausnahmen in der gesamten Region ein struktureller Wandel der Volkswirtschaften noch aus. Noch immer trägt die verarbeitende Industrie nur wenig zur Wirtschaftskraft bei. Insgesamt waren die arabischen Staaten zu Beginn des Jahrtausends weniger industrialisiert als noch 1970. Die Privatwirtschaft ist in vielen Ländern nur gering entwickelt. Die Dauerkonflikte, Kriege, Bürgerkriege und politischen Unruhen, für die häufig die Kombination aus niedrigen Einkommen,

**M 3** Ölförderanlage im Bahrain

**M 4** Baustelle im Finanzdistrikt von Dubai (VAE)

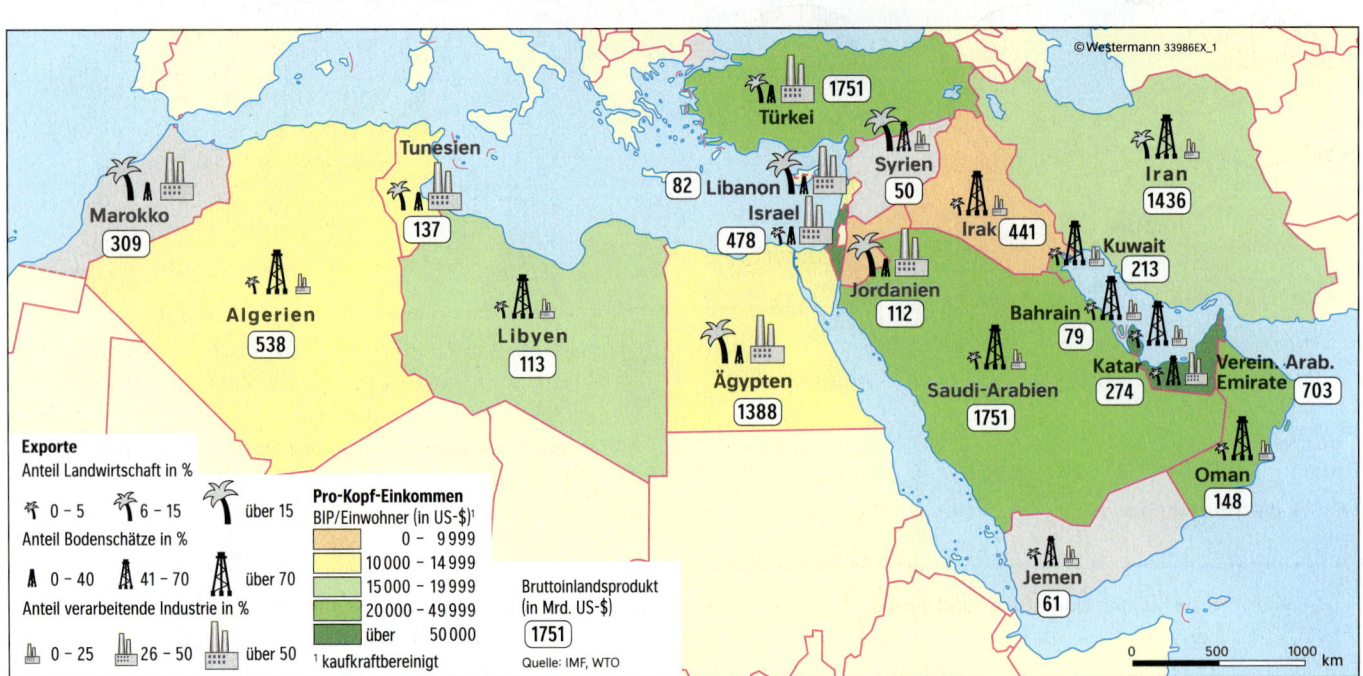

**M 2** Nordafrika und Vorderasien: BIP (2021), Pro-Kopf-Einkommen (2021) und Exportstruktur (2020)

einer hohen Arbeitslosigkeit (vor allem der Jugend) und einer extrem ungleichen Verteilung von Einkommen und Vermögen verantwortlich sind, sind natürlich ebenfalls Entwicklungs-hemmnisse. Zwar sind die Staatsschulden vergleichsweise gering, aber ausländische Direktinvestitionen bleiben vielerorts aus. Dafür sind auch die Monopolstrukturen im öffentlichen Sektor, rechtliche Beschränkungen für ausländische Beteili-gungen, Bürokratie und Korruption verantwortlich.

1901 erwarb ein Brite die erste Konzession (Nutzungsrecht) zur Erdölförderung vom persischen Schah. In der Folgezeit kooperier-ten die Kolonialmächte und die zunehmend mächtiger werdenden Großunternehmen aus Europa (und später aus den USA), die die Förderung, Veredelung und den Vertrieb des Erdöls übernahmen. Bereits in den 1930er-Jahren hatten diese Ölkonzerne die leicht erschließbaren und zum Teil riesigen Ölfelder der Golfregion und des Irans untereinander aufgeteilt und schöpften den Großteil des Profits aus der sich ständig ausweitenden Erdölförderung ab. Die eigentlichen lokalen Konzessionsgeber erhielten nur geringe Kompensationsleistungen (Royalties). Die ungleichen Profite riefen nach dem Zweiten Weltkrieg immer stärker den Widerstand des Irans und der arabischen Staaten hervor. So kam es nach und nach zur Erhöhung der Royalties, zu Ölsteuern und Beteiligungen sowie schließlich zu Übernahme und Verstaatlichungen der Förderge-sellschaften. 1960 wurde die OPEC* als Rohstoffkartell* mit dem Ziel gegründet, die Vormachtstellung der Konzerne zugunsten der Förderländer zu brechen. Die Organisation kann seitdem mithilfe von halbjährlich festgelegten Förderquoten den Ölpreis beeinflus-sen und hat einen bedeutenden Einfluss auf den Weltölmarkt.
*Quelle: Thilo Girndt, Anton Escher, Stefan Zimmermann: Nordafrika und Vorderasien. Diercke Spezial 2013, S. 53*

**M5** Quellentext zur „Erdölrevolution"

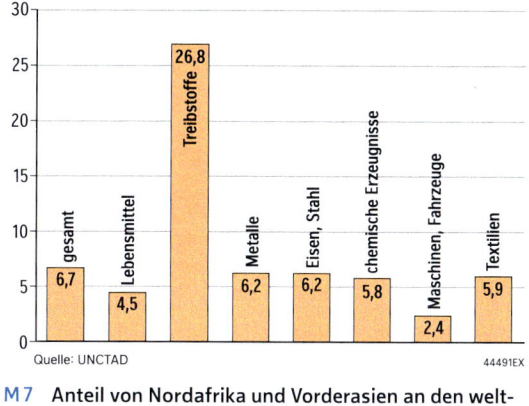

Quelle: UNCTAD    44491EX

**M7** Anteil von Nordafrika und Vorderasien an den welt-weiten Güterexporten (2021)

|  | 1971 | 1981 | 1991 | 2001 | 2011 | 2021 |
|---|---|---|---|---|---|---|
| Nordafrika/Vorderasien | 1,7 | 4,3 | 2,3 | 2,9 | 4,4 | 3,8 |
| Ostasien | 14,0 | 17,6 | 22,9 | 23,4 | 26,9 | 32,1 |
| Südasien | 2,9 | 2,2 | 1,9 | 2,0 | 3,2 | 4,3 |
| Sub-Sahara-Afrika | 2,0 | 2,4 | 1,3 | 1,0 | 1,8 | 2,0 |
| Lateinamerika | 6,1 | 7,8 | 5,3 | 6,5 | 8,3 | 5,7 |
| Nordamerika | 38,9 | 30,7 | 28,4 | 34,3 | 23,7 | 26,0 |
| Europäische Union | 29,7 | 29,7 | 32,8 | 26,7 | 25,1 | 17,8 |
| Saudi-Arabien | 0,2 | 1,6 | 0,6 | 0,6 | 0,8 | 0,9 |
| Türkei | 0,5 | 0,6 | 0,7 | 0,6 | 1,1 | 0,8 |
| Ägypten | 0,3 | 0,2 | 0,2 | 0,3 | 0,3 | 0,4 |
| Israel | k. A. | 0,3 | 0,3 | 0,4 | 0,4 | 0,5 |
| Iran | 0,4 | 0,9 | 0,5 | 0,4 | 0,8 | 0,3 |
| China | 3,1 | 1,7 | 1,6 | 4,1 | 10,5 | 18,5 |
| Südkorea | 0,3 | 0,7 | 1,4 | 1,6 | 1,7 | 1,9 |
| Deutschland | 7,6 | 6,8 | 7,8 | 5,9 | 5,1 | 4,4 |

Quelle: World Bank

**M8** Anteil verschiedener Regionen und Länder an der globalen Wirtschaftskraft (1971–2021; in %)

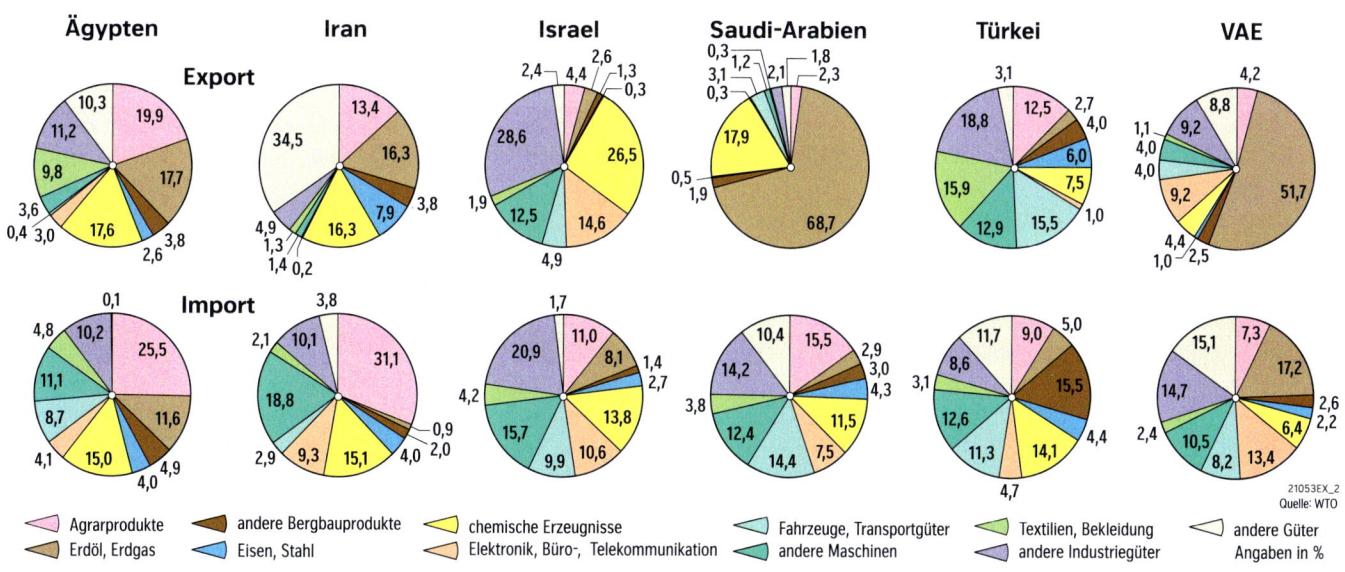

**M6** Handelsstruktur (Exporte, Importe) ausgewählter Länder Nordafrikas und Vorderasiens (2021, in %)

1. Gliedern Sie die Staaten Nordafrikas und Vorderasiens nach selbst gewählten, wirtschaftlichen Kriterien (M2, M6, Atlas).
2. Charakterisieren Sie die weltwirtschaftliche Bedeutung der Region Nordafrika und Vorderasien (M7, M8).
3. Analysieren Sie die Handelsstruktur in den in M6 ausgewählten Staaten (M2).
4. Erklären Sie den Begriff „Petrodollar-Recycling".

# 3.2 Die Zukunft des Erdöls

Noch immer ist Erdöl der wichtigste Rohstoff und wird nicht nur zur Elektrizitätsgewinnung und als Treibstoff verwendet, sondern dient auch der Herstellung von Bitumen (Asphat, Teer), zahlreicher Kunststoffe und anderer chemischer Produkte (z. B. Kunstdünger, Farben, Medikamente). Zwar geht seine Bedeutung als primärer Energieträger zurück, doch auf absehbare Zeit werden die modernen Gesellschaften ohne Erdöl nicht funktionieren. Allerdings steht heute auch schon fest, dass Erdöl der erste Energierohstoff sein wird, bei dem eine steigende Nachfrage – trotz Nutzung nicht konventioneller Erdölvorkommen* – in absehbarer Zeit nicht mehr gedeckt werden kann.

1. Veranschaulichen Sie den Anteil Nordafrikas und Vorderasiens an der globalen Erdölproduktion grafisch (M3).
   b) Nennen Sie die drei wichtigsten Erdölproduzenten 1970 und 2020 (M1).
2. Erläutern Sie die Entwicklung von Erdölproduktion und -konsum weltweit (M4, M7).
3. Vergleichen Sie die zukünftige Entwicklung von
   a) Erdöl und Erdgas als Energieträger (M7),
   ⓩ b) Erdöl aus konventionellen und nicht konventionellen Vorkommen* (z. B. Tight Oil*, Ölsand*; M8).
4. Charakterisieren Sie die globale Bedeutung Vorderasiens im Erdöl-/Erdgassektor der Weltwirtschaft (M3, M5, M6, M9).
5. Analysieren Sie die Zusammenhänge zwischen Ölpreis, -konsum und Exporteinnahmen am Beispiel Saudi-Arabien (M2).
6. a) Berechnen Sie die statische Reichweite* der Erdölvorkommen der in M9 aufgeführten Staaten.
   b) Begründen Sie, welche Staaten aktuell als *swing producer* gelten können.
ⓩ 7. 2021 stammten aus den OPEC-Ländern* 37,9 Prozent der Erdölförderung. Beurteilen Sie die wirtschaftspolitische Macht der OPEC auch vor dem Hintergrund der Erdöl-/Erdgasreserven.
8. Erörtern Sie die Auswirkungen der Prognosen für die Erdöl produzierenden Länder Vorderasiens und für Europa (M10).

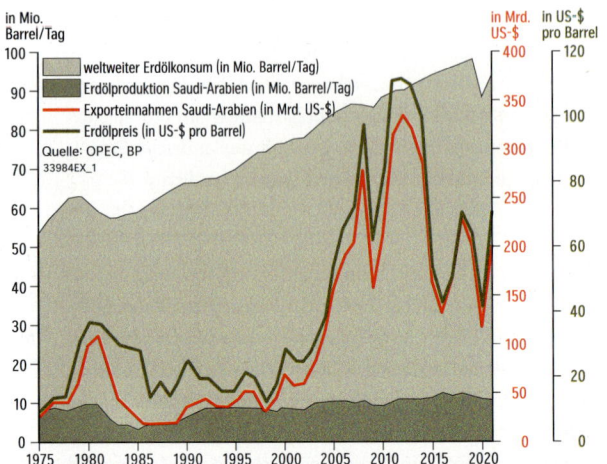

**M2**  Ölpreis, Erdöl-Exporteinnahmen und -Produktion von Saudi-Arabien und weltweiter Erdölgesamtkonsum (1975 – 2021)

|  | 1965 | 1980 | 1995 | 2010 | 2021 |
|---|---|---|---|---|---|
| Nordafrika | 6,0 | 5,9 | 5,6 | 5,2 | 3,6 |
| Saudi-Arabien | 7,0 | 16,3 | 13,2 | 11,8 | 12,2 |
| Irak | 4,1 | 4,2 | 0,8 | 3,0 | 4,6 |
| Iran | 6,0 | 2,3 | 5,5 | 5,3 | 4,0 |
| VAE | 0,9 | 2,8 | 3,6 | 3,5 | 4,1 |
| übriges Vorderasien | 8,4 | 4,3 | 6,6 | 7,1 | 6,5 |
| USA | 28,4 | 16,2 | 12,3 | 9,1 | 18,5 |
| Kanada | 2,9 | 2,8 | 3,5 | 4,0 | 6,0 |
| Lateinamerika | 14,8 | 9,3 | 13,0 | 12,5 | 8,7 |
| UdSSR/GUS | 15,3 | 19,3 | 10,6 | 16,1 | 15,4 |
| Europa | 2,5 | 4,7 | 9,8 | 5,1 | 3,8 |
| Subsahara-Afrika | 1,0 | 4,0 | 4,8 | 7,1 | 4,5 |
| China | 0,7 | 3,4 | 4,4 | 4,9 | 4,4 |
| übriges Asien | 2,1 | 4,5 | 6,3 | 5,3 | 3,7 |

Angaben in %    Quelle: BP

**M3**  Anteil an der Welterdölproduktion (1965 – 2021)

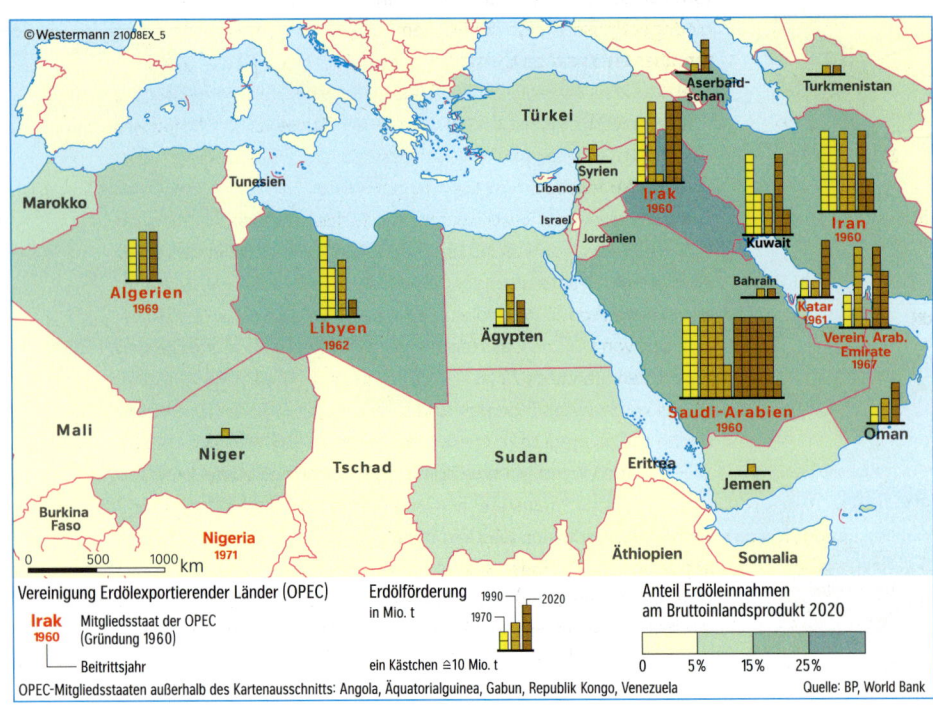

**M1**  Erdölproduktion in Nordafrika und Vorderasien

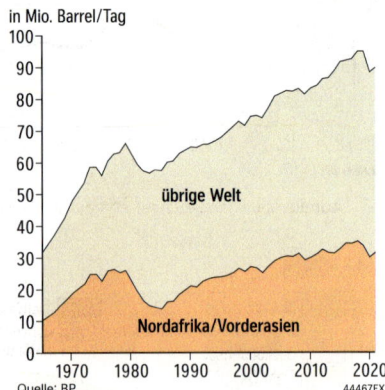

**M4**  Entwicklung der Erdölförderung (1965 – 2021)

## Swing Producer

Ausgleichsproduzenten, die wesentlich mehr Öl fördern, als sie verbrauchen, und dadurch Marktschwankungen ausgleichen können. Sie müssen allerdings auch technisch in der Lage sein, die Produktion flexibel erhöhen oder absenken zu können.

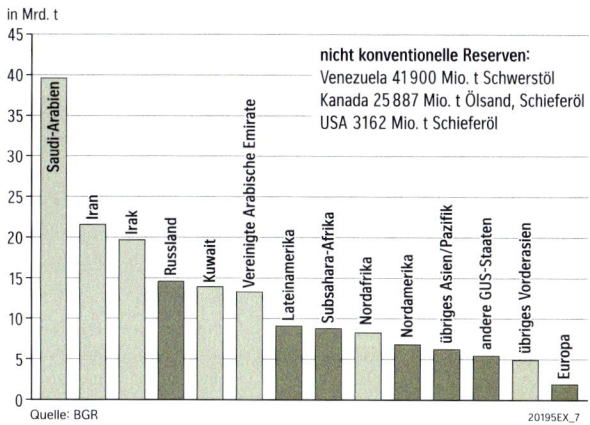

**M 5  Globale Erdölreserven (2020)**

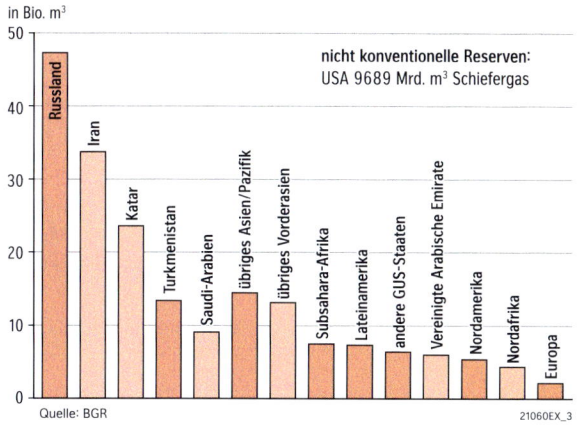

**M 6  Globale Erdgasreserven (2020)**

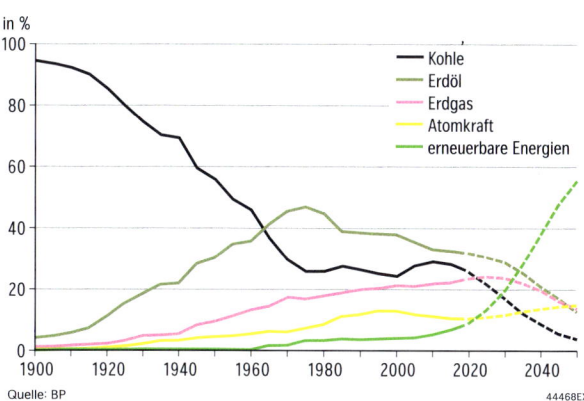

**M 7  Anteile der Energieträger am weltweiten Primärenergieverbrauch***

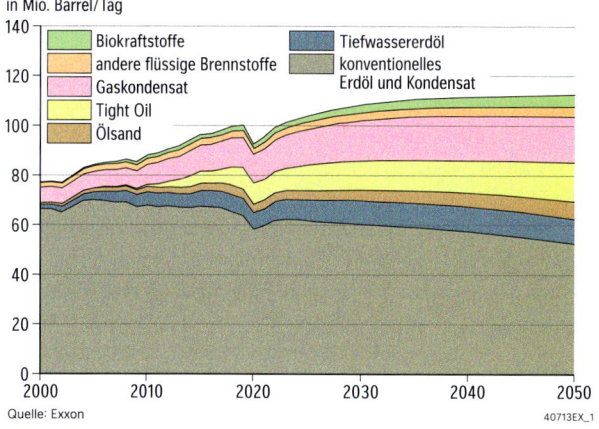

**M 8  Prognose für die weltweite Erdölförderung**

|  | Förderung | kumulierte Förderung[1] | Reserven* | Ressourcen* |
|---|---|---|---|---|
| Ägypten | 30,0 | 1819 | 428 | 2280 |
| Algerien | 57,6 | 3417 | 1660 | 1483 |
| Bahrain | 9,7 | 310 | 25 | 200 |
| Irak | 202,0 | 6446 | 19730 | 6320 |
| Iran | 142,7 | 10877 | 21675 | 7200 |
| Jemen | 3,3 | 410 | 393 | 500 |
| Katar | 75,9 | 2142 | 3435 | 700 |
| Kuwait | 130,1 | 7076 | 13810 | 700 |
| Libyen | 18,3 | 4014 | 6580 | 4750 |
| Oman | 46,1 | 1727 | 731 | 1540 |
| Saudi-Arabien | 500,7 | 23117 | 39617 | 11800 |
| Syrien | 2,2 | 753 | 340 | 400 |
| VAE | 165,6 | 5720 | 13306 | 4160 |
| Welt | 4162,9 | 205378 | 245180 | 501176 |

[1] Summe des bisher geförderten Erdöls, Quelle: BGR

**M 9  Länder in Nordafrika und Vorderasien (2020; in Mio. t)**

Die weltweite Ölnachfrage hat sich nach ihrem Einbruch im Jahr 2020 relativ schnell erholt. [...] Trotz erheblicher Unsicherheiten unterstreichen Prognosen die zentrale Rolle der Entwicklungsländer als Motor der künftigen Nachfrage. Nicht-OECD-Volkswirtschaften, insbesondere China, Indien und Südostasien, führen das jährliche Nachfragewachstum [...] an, während der Ölverbrauch in den OECD-Ländern [...] stagniert und nicht auf das Niveau vor der Pandemie zurückkehrt. [...] Die petrochemische Industrie ist die Haupttriebkraft des mittelfristigen Wachstums. [Zudem] steigt die Nachfrage nach Transportkraftstoffen in den Entwicklungsländern weiterhin stark an. [...]

Trotz der Notwendigkeit, den Erdölverbrauch zu senken, um den Risiken des Klimawandels zu begegnen, zeigen die genannten Nachfragetrends, dass die Welt nicht genug unternimmt. [...] Ölmarktanalysten warnen seit Jahren davor, dass die Investitionen in neue Ölförderkapazitäten außerhalb der US-Tight-Oil*-Förderung mittelfristig hinter der erwarteten Nachfrage zurückbleiben und wahrscheinlich zu schwankenden Preisen führen werden. Schon vor dem Einmarsch Russlands in der Ukraine wurde diese Dynamik durch mehrere Faktoren verschärft, u. a. durch einen Investitionsrückgang aufgrund niedriger Preise infolge der Pandemie, die Unsicherheit der Investoren über die künftige Ölnachfrage im Rahmen der Klimapolitik, die Skepsis der Investoren, ob die US-amerikanische Tight-Oil-Förderung rentabler werden kann, und den Druck der Zivilgesellschaft und von Interessenvertretern auf die Kreditgeber, die Investitionen in alle Projekte für fossile Brennstoffe zu reduzieren.

Das Zusammenspiel dieser Faktoren führte dazu, dass die Investitionen in die weltweite Erschließung von Öl- und Gasvorkommen im Jahr 2020 auf den niedrigsten Stand seit 2006 fielen und weniger als die Hälfte der Investitionen von 2014 betrugen. Im Jahr 2021 erreichten die Neuentdeckungen von Öl- und Gasfeldern einer aktuellen Analyse zufolge den niedrigsten Stand seit 75 Jahren. Wenn diese Angebotsreduzierungen in den kommenden Monaten und Jahren nicht durch eine geringere Nachfrage ausgeglichen werden, könnten die Ölpreise noch weiter steigen. Auch wenn höhere Ölpreise die Nachfrage etwas bremsen und damit die Treibhausgasemissionen verringern könnten, werden die wirtschaftlichen Kosten einer Verringerung des Ölverbrauchs durch hohe und schwankende Preise weitaus höher sein als eine Verringerung des Verbrauchs durch eine vorausschauende Politik auf der Nachfrageseite.

*Quelle: Resources for the Future: Global Energy Outlook 2022: Turning Points and Tension in the Energy Transition. April 2022, S.15 – 18 (Übers.: Thilo Girndt)*

**M 10  Quellentext zu Prognosen zu Erdölbedarf und -versorgung**

# 3.3 Saudi-Arabien – vom Erdöl zu erneuerbaren Energien?

*Saudi-Arabien lebt vom Erdöl. Öl war die Triebfeder des wirtschaftlichen Aufschwungs und ist die Quelle des nationalen Reichtums. In Dhahran befindet sich der Unternehmenssitz von Aramco, der größten Erdölfördergesellschaft der Welt. Ihre Einnahmen finanzieren den größten Teil des Staatshaushalts. Doch jetzt sucht das Land nach neuen Einkommensquellen. Wasserstoff soll das Ölgold der Zukunft werden. Die Energieerzeugung wird um Windkraftanlagen und Solarkraftwerke erweitert. Die wirtschaftliche Diversifizierung\* ist aber auch mit einem sozialen Umbruch des Rentierstaates\* Saudi-Arabien verbunden. Bisher arbeitete ein Großteil der Bevölkerung bei unverhältnismäßig hohen Löhnen im öffentlichen Sektor. Benzin und Strom, aber auch Wasser waren stark subventioniert. Der Kronprinz versucht, das Königreich für die Zukunft umzubauen.*

1. Stellen Sie die Bedeutung des Erdöls für die Volkswirtschaft Saudi-Arabiens dar (M1 – M3 und Kapitel 3.1 und 3.2).
2. Beschreiben Sie die Annehmlichkeiten der Petrodollars für das Leben der saudischen Bevölkerung (M4).
3. Erläutern Sie die eingeleitete Erweiterung hin zu erneuerbaren Energien (M7, M8, M10).
4. Beurteilen Sie die Nachhaltigkeit der geplanten Wasserstoffproduktion als Kompensation wegfallender Erdölexporte (M11).
5. Erörtern Sie die in Saudi-Arabien eingeleitete Diversifizierung\* der Wirtschaft (M4, M6, M9).
6. Nehmen Sie Stellung zu den Zitaten (M5).

| Einwohner (in Mio.) | 36,0 | Bevölkerungswachstum | 1,0 % |
|---|---|---|---|
| Fläche (in km²) | 2149690 | Lebenserwartung (in J.) | 76,9 |
| BIP (in Mrd. US-$)[1] | 1751 | Alphabetisierungsrate | 97,6 % |
| BIP/Ew. (in US-$)[1] | 44954 | Ausgaben für Bildung[2,3] | 19,1 % |
| Export (in Mrd. US-$) | 268,1 | Arbeitslosenquote | 7,4 % |
| Import (in Mrd. US-$) | 217,0 | Internetnutzer[3] | 97,9 % |
| ADI\* (Bestand, in Mrd. US-$) | 227,6 | $CO_2$-Emissionen/Ew.[3] | 17,0 t |
| wichtigste Exportprodukte | Erdöl, Erdgas, Erdölprodukte, chemische Erzeugnisse | | |

[1]kaufpreisbereinigt [2] Anteil an Staatsausgaben [3] 2020  Quelle: UN, IMF, World Bank, UNCTAD, EU

**M1**  Länderdaten Saudi-Arabien (2021)

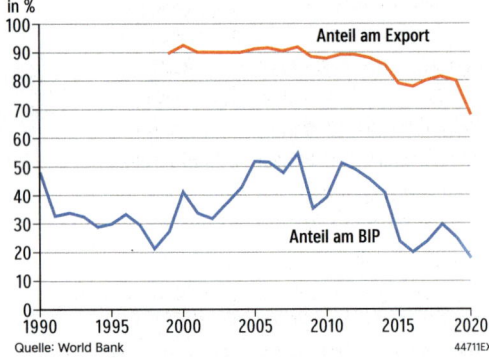

Quelle: World Bank    44711EX

**M2**  Anteil von Energierohstoffen am Bruttoinlandsprodukt und an den Exporten

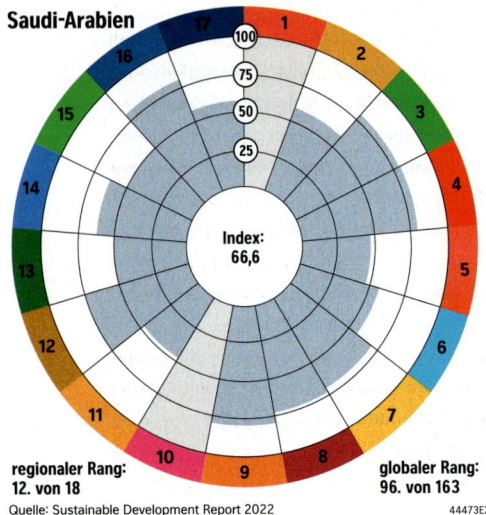

**Saudi-Arabien**

Index: 66,6

regionaler Rang: 12. von 18

globaler Rang: 96. von 163

Quelle: Sustainable Development Report 2022    44473EX

**M3**  SDG-Index Saudi-Arabien (2021)

*„Durch unsere Adern fließt schwarzes Blut. Ohne das Öl wären wir nichts. Es hat aus uns Beduinen eine moderne Gesellschaft gemacht und ist Teil unserer Identität, unserer Seele und unseres Selbstverständnisses."*

saudi-arabischer Unternehmer

*„Innerhalb einer Generation entwickelten wir uns von Kamelreitern zu Cadillac-Fahrern. Allerdings fürchte ich, dass die nächste Generation erneut Kamele reiten muss, wenn wir unser Geld weiter so verschwenden."*

**Feisal Ibn Abd al-Aziz**, ehem. König von Saudi-Arabien (1906-1975)

**M5**  Zitate

Jeder Bewohner im Königreich ist auf die eine oder andere Weise Profiteur von Aramco. Da sind die 65000 Angestellten des Unternehmens. Sie haben Familien, Fahrer, Dienstmädchen, Gärtner. Ihre Kinder gehen auf ausgezeichnete Schulen. Da sind die mehrspurigen, gut beleuchteten Straßen, die heute in die entlegensten Städte führen, die Universitäten mir ihren Studentenwohnungen, die kostenlosen Bibliotheken. Selbst die Müllabfuhr und die Kanalisation werden von Petrodollars bezahlt. Ohne Saudi Aramco gäbe es die großzügigen Familienvillen, deren Bau das Regime fördert, ebenso wenig wie die rund 150 F-15-Kampfjets des hochgerüsteten Militärs, die glitzernden Malls und die vielen Vergnügungsparks für Kinder. So ist über die Jahre eine Art stilles Abkommen entstanden zwischen dem Volk und der Herrscherfamilie. Der König erfreut das Volk mit immer neuen Annehmlichkeiten, mit kostenloser Bildung, Gesundheitsversorgung und Auslandsstipendien. Die Regierung erhebt keinerlei Einkommensteuer. Im Gegenzug hält sich das Volk aus den Regierungsgeschäften heraus und verzichtet auf öffentliche Kritik. [...]

Doch die Welt ändert sich gerade. Der seit Jahren dramatisch schwankende Ölpreis zeigt, dass Riad längst nicht mehr mit sicher kalkulierbaren Einnahmen rechnen kann. Der Staat lebt inzwischen deutlich über seine Verhältnisse. Erstmals schrieb der Staatshaushalt des Königreichs in den vergangenen Jahren sogar rote Zahlen. [...] Ohnehin ist fraglich, wie lange Öl in Zeiten von Elektromobilität und Klimawandel überhaupt noch eine nachgefragte Ware sein wird. Mit dem Wertverlust des Öls schwindet auch Riads Macht.
*Quelle: Susanne Koelbl: Zwölf Wochen in Riad. Bonn: bpb 2020, S. 130*

[In der] Energiepolitik werden die umfangreichsten Reformen geplant. Ziel ist es, sich endlich aus der Abhängigkeit vom Öl zu befreien: Bis 2030 soll sich der Anteil der Nicht-Ölexporte an den Gesamtausfuhren von 18 % auf 50 % erhöhen. Dabei schrecken die Herrscher nicht davor zurück, die elementaren Bestandteile des Rentierstaates zur Disposition zu stellen. So wurden Anfang 2016 zum ersten Mal in der saudischen Geschichte umfangreiche Subventionen\* für Benzin und Strom gestrichen. [...] „70 % der Subventionen kommen den Reichen zugute. Das ist nicht statthaft. Diese Gelder sollten an die Durchschnitts- und Niedrigverdiener gehen", [sagt Kronprinz Mohammed Bin Salman.] Doch ob es sich die Eliten auf Dauer gefallen lassen, auf diese Annehmlichkeiten zu verzichten, bleibt sehr fraglich.
*Quelle: Sebastian Sons: Auf Sand gebaut. Bonn: bpb 2017, S. 169*

**M4**  Quellentexte zur Bedeutung der Erdöleinnahmen

Saudi-Arabien will seine Volkswirtschaft zukunftsfest und wettbewerbsfähig machen. [...] Dies gilt insbesondere für zahlreiche geplante Mega-Investitionsprojekte im saudi-arabischen Tourismussektor. So soll Saudi-Arabien mittels Entertainmentparks und Luxusresorts zu einem Reiseziel zahlungskräftiger ausländischer Touristen aufgebaut werden.  [...] Zudem [soll] die internationale Attraktivität des Wirtschaftsstandorts Saudi-Arabien durch den Bau hochmoderner Infrastruktur erhöht werden. Schwerpunkt hierbei ist das futuristische Stadtprojekt Neom im Nordwesten des Landes, durch welches die Regierung die Ansiedlung von innovativen Unternehmen in Saudi-Arabien befördern möchte. Neom wurde als auto- und emissionsfreie Stadt konzipiert und soll in Zukunft bis zu einer Million Menschen beherbergen. Das wichtigste Fortbewegungsmittel in Neom ist eine unterirdische Hochgeschwindigkeitsbahn, die Energieversorgung der Stadt soll vollständig durch erneuerbare Energien abgedeckt werden. Das Investitionsvolumen für Neom wird vonseiten der Regierung auf 500 Milliarden US-Dollar veranschlagt und soll sowohl vom PIF [Public Investment Fund; Staatsfonds von Saudi-Arabien] als auch von privaten Investoren getragen werden.

Zwar sieht die Vision 2030 bei der Mobilisierung von Kapital für Investitionsprojekte eine wichtige Rolle für inländische und ausländische Investoren aus dem Privatsektor vor. Allerdings entfällt bis dato ein Großteil der Projekte auf staatsnahe Investoren wie den PIF oder das staatliche Erdölunternehmen Saudi Aramco.

*Quelle: Yesenn El-Rahdi: Das falsche Vorbild Dubai. Zenith 9.11.2021*

**M 6**    Quellentext zum Modernisierungsprogramm „Vision 2030"

**M 7**    Solar Village bei Uyaynah, erste Forschungssolarthermieanlage in Saudi-Arabien

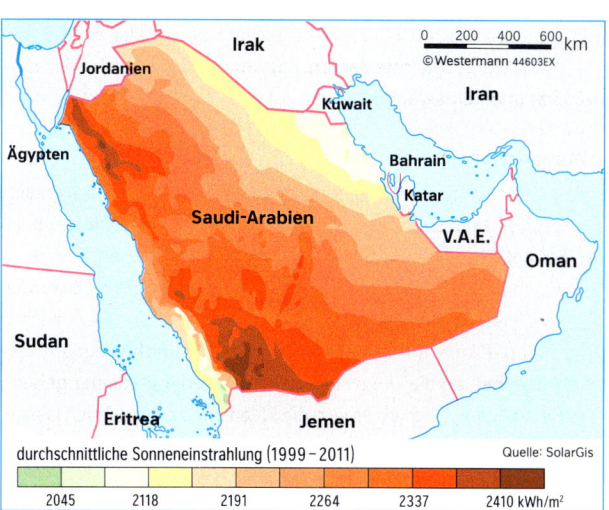

durchschnittliche Sonneneinstrahlung (1999 – 2011)    Quelle: SolarGis

| 2045 | 2118 | 2191 | 2264 | 2337 | 2410 kWh/m² |

**M 8**    Saudi- Arabien: Sonneneinstrahlung

*„Wir sind entschlossen, die Fähigkeiten unserer Wirtschaft zu stärken und zu diversifizieren\*, indem wir unsere wichtigsten Stärken in Instrumente für eine vollständig diversifizierte Zukunft umwandeln. So werden wir Aramco von einem Erdöl produzierenden Unternehmen in ein globales Industriekonglomerat umwandeln. Wir werden den öffentlichen Investitionsfonds in den größten Staatsfonds der Welt umwandeln. Wir werden unsere großen Unternehmen dazu ermutigen, grenzüberschreitend zu expandieren und ihren rechtmäßigen Platz auf den globalen Märkten einzunehmen. Wir werden unsere Armee weiterhin mit den bestmöglichen Geräten und Ausrüstungen ausstatten und planen, die Hälfte unseres militärischen Bedarfs im Königreich herzustellen, um mehr Beschäftigungsmöglichkeiten für die Bürger zu schaffen und mehr Ressourcen im Land zu halten. Wir werden die Vielfalt digitaler Dienstleistungen ausbauen, um Verzögerungen zu verringern und lästige Bürokratie abzubauen. [...]*

*Unsere Vision ist ein starkes, florierendes und stabiles Saudi-Arabien, das Chancen für alle bietet. [...] Wir beabsichtigen, bessere Möglichkeiten für Partnerschaften mit dem Privatsektor zu schaffen, indem wir uns auf drei Säulen stützen: unsere Position als Herz der arabischen und islamischen Welt, unsere hervorragenden Investitionskapazitäten und unsere strategische geographische Lage. Wir werden die Rahmenbedingungen für Unternehmen verbessern, damit unsere Wirtschaft wächst und gedeiht, was zu besseren Beschäftigungsmöglichkeiten für die Bürger und zu langfristigem Wohlstand für alle führt. [...] Dies ist unsere „Vision Saudi-Arabiens für 2030".*

*Quelle: www.vision2030.gov.sa/v2030/leadership-message (Übers.: R.Starke)*

**M 9**    Auszug aus einer Rede von Mohammed Bin Salman, Kronprinz und stellvertretender Premierminister

| | | Leistung | Inbetriebnahme |
|---|---|---|---|
| Solarkraftwerke | Sakaka (PV) | 300 MW | 2022 |
| | Sudair (PV) | 1 500 MW | in Planung |
| | Al-Faisaliah (PV) | 600 MW | in Planung |
| | Ar-Rass (PV) | 700 MW | in Planung |
| | 5[1] bis weitere in Planung | | |
| Windparks | Dumat al-Jandal | 400 MW | 2021 |
| | 11 weitere in Planung | | |
| erneuerbare Energien insgesamt[2] | | 27,3 GW bzw. 58,7 GW[3] | 2024 bzw. 2030[4] |

[1] Der Entwicklungsplan Vision 2030 sieht noch eine größere Zahl vor.
[2] z. Vgl. in Deutschland : 185,5 (2021)
[3] 40 GW auf Fotovoltaik, 16 GW auf Wind und 2,7 Solarthermie
[4] Ziel: bis 2030 50 Prozent der Stromerzeugung durch erneuerbare Energien

**M 10**    Großprojekte erneuerbarer Energien in Saudi-Arabien

Saudi-Arabien setzt auf Wasserstoff. In einer 2-Gigawatt-Anlage soll in der Stadt Neom am Roten Meer emissionsfrei Wasserstoff erzeugt werden. Die Technologie für diese Anlage kommt von deutschen Unternehmen. Geplant ist die Tagesproduktion von 650 Tonnen Wasserstoff und 3 000 Tonnen Ammoniak. Der für die Elektrolyse zur Herstellung erforderliche Strom soll durch Windparks und Solarkraftwerke gewonnen werden. Durch den „grünen" Wasserstoff sollen fossile Brennstoffe in der Industrie, im Verkehr und im Wärmesektor ersetzt werden. Für diese weltweit größte Wasserstofffabrik sind 4,3 Milliarden Euro veranschlagt.

Bis 2050 will Saudi-Arabien weltweit der größte Wasserstoffexporteur werden. Mit Tankern und über eine Pipeline sollen Deutschland und Europa mit dem Gas aus Saudi-Arabien versorgt werden. Deutschland hat mit Saudi-Arabien 2021 ein Abkommen zur Kooperation bei der Wasserstofftechnologie unterzeichnet. Wasserstoff soll zum „neuen Öl" Saudi-Arabiens werden.

**M 11**    Pläne zur Wasserstoffproduktion

# 3.4 Klausurtraining: Kritische Textauswertung in Klausuren

### Iran: Entwicklungshemmnis durch renten-kapitalistische Strukturen

1. Beschreiben Sie die Entwicklung und aktuelle Situation der Wirtschaft im Iran.
2. Vergleichen Sie die aktuellen mit den historischen renten-kapitalisitischen Strukturen im Iran.
3. Erörtern Sie die Entwicklungshemmnisse des Irans.

| Einwohner (in Mio.) | 87,9 | Bevölkerungswachstum | 0,8 % |
|---|---|---|---|
| Fläche (in km²) | 1 648 195 | Lebenserwartung (in J.) | 73,9 |
| BIP (in Mrd. US-$)[1] | 1436 | Alphabetisierungsrate | 85,5 % |
| BIP/Ew. (in US-S)[1] | 15391 | Ausgaben für Bildung[2,3] | 23,1 % |
| Export (in Mrd. US-$) | 77,9 | Arbeitslosenquote | 11,5 % |
| Import (in Mrd. US-$) | 59,6 | Internetnutzer[3] | 84,1 % |
| ADI* (Bestand, in Mrd. US-$) | 53,5 | $CO_2$-Emissionen/Ew.[3] | 8,3 t |
| wichtigste Exportprodukte | Erdöl, Erdgas, Erdölprodukte, Früchte, Nüsse, chem. Erzeugnisse, Metalle, Teppiche | | |

[1]kaufpreisbereinigt  [2] Anteil an Staatsausgaben  [3] 2020  Quelle: UN, IMF, World Bank, UNCTAD, EU

**M1  Länderdaten Iran (2021)**

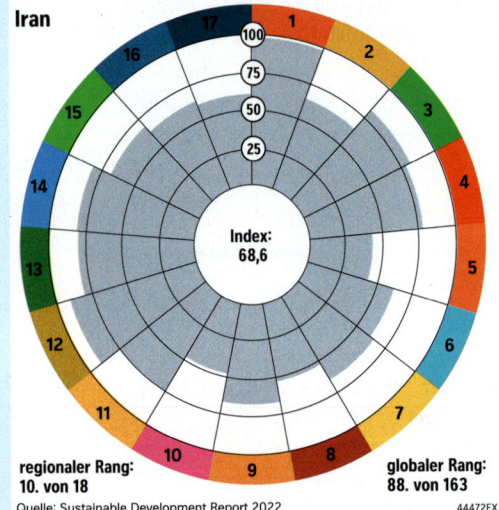

regionaler Rang:
10. von 18

globaler Rang:
88. von 163

Quelle: Sustainable Development Report 2022          44472EX

**M2  SDG-Index Iran (2021)**

| Roh-stoff-rente | Einkommen aus dem Verkauf von Rohstof-fen; hohe Profite zum Beispiel bei Erdöl- und Erdgasförderung, da extrem günstige Produktionsbedingungen vorliegen (Her-stellungskosten von einem Barrel Rohöl: 2 US-$ in Saudi-Arabien) |
|---|---|
| Kapital-rente | Zinsen und Dividenden aus angelegtem Kapital (Petrodollar-Recycling), Rücküber-weisungen durch Arbeitsmigranten |
| Lage-rente | Einkommen, die aus der Vergabe von „Nut-zungsgenehmigungen" von staatlichem Territorium entstehen (Gebühren für Pipe-lines und Kanalbenutzung, z.B. Suezkanal) |
| poli-tische Rente | Entwicklungs- und Militärhilfe aus poli-tischen und strategischen Gründen aus dem Westen (z.B. Ägypten), Entschädi-gungen an Israelnachbarn vor allem durch Golfstaaten, Kredite |

**M3  Externe Renten* der Staaten Nordafrikas und Vorderasiens**

„Im Unterschied zu den reichen arabischen Golfstaaten, deren größ-tenteils monostrukturierte Wirtschaftssysteme fast allein auf Förderung und Export von Rohöl fußen, verfügt Iran neben großen Öl- und Gasvor-kommen [...] über ein großes Reservoir gut ausgebildeter Arbeitskräfte. Noch wichtiger: Iran hat eine relativ breite industrielle und wirtschaftliche Basis. So waren beispielsweise an der Teheraner Börse 2019 Firmen aus über 40 Industrie- und Wirtschaftszweigen gelistet, darunter Petroche-mie, Bergbau und Mineralerzeugnisse (Eisen, Kupfer, Blei, Aluminium), Bau-, Stahl-, Auto-, Agrar-, Zement-, Textil- und Bekleidungsindustrie, Nahrungsmittelproduktion und -verarbeitung und Tabakverarbeitung."

**Wilfried Buchta**, *deutscher Islamwissenschaftler (2020)*

„Die Wirtschaftsmisere des Irans liegt im politischen System des Landes begründet. [...] Wirtschaft und Politik sind in der Islamischen Republik untrennbar verbunden. [Es gibt eine] Zweiteilung der Gesellschaft [...]: also einerseits in jene, die Teil des Herrschaftsapparates und der dominierenden Clans oder zumindest ihnen gegenüber loyal sind und dadurch einen privilegierten Zugang zu Macht und Ressourcen genie-ßen; und andererseits jene, die nicht dazugehören und von ebenjenen Vorteilen ausgeschlossen sind."

**Ali Fatollah-Nejad**, *deutsch-iranischer Politologe*

**M7  Zitate**

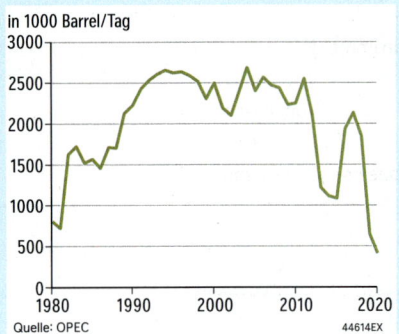

in 1000 Barrel/Tag

Quelle: OPEC          44614EX

**M4  Ölexporte des Irans**

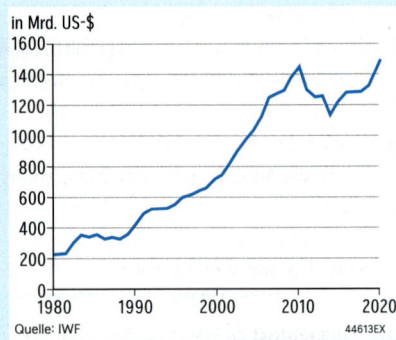

in Mrd. US-$

Quelle: IWF          44613EX

**M8  Bruttoinlandprodukt des Irans**

„[In Vorderasien] kam es zur Entstehung von wehrhaften Städten und Oasen mit despotischer* Herrschaft. Durch die ihr eigene Konfiskation, das heißt die willkürliche Enteignung durch den Herrscher ohne Entschädigung, entwickelte sich ein Wirtschaftsverhalten, das als Rentenkapita-lismus bezeichnet wird. [...] Reichtum konnte in solch einem System nur dann entstehen, wenn die strengen Steuerregeln illegal umgangen wurden. Um den Steuern zu entgehen, wurden von den Untergebenen die verschiedenen Produktionsmittel, zum Beispiel in der Landwirtschaft Land, Wasser, Saatgut, Ackergeräte und Zugtiere, jeweils einzeln mit Rententiteln belegt. Diese Titel konnten verschiedenen Eignern gehören und sie konnten anonym gehalten werden. Der Pächter, das heißt der Landbewirtschafter, hatte von der Ernte jeweils einen festgelegten Teil an die Eigner der Rententitel abzugeben. Die Anhäufung solcher Titel bedeutete die Bildung von Reichtum."

**Fred Scholz**, *deutscher Geograph (2017)*

**M5  Zitat zum traditionellen Rentenkapitalismus* in Vorderasien**

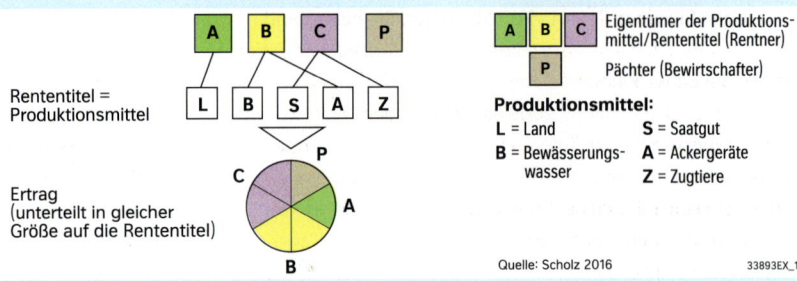

Rententitel = Produktionsmittel

Ertrag (unterteilt in gleicher Größe auf die Rententitel)

Eigentümer der Produktions-mittel/Rententitel (Rentner)

P = Pächter (Bewirtschafter)

**Produktionsmittel:**
L = Land          S = Saatgut
B = Bewässerungs-wasser          A = Ackergeräte
          Z = Zugtiere

Quelle: Scholz 2016          33893EX_1

**M6  Modell eines landwirtschaftlichen Pächterbetriebes mit rentenkapitalistischen* Be-sitzverhältnissen**

Sämtliche Indikatoren, die den Zustand der iranischen Wirtschaft abbilden, sind negativ. [...] Die seit Langem anhaltende Wirtschaftskrise wurde noch durch die Wirtschaftssanktionen* verschärft, die die USA nach ihrem Rückzug aus dem Iran-Atomabkommen verhängt haben. [...] Die katastrophale wirtschaftliche Verfassung der Islamischen Republik ist umso tragischer, als das Land über große natürliche Ressourcen, über gut ausgebildete Arbeitskräfte und über eine relativ entwickelte Infrastruktur verfügt. [...] Der Aufbau einer flächendeckenden Infrastruktur [nach der Islamischen Revolution und der Absetzung des Schahs 1979] innerhalb einer relativ kurzen Zeitspanne [...] war eine gewaltige Leistung. [...] Binnen wenigen Jahren wurden sämtliche Landstraßen des Landes asphaltiert, was erstmals Transportverbindungen zwischen allen Städten und den entlegensten Dörfern ermöglichte. Auf dem Lande wurden selbst noch die kleinsten Gemeinden an das Stromnetz angeschlossen und bezogen sauberes Trinkwasser. Durch den Ausbau des Schulwesens wurde die Analphabetenquote von über 80 Prozent auf unter 20 Prozent gedrückt. [...] Die durch die Revolution freigesetzte Energie traf jedoch alsbald auf traditionelle soziale Schranken, die von der Revolution unangetastet geblieben waren. Das erklärt, warum die Wirtschaft der Islamischen Republik bis heute unter massiven Strukturschwächen leidet, die das Ergebnis mehrerer Faktoren sind, deren Wirkungen sich ergänzen und gegenseitig verstärken. Das sind erstens die historischen Vorbelastungen, zweitens die Abhängigkeit von den Öleinnahmen, die den Einfluss der Handelsbourgeoisie stärkt, und drittens die staatsmonopolistische Gängelung durch eine diktatorische Regierungsgewalt.

In seiner mehrtausendjährigen Geschichte war Iran immer ein zentralistischer Rentierstaat*, der auf die Einnahmen aus landwirtschaftlicher Grundrente angewiesen war. Die Abhängigkeit des Staats von diesen Renteneinnahmen* wurde mit der Entdeckung beträchtlicher Ölreserven durch die Abhängigkeit von Öleinnahmen abgelöst. [...] Die von steigenden Exporten gespeisten Ölrenten hatten allerdings auch eine fatale Wirkung: Die iranische Wirtschaft infizierte sich bald mit dem Virus der „Holländischen Krankheit*", die für alle Staaten symptomatisch ist, deren Staatsbudgets maßgeblich durch Rentenbezüge, also durch ohne Leistung erzielte Einnahmen, gedeckt werden. Anstatt die eigene Politik und Herrschaft durch eine umfassende Modernisierung der Wirtschaft und den Aufbau einer funktionierenden produktiven Wirtschaft mit steigender Massenkaufkraft zu legitimieren, schlagen die meist monarchischen Regime dieser Länder einen viel einfacheren Weg ein: Gestützt auf eine Bürokratenkaste, beruht ihre Herrschaft auf der Verteilung von Almosen und auf einem engen Interessenbündnis mit den Großgrundbesitzern und den Großhändlern. [...]

Nach der Revolution wurde in großem Stil eine petrochemische Industrie aufgebaut, um einen Teil der Ölproduktion im Inland zu verarbeiten. Weitere Investitionen flossen auch in die Autoindustrie und in Teile der Konsumgüterindustrie, desgleichen in den Ausbau der Bergwerke. Sämtliche Großindustrien waren ursprünglich und sind bis heute mehr oder weniger Staatseigentum [...]. All diese Unternehmen sind auf dem Weltmarkt nicht wettbewerbsfähig und werden mittels staatlicher Subventionen* und Preismanipulationen am Leben gehalten. [...]

Neben der monopolistischen Wirtschaftsstruktur gibt es ein zweites großes Hindernis für den Aufbau einer nationalen Industrie: die Schicht der superreichen Großhändler. Dank der konstant fließenden Öleinnahmen haben sie sich zügig in Agenten der Warenimporte verwandelt, womit sie die nationale Industrie in den Ruin treiben. Die Gründe für die dominierende Rolle der Großhändler sind ebenfalls in der iranischen Geschichte zu suchen. Die soziale Basis des alten Regimes waren die Großgrundbesitzer, aber die lebten schon immer in den Städten. Dort bezogen sie nicht nur die Grundrente aus ihrem Landbesitz, sondern waren in der Regel zugleich auch Großhändler, zunächst von einheimischen Produkten. Doch in dem Maße, in dem der Zentralstaat auf Öleinnahmen und Warenimporte aus den Industrieländern setzte, verwandelten sich auch die Großhändler zu Importeuren westlicher Waren. [...] Der Hauptzweck ihrer Tätigkeit besteht darin, möglichst große und möglichst rasche Handelsprofite zu erzielen.

Quelle: Mohssen Massarrat: Iran – Die ökonomische Misere. Le Monde diplomatique. Edition N° 27 Iran, S.34

**M 9** Quellentext zu Wirtschaftsstrukturen im Iran

---

# Methodische Schritte zur Textauswertung

## Vor der Lektüre des Textes und der Texterstellung

- Erfassen Sie die Aufgabenstellung und deren Grundidee; beachten Sie den Operator und jedes Wort der Aufgabe.
- Lokalisieren Sie den Beispielraum und grenzen ihn ab.
- Erfassen Sie den Bezug des Textes (zur Aufgabenstellung).
- Führen Sie eine formale Textanalyse durch. Fragen Sie nach:
  - Autor und Medium,
  - Adressat,
  - Datum der Veröffentlichung.

## Beim und nach dem Lesen des Textes

- Verwenden Sie einen Textmarker: Markieren Sie bedeutende Entwicklungen/Strukturen/Schlüsselwörter und Fachbegriffe; ordnen Sie Entwicklungen chronologisch; schlagen Sie eventuell unklare (Fremd-)Wörter im zugelassenen Duden/Wörterbuch nach; vermerken Sie am Textrand Verknüpfungen zu anderen Aufgaben und Inhalten (eventuell Unterrichtswissen).
- Führen Sie eine inhaltliche Analyse durch. Untersuchen Sie
  - das zentrale Thema des Textes,
  - die Gliederung des Textes,
  - die Kernaussagen der einzelnen Abschnitte,
  - die Schlüssigkeit der Argumentation (logische Brüche),
  - die Verwendung von Wertungen und Meinungen,
  - die angegebenen Quellen auf Nachprüfbarkeit/Aktualität,
  - die sprachlichen Mittel (Einsatz zu welchem Zweck),
  - die Position der Autorin/des Autoren und ihre/seine Intention.
- Bewerten Sie den Text hinsichtlich der Sachinformationen, der Argumentationslinie und der Glaubwürdigkeit.

## Texterstellung / Aufgabenlösung

- Erstellen Sie eine Gliederung der Aufgabenlösung in Stichpunkten.
- Verfassen Sie einen eigenständigen
  - aufgabenbezogenen,
  - (fach-)sprachlich eindeutigen, präzisen,
  - differenzierten,
  - gegliederten Text mit
  - sachgerechten Materialbezügen.
- Verknüpfen Sie stets Antworten und Aussagen mit (selbst ausgewählten Atlas-)Materialien, sodass ein gegliederter Text entsteht: Einleitung/Hauptteil/Fazit und Überleitung zwischen Teilaufgaben.

## Nach der Texterstellung

- Lesen Sie Korrektur, das heißt, überprüfen Sie Ihre Lösung auf inhaltliche und sprachliche Fehler (z.B. Rechtschreibung/Zeichensetzung).

# 3.5 Dubais Sprung in die Moderne

*1971 wurden die britisch kontrollierten Vertragsstaaten von der „Piratenküste" an der südlichen Küste des Persischen Golfes in die Unabhängigkeit entlassen. Innerhalb weniger Jahrzehnte entwickelten sich die Vereinigten Arabischen Emirate (VAE) zu einem der reichsten Länder der Welt. Über einen solidarischen Einkommensausgleich finanziert das Emirat Abu Dhabi, in dem 94 Prozent der VAE-Erdölreserven liegen, die anderen sechs Emirate. Doch eines der kleineren Emirate hat sich wirtschaftlich längst emanzipiert.*

1. Beschreiben Sie die Entwicklung Dubais mithilfe der Fotos M6 und M9 (auch Atlas).
(Z) 2. Stellen Sie die Lebensbedingungen der beduinischen* Stämme vor dem Erdölboom dar, der etwa mit der Unabhängigkeit Anfang der 1970er-Jahre begann (M4, M5).

3. Analysieren Sie die räumliche Wirtschaftsstruktur der VAE (M8).
4. Charakterisieren Sie die Entwicklungsstrategie Dubais (M7, Atlas).
5. „Dubai hat auf seinem Weg zum modernen ‚Industrieland' die Industriephase einfach übersprungen." Erklären Sie diese Aussage.
6. Beurteilen Sie die Erfolge der Diversifizierung* der „Erdölwirtschaft" der VAE (M2, M7, S.49: M6).
(Z) 7. Die genaue Landesfläche der VAE lässt sich nur ungenau angeben, da die Golfküste und einige Inseln sich durch die Verlagerung von Sand und Schlickmassen ständig ändern. Beurteilen Sie die Bedeutung der Inseln für die VAE.

| | | | | |
|---|---|---|---|---|
| Einwohner (in Mio.) | 9,4 | Bevölkerungswachstum | 0,8 % |
| Fläche (in km²) | 77700 | Lebenserwartung (in J.) | 78,7 |
| BIP (in Mrd. US-$)[1] | 703 | Alphabetisierungsrate | 97,6 % |
| BIP/Ew. (in US-S)[1] | 66972 | Ausgaben für Bildung[2,3] | 11,7 % |
| Export (in Mrd. US-$) | 525,8 | Arbeitslosenquote | 3,4 % |
| Import (in Mrd. US-$) | 394,1 | Internetnutzer[3] | 100,0 % |
| ADI* (Bestand, in Mrd. US-$) | 196,9 | $CO_2$-Emissionen/Ew.[3] | 20,7 |
| wichtigste Exportprodukte | Erdöl und Erdgas, Erdölprodukte, Gold, Juwelen, Tourismus, Reexporte | | |

[1] kaufpreisbereinigt  [2] Anteil an Staatsausgaben  [3] 2020  Quelle: UN, IMF, World Bank, UNCTAD, EU

**M1    Länderdaten Vereinigte Arabische Emirate (2021)**

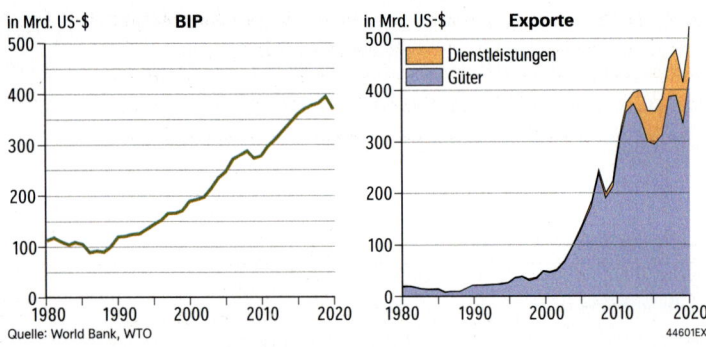

**M2    VAE: Wirtschafts- und Exportentwicklung**

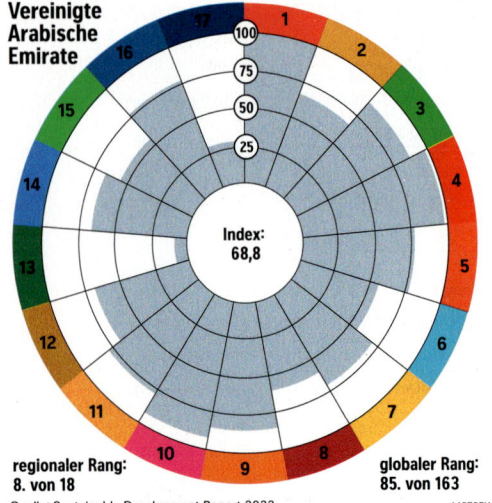

**M3    SDG-Index Vereinigte Arabische Emirate (2021)**

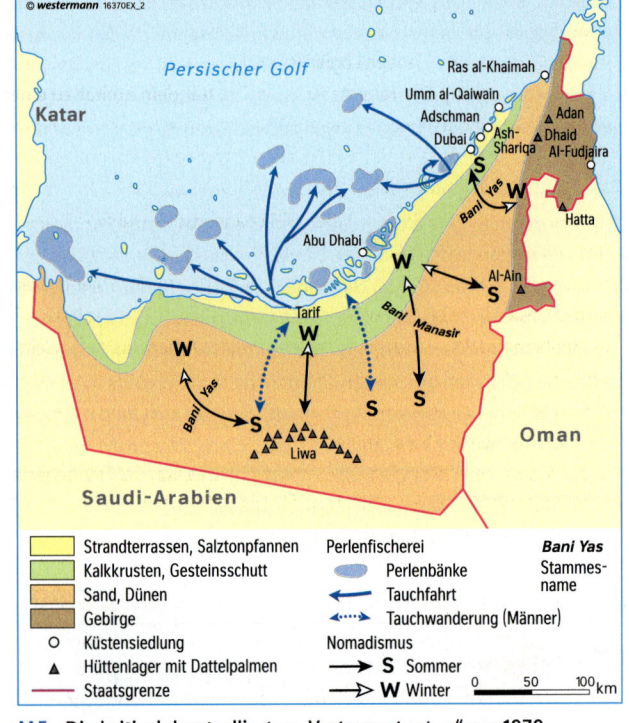

**M5    Die britisch kontrollierten „Vertragsstaaten" vor 1970**

In diesem ausgedehnten „Meer des Sandes" Südarabiens traten (Dattelpalmen-)Oasen wie in allen Trockengebieten nur punkthaft auf. Sie bezogen ihr Wasser aus spärlich rinnenden Quellen oder künstlich angelegten (Zieh-)Brunnen. Bis in die Mitte der 1970er-Jahre bildeten sie (im Sommer) zusammen mit der umgebenden Wüste den Lebensraum nomadischer Kamelhalter, der Beduinen. Hier nutzten sie das spärliche Gras und die Datteln, ihr wichtigstes pflanzliches Nahrungsmittel. Nach der Datternte zogen die Beduinen an die Küste, wo sie sich der Fischerei und vor allem dem Perlentauchen widmeten (Winter). Denn in den warmen flachen Gewässern am Südrand des Arabischen Golfes fand die Perlmuschel ideale Lebensbedingungen und war weit verbreitet. Für die Menschen bildeten somit neben Tierhaltung und Dattelpalmenanbau noch Fischerei und Perlentauchen die natürlichen Lebensgrundlagen.

[1971] lebten hier gerade einmal 180000 Menschen. Nur 39 Prozent waren Einheimische. Die Mehrzahl zählte zu den ausländischen Arbeitskräften, vor allem aus Süd- und Südostasien. Sie waren nach der Entdeckung abbauwürdiger Erdöllagerstätten im Jahre 1958 und ihrer Förderung seit 1960 verstärkt ins Land geholt worden.

*Quelle: Dieter Engelmann, Fred Scholz: Geoökozonen. Braunschweig: Westermann 2009, S. 89–90*

**M4    Quellentext zur Geschichte der VAE**

M 6 Dubai Creek (1937)

M 9 Dubai Creek (2020)

Dubai [erfährt] seit etwa fünf Jahrzehnten eine enorme Entwicklungsdynamik, die Ende der 1990er-Jahre durch die Ausrichtung auf die New Economy und die zunehmende Integration in globale Prozesse nochmals an Dynamik und Intensität gewonnen hat. Dubais ökonomischer Aufschwung ist auf die vorausschauende Planung und früh eingeleiteten Diversifizierungsmaßnahmen* der 1970er-Jahre zurückzuführen. Seither hat sich Dubai zum führenden Logistikstandort in der islamisch arabischen Welt entwickelt [...]. Der rasante Aufstieg [...] hat dem Emirat zu einer wichtigen Vorrangstellung – auch gegenüber den regionalen Konkurrenten – verholfen. Dubai dient dadurch anderen Standorten innerhalb und außerhalb der Region inzwischen als Vorbildfunktion („Dubaization"). Mit der Gründung der VAE im Dezember 1971 beanspruchte Dubai den Status des Wirtschaftszentrums und baute seine bereits führende Position aus. Nachdem Dubai allerdings nur über einen Anteil von knapp vier Prozent an den Gesamterdölvorkommen der VAE verfügt, hat das Emirat frühzeitig Maßnahmen zur Diversifizierung seiner wirtschaftlichen Basis eingeleitet. Ähnlich wie Bahrain, das nur mit geringen Erdöl- und Erdgasressourcen ausgestattet ist und sich aus diesem Grund frühzeitig in alternativen ökonomischen Nischen positionierte, hat sich Dubai gegenüber seinen Nachbarn in der arabischen Golfregion emanzipiert [...]. Das von der Herrscherfamilie Al Maktoum unternehmensgleich geführte Dubai hat sich stets an internationalen Trends orientiert und sich dadurch zu einem dynamischen Dienstleistungszentrum und einer Schnittstelle im internationalen Waren- und Personenverkehr entwickelt. Diese Entwicklung ist bemerkenswert, da Dubai dies ohne eine lokale „reale" Produktionsökonomie und ohne lokale Konsumbasis gelungen ist. [...] Die wirtschaftliche Diversifizierung erfolgt seit Ende des 20. Jahrhunderts verstärkt in Richtung zukunftsträchtiger Branchen wie z. B. Tourismus, Immobiliensektor, Logistik und Handel (Import, Export, Re-Export). Nach dem Vorbild Singapurs wurde seit Ende der 1990er-Jahre gezielt in Schlüsseltechnologien und -branchen investiert, um sich als internationales Tourismus- und Wirtschaftszentrum zu etablieren. Zudem wurden zahlreiche Einkaufszentren, Steueroasen und Freihandelszonen eingerichtet sowie ein Immobiliensektor aufgebaut. [...] Gleichzeitig sind [Freihandelszonen] aufgrund ihrer spezifischen gesetzlichen Rahmenbedingungen attraktiv für in- und ausländische Investitionen. Ein Großteil der Freihandelszonen Dubais befindet sich in der Nähe von größeren Industriegebieten und [...] in der unmittelbaren Umgebung von See- und Flughäfen, um kurze Umschlagzeiten zu garantieren.

*Quelle: Nadine Scharfenort: Flughafenstandorte als neue Wachstumspole in arabischen Golfstädten? – „Airport-Cities" in Dubai und Doha. PND Online 2014, S. 9*

M 7 Quellentext zur Entwicklung Dubais

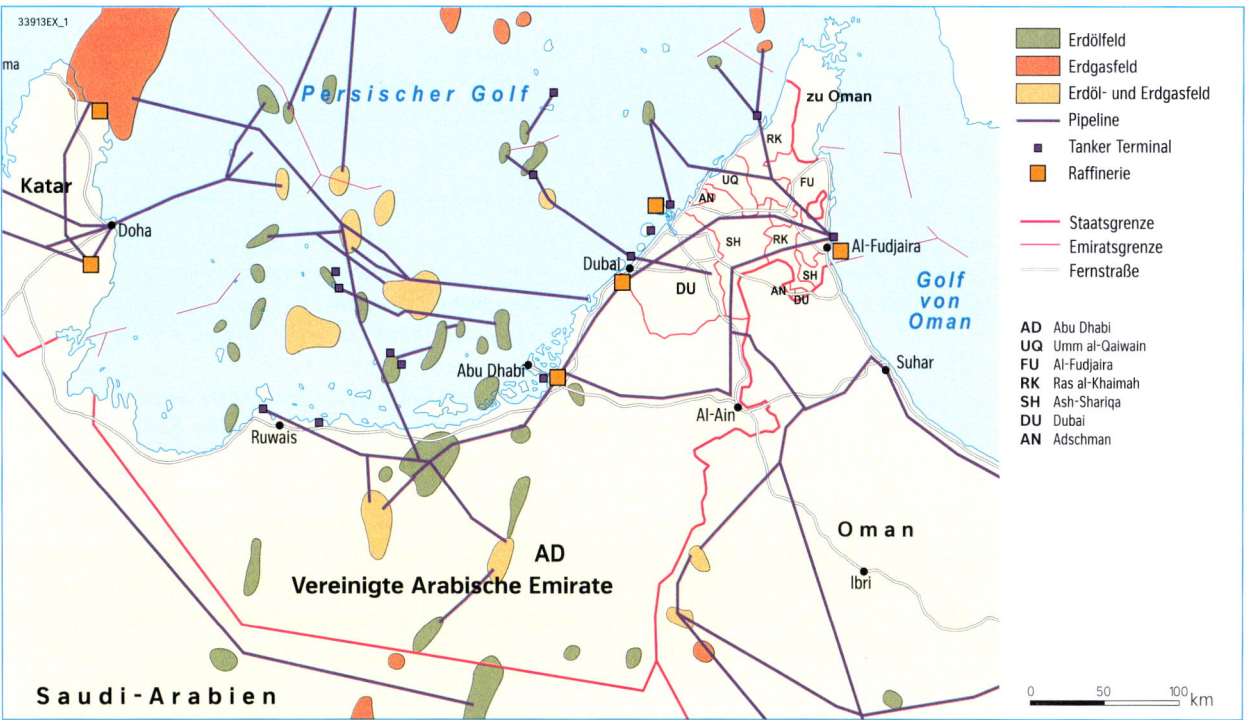

M 8 Vereinigte Arabische Emirate

# 3.6 Dubai International Airport – Drehkreuz zur Welt

*Ein wirtschaftliches Entwicklungsfeld, das das Emirat Dubai für sich entdeckt hat, ist die Logistikbranche. Dazu zählen neben dem Hafen Jebel Ali nebst angegliederter Freihandelszone die beiden Flughäfen: Während der Cluster\* am Dubai International Airport seit Jahren zum wirtschaftlichen Erfolg Dubais beiträgt, soll das Konzept auf den Al Maktoum International Airport in noch größeren Dimensionen übertragen werden. Doch welchem Umstand verdanken die Flughäfen ihre Position als globales Luftverkehrsdrehkreuz?*

1. Lokalisieren Sie den Dubai International Airport und den Al Maktoum International Airport (M3, Atlas).
2. Erklären Sie den Unterschied zwischen dem Point-to-Point- und Hub-and-Spoke-System (M1, M2, M3, M4).
3. Erläutern Sie die Funktion Dubais als Hub im internationalen Luftverkehr (M1, M2, M9, Atlas).
4. Charakterisieren Sie die Bedeutung Dubais im internationalen Luftverkehr (M5, M6, M9).
5. „Das Wachstum des Passagier- und Frachtverkehrs per Flugzeug kennt keine Grenzen." Beurteilen Sie diese Aussage.
6. Erörtern Sie die Zukunftsaussichten des neuen Flughafens in Istanbul gegenüber dem Konkurrenten in Dubai (M7).
(Z) 7. Beurteilen Sie die Bedeutung eines Flughafens für die regionale Wirtschaftsentwicklung am Beispiel Dubai.

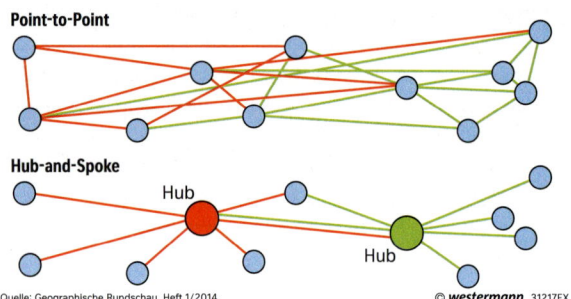

Quelle: Geographische Rundschau, Heft 1/2014

© **westermann** 31217EX_1

**M1   Point-to-Point und Hub-and-Spoke**

Die zunächst in den USA einsetzende Liberalisierung\* des Luftverkehrs sowie die Privatisierung von Luftfahrtgesellschaften und Flughäfen haben den Wettbewerb weltweit deutlich verschärft und die Flugpreise gedrückt. Zudem ist den traditionellen Airlines mit Billigfluggesellschaften bzw. Low-Cost-Carriers eine neue Konkurrenz erwachsen. Bei gleichzeitig steigenden Energiekosten zwang dies die etablierten Anbieter dazu, ihr operatives Geschäft effizienter zu gestalten. So optimierten sie als sog. Netzwerk-Carriers den Umsteigeverkehr in Hub-and-Spoke-Systemen. Dabei werden Flugrouten an großen Umsteigeflughäfen gebündelt, während kleinere Flughäfen als Zubringer dienen. Dieses System ist eng verbunden mit dem Entstehen großer Luftfahrtallianzen wie Star Alliance, Oneworld oder SkyTeam, die über gemeinsame Buchungssysteme, Codesharing (zwei oder mehrere Fluggesellschaften teilen sich einen Linienflug) und gegenseitige Zubringerflüge ausgedehnte Streckennetze effizienter bedienen können. Im Gegensatz zu den in Allianzen verbundenen Netzwerk-Carriers bieten Low-Cost-Carriers in der Regel nur einzelne rentable Direktverbindungen (point to point) auf Kurz- und Mittelstrecken an.

*Quelle: Boris Braun, Johanna Schlaack: Großflughäfen als Impulsgeber der Stadt- und Wirtschaftsentwicklung. Geographische Rundschau 1/2014, S. 4–5*

**M2   Quellentext zum Hub-and-spoke-System**

Die kleinen arabischen Golfstaaten Vereinigte Arabische Emirate (VAE), Katar, Bahrain und Kuwait bauen seit einigen Jahren ihre Flughafenstandorte aus. [...] Hohe Prioritäten erfahren die Modernisierung der vorhandenen Infrastruktur, die Angliederung logistischer Einrichtungen und Unternehmen, die von den Synergieeffekten innerhalb des Clusters\* profitieren können, sowie der Ausbau der Kapazitäten für den Passagier- und Luftfrachtverkehr. [...] Diese Prozesse sind eindrucksvoll, weil die arabischen Golfstaaten über kein nennenswertes Hinterland verfügen. Sie nutzen vielmehr ihre geostrategisch günstige Lage an der Schnittstelle zwischen Europa, Afrika und Asien, die Zugang zu gut zwei Milliarden Menschen in Ländern des Nahen Ostens, Europas, Süd- und Westasiens, Russlands und Afrikas gewährt. Dabei spielen die Flughäfen – neben den Seehäfen – als Verkehrsträger eine wesentliche Rolle.

Insbesondere Dubai hat sich durch vorausschauende Planung bereits seit den 1970er-Jahren, verstärkt jedoch seit Beginn des 21. Jahrhunderts, zum führenden Logistikstandort in der islamisch-arabischen Welt entwickelt und nimmt daher eine viel beachtete Pionierfunktion ein. Die logistischen Verflechtungen des Hafennetzwerks und des Dubai International Airports (DXB) mit einem hochgradig vernetzten Einzugsgebiet unterstützt Dubais wachsende Drehkreuzfunktion. [...] Einige Faktoren haben insbesondere seit Beginn der 1990er-Jahre dem Flugzeug als Verkehrsträger für Personen und Fracht auch in den arabischen Golfstaaten eine wichtige Rolle zugeschrieben. Neben der steigenden Mobilität von Personen, die sich durch die weltweite Arbeitsteilung im Rahmen der Globalisierungsprozesse und durch die Zunahme im Tourismus durch die Erschließung neuer Destinationen verstärkt hat, spielt die Liberalisierung\* des Luftverkehrs eine bedeutende Rolle. Seit etwa Mitte der 1990er-Jahre öffnen sich auch die arabischen Golfstaaten zunehmend dem internationalen Markt und bauen ihre Infrastruktur aus. Gleichzeitig sind sie Ziel von Arbeitsmigranten aus Ländern Asiens, Afrikas, Europas, Nordamerikas und der islamisch-arabischen Welt. Seit den 1970er-Jahren, und verstärkt seit Ende der 1990er-Jahre, wird an vielen Standorten der internationale Tourismus als wichtige Säule der Wirtschaft im Rahmen von wirtschaftlichen Diversifizierungsmaßnahmen\* forciert: Nicht nur der Geschäftstourismus (z. B. politische und geschäftliche Termine, Tagungs- und Kongressreisen), sondern ebenfalls der Freizeittourismus sind dabei von besonderem Interesse.

*Quelle: Nadine Scharfenort: Flughafenstandorte als neue Wachstumspole in arabischen Golfstädten? – „Airport-Cities" in Dubai und Doha. PND Online 2014, S. 1–2*

Sechs Start- und Landebahnen und eine Endkapazität von 250 Millionen Passagieren pro Jahr: Im Stadtsüden von Dubai entsteht mit dem Flughafen Al-Maktoum (Dubai World Central, DWC) ein neues Megadrehkreuz. Jetzt wurden die Bauarbeiten gestoppt, die Finanzierung eingefroren. [...] „Die genauen Zeitpläne und Einzelheiten der nächsten Schritte sind noch nicht endgültig festgelegt", reagierte die Betreibergesellschaft Dubai Airports. Der Masterplan werde derzeit überprüft.

Der Super-Hub, um den der neue Stadtteil Dubai South Aviation City geplant wird, wird 36 Milliarden US-Dollar verschlingen. Weil die Volkswirtschaften am Golf gerade wanken, hatte Dubai die Fertigstellung im Oktober 2018 bereits um fünf Jahre auf 2030 vertagt. [...] Dubai World Central ist bereits seit 2010 für den Fracht- und seit 2013 auch für den Passagierbetrieb geöffnet. Derzeit fliegen nur elf Airlines den Airport an. Letztes Jahr zählte DWC 900 000 Passagiere.

*Quelle: Dubai legt Bau von Super-Hub auf Eis. Aero 2.9.2019*

**M3   Quellentexte zu Dubai als Logistikstandort**

100800-181-07
schueler.diercke.de

100800-272-02
schueler.diercke.de

| Hub-Flughafen | • transkontinentale Verbindungen<br>• viele Umsteigepassagiere |
|---|---|
| mittelgroßer Flughafen | • überwiegend regionales Einzugsgebiet<br>• Spezialisierung auf Kurz- und Mittelstrecken |
| Low-Cost-Flughafen | • Standort außerhalb der großen Verdichtungsräume<br>• Spezialisierung auf Billigflüge |

M 4   Flughafentypen

M 8   Dubai International Airport

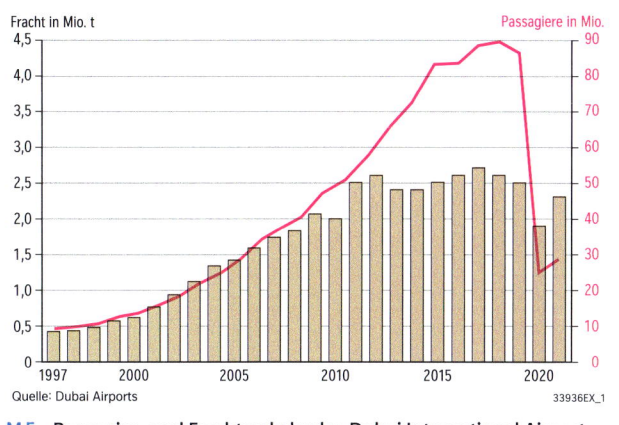

M 5   Passagier- und Frachtverkehr des Dubai International Airport

M 9   Flugzeiten von Dubai

| Flughafen | internationale Passagiere | | | | Passagiere gesamt[2] | | | | Fracht gesamt | | | |
|---|---|---|---|---|---|---|---|---|---|---|---|---|
| | 2019 | | 2021 | | 2019 | | 2021 | | 2019 | | 2021 | |
| | in Mio. | Rang | in Mio. | Rang[1] | in Mio. | Rang | in Mio. | Rang | in Mio. t | Rang | in Mio. t | Rang |
| Dubai | 86,3 | 1. | 29,1 | 1. | 86,4 | 4. | 29,1 | 27. | 2,5 | 7. | 2,3 | 13. |
| London | 76,0 | 2. | 17,6 | 7. | 80,9 | 7. | 19,4 | | 1,7 | 18. | k.A. | |
| Amsterdam | 71,7 | 3. | 25,5 | 3. | 71,7 | 12. | 25,5 | 34. | 1,6 | 19. | 1,7 | 18. |
| Hongkong | 71,3 | 4. | 1,2 | | 71,4 | 13. | 1,2 | | 4,8 | 1. | 5 | 1. |
| Seoul | 70,6 | 5. | k.A. | | 71,2 | 14. | 3,1 | | 2,8 | 6. | 3,3 | 5. |
| Paris | 69,8 | 6. | 26,2 | | 76,2 | 9. | 26,2 | 31. | 2,1 | 11. | 2,1 | 15. |
| Singapur | 67,7 | 7. | 3,1 | | 68,3 | 18. | 3,1 | | 2,1 | 14. | 2 | 17. |
| Frankfurt | 63,1 | 8. | 22,7 | 4. | 70,6 | 15. | 34,8 | 38. | 2,1 | 13. | 2,3 | 14. |
| Bangkok | 52,9 | 9. | 1,3 | | 65,4 | 19. | 5,7 | | 1,3 | 20. | 1,1 | |
| Istanbul | 39,4 | 14. | 26,5 | 2. | 52,0 | 28. | 37,0 | 14. | k. A. | | 0,9[4] | |

[1] nur Top-10 ausgewiesen  [2] größter Flughafen Atlanta mit 110 Mio Passagieren (2019)  [4] 2020   Quelle: Airports Council International

M 6   Ranglisten der internationalen Hub-Flughäfen

[Der neue Istanbuler Flughafen nahm nach nur vier Jahren Bauzeit im Oktober 2018 den eingeschränkten Betrieb auf. Er löste den Atatürk-Flughafen ab, der 2019 den Passagierverkehr einstellte.] Nach seiner voraussichtlich endgültigen Fertigstellung im Jahr 2028 wird der Istanbuler Flughafen bis zu 200 Millionen Passagiere pro Jahr abfertigen [...]. Die Lage Istanbuls ist einzigartig. [...] Turkish Airlines, die staatliche Fluggesellschaft der Türkei, fliegt in mehr Länder als jede andere Fluggesellschaft der Welt. Die Nähe Istanbuls zu Afrika und dem Nahen Osten ermöglicht es den Fluggesellschaften, auch die unterversorgten Flughäfen anzufliegen und so den Passagierfluss über Istanbul zu erhöhen. [...]
Die Flughäfen Atatürk und Sabiha Gökçen [waren] mit ihrer maximalen Kapazität ausgelastet. [...]. Hieraus ergab sich die Notwendigkeit eines neuen Istanbuler Flughafens, um das gesamte Luftverkehrspotenzial Istanbuls und der Türkei zu erschließen. Und hierbei geht es nicht nur um den Passagierverkehr: Der Flughafen Istanbul wird, sobald er voll in Betrieb ist, eine Frachtkapazität von 5,5 Millionen Tonnen schultern können, was einer Vervierfachung gegenüber seinem Vorgänger,

dem Flughafen Atatürk, entspricht. Letztendlich wird die türkische Wirtschaft davon profitieren: Nach Fertigstellung des Projekts wird mit einer Zunahme von über 100 000 Arbeitsplätzen [...] gerechnet. Und es besteht kein Zweifel, dass auch der Tourismus in der Türkei weiter zunehmen wird.
Warum aber sollte man den Flughafen Istanbul gegenüber seinen Konkurrenten in Frankfurt, Abu Dhabi und Doha bevorzugen? Kadri Samsunlu, [Geschäftsführer der Betreibergeselllschaft], nennt drei Hauptgründe dafür:
• Die Türkei hat eine sehr starke und wachsende Inlandsnachfrage nach Luftverkehr, die in den letzten 15 Jahren um das Zwölffache gestiegen ist. Dies ist bei den anderen drei Ländern nicht der Fall.
• Turkish Airlines fliegt im Vergleich zu den nationalen Fluggesellschaften der anderen drei Länder mehr Zielorte an [...].
• Istanbul ist bereits selbst eine charmante und pulsierende Stadt, was zu mehr Passagieren mit Zwischenstopps führt.
*Quelle: Serap Zuvin, Erdem Basgül, Yigit Türker: Istanbul Airport. Aviation Law Committee 31.7.2019 (Übersetzung: Thilo Girndt)*

M 7   Quellentext zum Atatürk Airport in Istanbul

# 3.7 Türkei – Wirtschaftswachstum auch ohne Öl

*Die Türkei gehört zu den Ländern in der Region, die auf Einnahmen aus Erdöl-vorkommen verzichten muss. Ihr zum Teil rasantes wirtschaftliches Wachstum ist auf die Liberalisierung\* und Öffnung zum Weltmarkt, die Ankurbelung der Exportwirtschaft und eine wirtschaftliche Annäherung an die EU zurückzufüh-ren. So gelang der Sprung vom Agrar- zu einem Schwellenland.*

1. Erläutern Sie die wirtschaftliche Entwicklung der Türkei seit 1980 (M3, M4, S.49: M8).
2. a) Charakterisieren Sie die heutige Wirtschafts- und Export-struktur der Türkei (M1, M5, M7, S.49: M6).
   b) Erläutern Sie die Stärken und Schwächen der Wirtschaft (M5).
   c) Vergleichen Sie diese mit den Golfstaaten (Kap 3.1, 3.3 – 3.5).
3. Erklären Sie die hohe Abhängigkeit der türkischen Wirtschaft von ausländischen Direktinvestitionen (M4, M9).
4. a) Erläutern Sie die räumlichen Disparitäten\* in der Türkei (M8).
   b) Vergleichen Sie die Regionen Bursa und Van (M8, Atlas).

| Stärken (Strength) | Schwächen (Weakness) |
|---|---|
| • großer, dynamischer Binnen-markt | • innen- und außenpolitische Spannungen |
| • junge, wachsende Bevölke-rung | • bürokratische und nicht-tarifäre Importhemmnisse |
| • günstige geographsche Lage | • starke Wechselkursvolatilität |
| • gut entwickelte Industriebasis | • hohe Inflation |
| • motivierte Arbeitnehmer-schaft | • große Importabhängigkeit der Industrie und Energiewirtschaft |
| **Chancen (Opportunities)** | **Threats (Risiken)** |
| • regionale Energiedrehscheibe | • Unberechenbarkeit politi-scher Entscheidungen |
| • hohes Interesse an erneuer-baren Energien | • regionale kriegerische Kon-flikte |
| • massiver Ausbau der öffentli-chen Verkehrsinfrastruktur | • geringe Effektivität der Insti-tutionen |
| • lokale Fertigung hochwertiger Waren | • Probleme bei der Umsetzung der Rechtsstaatlichkeit |
| • Interesse an Digitalisierung und Industrie 4.0 | • Abwanderung qualifizierter Fachkräfte |

**M5**   SWOT-Analyse\* Türkei (Quelle: GTAI)

| Einwohner (in Mio.) | 84,8 | Bevölkerungswachstum | 0,7 % |
|---|---|---|---|
| Fläche (in km²) | 783562 | Lebenserwartung (in J.) | 76,0 |
| BIP (in Mrd. US-\$)[1] | 2943 | Alphabetisierungsrate | 96,7 |
| BIP/Ew. (in US-S)[1] | 31635 | Ausgaben für Bildung[2,3] | k.A. |
| Export (in Mrd. US-\$) | 283,7 | Arbeitslosenquote | 13,4 % |
| Import (in Mrd. US-\$) | 302,2 | Internetnutzer[3] | 77,7 % |
| ADI\* (Bestand, in Mrd. US-\$) | 196,9 | $CO_2$-Emissionen/Ew.[3] | 4,8 t |
| wichtigste Exportprodukte | \multicolumn{3}{l}{Textilien, Bekleidung, Fahrzeuge/-teile, Metalle, Maschinen, Nahrungsmittel} |

[1]kaufpreisbereinigt  [2] Anteil an Staatsausgaben  [3] 2020  Quelle: UN, IMF, World Bank, UNCTAD, EU

**M1**   Länderdaten Türkei (2021)

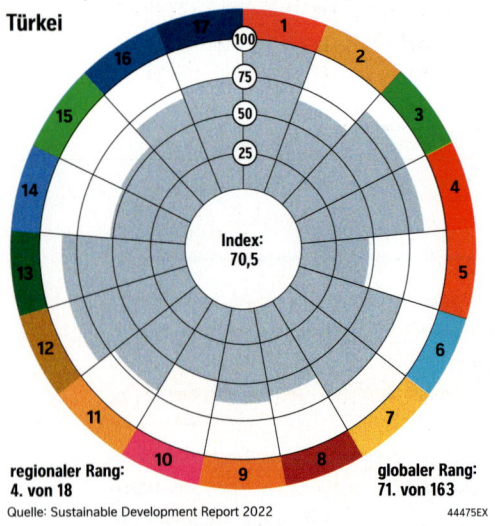

**Türkei**

Index: 70,5

regionaler Rang: 4. von 18

globaler Rang: 71. von 163

Quelle: Sustainable Development Report 2022          44475EX

**M2**   SDG-Index Türkei (2021)

| | Landwirt-schaft | Industrie | Dienstleis-tungen |
|---|---|---|---|
| 1930 | 45,5 % | 11,1 % | 43,4 % |
| 1960 | 37,9 % | 17,2 % | 44,9 % |
| 1990 | 16,8 % | 24,8 % | 58,5 % |
| 2020 | 6,7 % | 31,2 % | 55,0 % |

Quelle: TUIK

**M3**   Anteile der Wirtschaftssektoren am BIP

Ein von der türkischen Regierung im Januar 1980 beschlossenes Stabilitäts-programm war der Wendepunkt von der importsubstituierenden\* Politik zum Neoliberalismus\* [...]. Mit dem Ziel, eine exportorientierte Industrie zu schaffen, [begannen] Reformen in der Fiskal- und Geldpolitik sowie eine Liberalisierung\* der Ein- und Ausfuhren. Staatliche Subventionen\* wurden reduziert und eine Mehrwertsteuer eingeführt. [Die] Politik zielte darauf ab, ausländische Direktinvestitionen anzuziehen, um Wirtschaftswachstum und technischen Fortschritt zu steigern. [...] Nach der Machtübernahme der konservativen Adalet ve Kalkınma Partisi (AKP) unter ihrem Vorsitzenden Recep Tayyip Erdoğan 2003 folgte eine Phase politischer Stabilität mit weiteren Reformen und einer Annäherung an die EU. Die wirtschaftspolitischen Reformen seit 1980 sorgten für einen starken Anstieg der Wirtschaftskraft. [...] Das Wirtschaftswachstum ist besonders auf die Integration der Türkei in den Weltmarkt zurückzuführen. Im Zeitraum von 1960 bis 1979 lag die Außenhandelsquote (prozentualer Anteil des Warenexports und -imports am BIP) bei durchschnittlich 12 %, während sie zwischen 1980 und 2017 auf 41 % anstieg. Ab 2001 [...] etablierte sich [die Türkei] als attraktiver Handelspartner und Investitionsstandort für ausländische Unternehmen. [...]

Die türkische Wirtschaft ist nach Jahren des starken Wirtschaftswachstums immer wieder von ökonomischen Krisen erschüttert worden, wie in den Jahren 1994, 2000/2001, 2008/2009 und 2018. Von diesen Krisen konnte sich die Türkei bisher stets erholen, die Ursachen der Krisen-anfälligkeit sind aber keineswegs behoben. Eines der größten Probleme stellt das chronische Leistungsbilanzdefizit\* dar [...]. Zur Finanzierung dieses Defizits ist die Türkei von ausländischen Kapitalzuflüssen abhängig, was mit großen Risiken verbunden ist. So waren alle wirtschaftlichen Krisen der Türkei seit 1994 durch Einbrüche der Kapitalzuflüsse gekennzeichnet. Besonders ausländische Investoren reagieren sensibel auf veränderte wirtschaftliche Indikatoren, wie etwa BIP-Wachstum, Inflation und Staatsverschuldung, sowie auf innen- und außenpolitische Rahmenbedingungen und die Qualität der Institutionen, wie etwa die Effizienz des Rechtssys-tems. In Bezug auf die Türkei sind seit den Protesten gegen die zunehmend autoritäre Regierung 2013 politische Unsicherheiten in den Blickpunkt der internationalen Öffentlichkeit geraten. Diese Unsicherheit beruht auf einer ganzen Reihe politischer Entwicklungen und Konflikte, die im öffentlichen Diskurs größtenteils mit Präsident Erdoğan verbunden werden: Rückbau der Gewaltenteilung und demokratischer Institutionen, Kurdenkonflikt, gescheiterter Putschversuch 2016, islamistischer\* und linksextremistischer Terrorismus, außenpolitische Spannungen, Krieg in Syrien und im Irak sowie US-amerikanische Sanktionen\* 2018.

*Quelle: Martin Franz, Philip Müller: Die Türkei zwischen wirtschaftlichem Boom und Krise. Geographische Rundschau 7-8/2019, S. 20 – 21*

**M4**   Quellentext zur wirtschaftlichen Entwicklung der Türkei

M 6  Elektrotechnikfabrik in Manisa

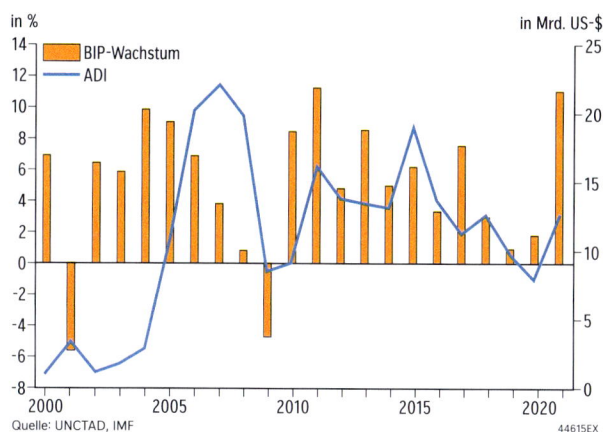

M 9  Türkei: Ausländische Direktinvestitionen (Zufluss, 2000 – 2021)

Die Türkei ist ein Schwellenland mit hohem Wachstumspotenzial und einer gut entwickelten Industriebasis. Eine wichtige Rolle kommt ihr als Handelsdrehscheibe zwischen Europa, dem Nahen Osten und Zentralasien zu. [...]

Der Anteil der Dienstleistungsbranchen am Bruttoinlandsprodukt (BIP) hat zugelegt und steigt weiter, während der Beitrag der Landwirtschaft tendenziell abnimmt. Der Agrarsektor ist aber immer noch die Lebensgrundlage für nahezu ein Fünftel der Erwerbstätigen. Die Bauwirtschaft wächst bedeutend an und hat Nachfrageeffekte auf andere Branchen.

Die Türkei hat eine gut entwickelte Industriebasis. In den letzten 50 Jahren ist sie zu einem wichtigen Produktionsstandort für europäische Unternehmen geworden. Die verarbeitende Industrie leidet jedoch mit Ausnahmen an Technologiedefiziten, hoher Importabhängigkeit und niedriger Wertschöpfung. Die Einbindung der Türkei in internationale Lieferketten ist hoch. Dies macht sie auch besonders empfindlich für externe Schocks. [...]

Die Textil- und Konfektionsindustrie nimmt bezüglich der Exporte und Beschäftigung eine bedeutende Stellung ein. Mit guter Qualität, modernem Design, Innovationen und kurzen Lieferfristen hat die türkische Bekleidungsindustrie im oberen Marktsegment Europas

im Vergleich zu den asiatischen Billigkonkurrenten erhebliche Wettbewerbsvorteile.

Die Wirtschaftsleistung der Kfz- und Zulieferindustrie nimmt in den letzten Jahren stark zu. Sie exportiert mehr als 85 Prozent ihrer Fertigung nach Europa. Tochterfirmen internationaler Automobilkonzerne, wie Ford, Fiat, Renault, Toyota und Hyundai, bauen ihre Kapazitäten im Land aus. Im Juli 2020 legte das türkische Konsortium TOGG den Grundstein für ein Elektroauto-Werk in Bursa. Gleichzeitig wächst die Anzahl der Zulieferbetriebe, die für das In- und Ausland fertigen. Die Lebensmittelindustrie, die sowohl den lokalen Markt bedient als auch mit Exporten einen wichtigen Devisenbringer des Landes darstellt, expandiert weiter. Bei einigen Produkten, wie Mehl und Nudeln, gehört die Türkei zu den weltweit führenden Exportländern. Ein besonders wichtiger Bestandteil der türkischen Leistungsbilanz* und der Beschäftigung ist der Tourismus. Zudem hat er starke Nachfrageeffekte auf andere Wirtschaftsbereiche. Die Branche ist jedoch besonders schwer von der Coronakrise betroffen. Die Einnahmen aus dem Fremdenverkehr gingen im Gesamtjahr 2020 auf 12 Milliarden US-$ zurück (2019: 35 Milliarden US-$).

*Quelle: Katrin Pasvantis: Gute Anbindung an bedeutende Handelsnationen. GTAI 8.3.2021*

M 7  Quellentext zur wirtschaftlichen Struktur der Türkei

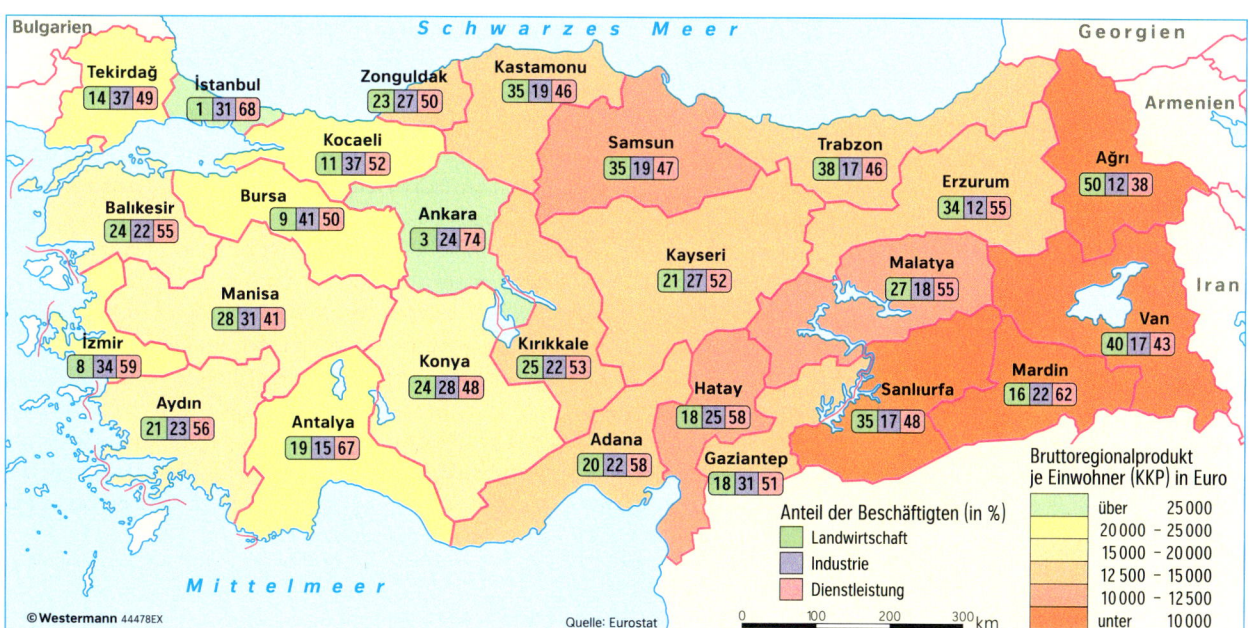

M 8  Pro-Kopf-Einkommen und Beschäftigung in den türkischen Regionen (statistische Regionen der EU; 2020)

# 3.8 Ägypten – verpasste Chancen einer Regionalmacht

*Ägypten besitzt nur geringe, bald erschöpfte Erdölvorkommen und eine be-reits seit den 1950er-Jahren – im arabischen Vergleich – relativ diversifizierte Wirtschaft\*. In dem zunächst sozialistisch orientierten, stark auf den staat-lichen Sektor ausgerichteten Land kam es seit den 1980er-Jahren zu einer marktwirtschaftlichen\* Umorientierung. Doch wie auch die späteren Liberali-sierungsmaßnahmen\* litten die Bemühungen unter mangelnder Investitions-bereitschaft, Ineffizienz, Korruption und Vetternwirtschaft. Zudem konzen-trierten sich die Regierungen mehr auf die Bekämpfung der islamistischen\* und demokratischen Opposition als auf eine durchdachte Wirtschaftspolitik.*

1. a) In den 1960er-Jahren hatten Ägypten und Südkorea sehr ähnliche Ausgangsbedingungen. Vergleichen Sie die Entwick-lung der beiden Länder in den letzten 50 Jahren (M2).
   b) Beurteilen Sie die unterschiedliche sozioökonomische Ent-wicklung der beiden Staaten.
2. Über Jahrzehnte finanzierte sich Ägypten aus Renten\* aus der Nutzung des Suezkanals, Erdölexporten, Rücküberwei-sungen ägyptischer Arbeitsmigranten und Entwicklungshilfe (M1, Kap. 3.9). Erörtern Sie die Chancen und Gefahren eines Rentierstaates\*.
3. Ägypten wird in der Krise von internationalen Organisatio-nen und Ländern mit Krediten unterstützt. Nehmen Sie Stel-lung zur These vom „too big to fail" (M3).
4. a) Analysieren Sie die Wirtschaftsbeziehungen zwischen Deutschland und Ägypten (M4, M6, M7).
   b) „Deutschland sollte beim Handel – gerade mit Rüstungs-gütern – auch die Menschenrechtslage in dem Partnerland berücksichtigen." Nehmen Sie Stellung zu der Aussage.
5. a) Analysieren Sie die Erfüllung der Sustainable Development Goals durch Ägypten (M5, M8, Kap. 1.11).
   (Z) b) Vergleichen Sie diese mit einem der anderen Länder der Region (Kap. 3.3, 3.4, 3.5, 3.7).

Das Schlimme ist, dass gerade ein Land wie Ägypten beste Voraussetzun-gen hat, zu prosperieren. [...] Die Lage an Mittelmeer, Rotem Meer und Suezkanal prädestiniert das Land für die Siegerrolle der Globalisierung. Denn die wichtigsten Handelsströme ziehen an Ägyptens Küstenstreifen entlang. [...] Das Land im Nildelta gehört zu den fruchtbarsten Agrarflä-chen der Welt und bestätigt heute wieder den in der Antike lebendigen Ruf des Landes als Kornkammer. Und sogar die sengende Sonne über den großen Wüstengebieten, die neun Zehntel des Landes einnehmen, ist seit der Erfindung von Solarzellen eine Quelle potenziellen Reichtums. Ägypten verfügt über Ölquellen und, wie sich jüngst herausstellte, riesige Gasreserven. Kulturschätze und Strände laden Touristen aus aller Welt ein.
*Quelle: Winand von Petersdorff: Warum sind die Ägypter nur so arm? FAZ 6.2.2011*

„Sisis Ägypten ist im Grunde genommen ein Bettlerstaat, der von Krediten lebt und der irgendwann unter seiner immensen Schuldenlast zusammen-brechen wird." [Der australische Ökonom Robert Springborg] beschreibt Ägypten als hochverschuldeten Staat, der über seinen Verhältnissen lebt, zu wenig exportiert und sein Geld für unnütze Prestigeprojekte verschleudert. [...] Schuld an der Misere sei die Regierung unter Abdelfatah al-Sisi, die aus dem Land einen unproduktiven Obrigkeitsstaat gemacht habe, der kaum Eigeninitiative zulasse und die Bevölkerung schröpfe. [...] Zudem werde die Wirtschaft inzwischen komplett vom Militär dominiert, was Korruption und Stillstand fördere.
*Quelle: Mohamed Abd El Ghany: Ägypten: ein Riese am Rande des Abgrunds? Neue Zürcher Zeitung 3.4.2022*

Ägyptische Gesprächspartner sehen ihr Land häufig als „too big to fail". Darin liegt indirekt die Warnung an den Westen, dass dieser es sich nicht leisten könne, Ägypten fallen zu lassen. Millionen zusätzlicher Flüchtlinge, die sich auf den Weg nach Europa mach-ten, und eine weitere Destabilisierung der Region in unmittelbarer Nachbarschaft Israels wären die Folgen.
*Quelle: Niels Annen: Too big to fail? IPG 30.5.2016*

**M3    Quellentexte zur ägyptischen Wirtschaft**

**M1    Ägypten: Entwicklungshilfe und Rücküberweisungen**

| | Ägypten | | Südkorea | |
|---|---|---|---|---|
| | **1960** | **2021** | **1960** | **2021** |
| Einwohner | 27,9 Mio. | 109,3 Mio. | 25,1 Mio. | 51,8 Mio. |
| Bevölkerungs-wachstum | 2,6 % | 1,6 % | 2,5 % | -0,0 % |
| Lebenserwartung | 47 Jahre | 70 Jahre | 55 Jahre | 84 Jahre |
| Unter-15-Jährige | 44 % | 33 % | 41 % | 12 % |
| Alphabetisierung | 25 % | 71 % | 71 % | 100 % |
| BIP/Ew.[1] | 430 US-$ | 3925 US-$ | 1153 US-$ | 34801 US-$ |
| Arbeitslosigkeit | 5,4 % | 7,3 % | k. A. | 3,7 % |
| Warenexporte (in Mrd. US-$) | 0,6 Erdöl, Früchte, chemische Er-zeugnisse, Nahrungsmittel, Tex-tilien/Bekleidung | 36,4 | 0,03 Elektronik, Kfz/-Teile, Schiffe, chem. Erzeugnisse, Erdöler-zeugnisse, Maschinen, Metalle | 644,4 |
| Anteil Landwirt-schaft am BIP | 27,7 % | 11,8 % | 36,6 % | 1,8 % |
| ADI (in Mrd. US-$) | 0 | 5,1 | 0 | 16,8 |
| SDG-Index (Rang) | k. A. | 68,7 (87.) | k. A. | 77,9 (27.) |
| Politik | Militärregierung | Demokratie[2] | Militärregierung | Demokratie |
| Demokratieindex | k. A. | 0,210[3] (151.) | k. A. | 0,883[4] (20.) |
| Korruptionsindex | k. A. | 33 (117.) | k. A. | 62 (32.) |

[1] nominal [2] aktueller (2022) Präsident Abd al-Fattah as-Sisi war Militär und kam durch Militärputsch an die Macht, später demokratisch durch Wahlen 2014 legitimiert. [3] moderate Autokratie [4] funktionierende Demokratie Quelle: IWF, UN, World Bank, UNCTAD, Universität Würzburg, Transparency International

**M2    Sozioökonomische Daten: Ägyten und Südkorea (1960 und 2021)**

[Ägypten erteilte dem deutschen Industriekonzern Siemens einen Großauftrag für Schienentechnik und Dutzende Züge über 8,1 Mrd. Euro.] Vom Unternehmen heißt es: „Wir müssen ein Interesse daran haben, mit Ländern zusammenzuarbeiten, die auf grüne und saubere Technologien setzen." […] Ägypten spiele für die deutsche Wirtschaft insgesamt eine große Rolle, so der Geschäftsführer der deutsch-arabischen Industrie- und Handelskammer, Jan Noether. […] „Deutschland genießt in Ägypten einen hervorragenden Ruf. Wir haben 250 deutsche Unternehmen im Land. Wir haben ein Gesamthandelsvolumen von etwa 5,5 Milliarden Euro im Jahr." Doch bei aller Euphorie für gute Handelsbeziehungen: Menschenrechtsorganisationen betonen immer wieder, dass Deutschland nicht vergessen sollte, mit wem dort Handel betrieben wird. Ägypten wird autoritär regiert, regelmäßige Verstöße gegen die Menschenrechte seien an der Tagesordnung, sagt Joe Stork von Human Rights Watch. „Die Menschenrechtslage in Ägypten ist momentan so schlecht wie seit Jahrzehnten nicht mehr", so Stork. „Jede Form von kritischer Meinungsäußerung bringt einen in Gefahr, ins Gefängnis zu kommen. Folter ist weit verbreitet, vor allem von politischen Gefangenen, aber auch von normalen Leute, die bei der Polizei landen."

Ägypten war im vergangenen Jahr das mit Abstand größte Abnehmerland deutscher Rüstungsgüter. Dorthin gingen Ausfuhren im Wert von 4,34 Milliarden Euro. Und auch im Vorjahr lag Ägypten mit einem Exportvolumen von mehr als 760 Millionen Euro auf Rang zwei der deutschen Rüstungsexportrangliste.

*Quelle: Anna Osius: Wohlstand oder Moral? Tagesschau 23.6.2022*

**M 4** Quellentext zum deutsch-ägyptischen Handel

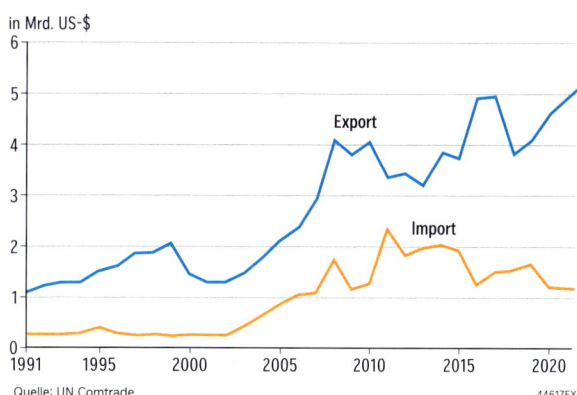

**M 6** Deutschland: Handel mit Ägypten (1991–2021)

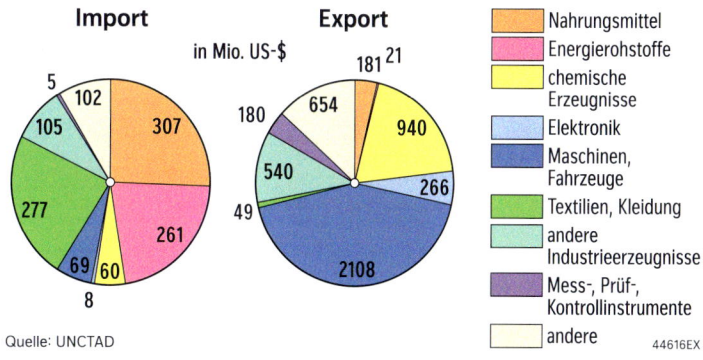

**M 7** Deutsche Export- und Importgüter nach/aus Ägypten (2021)

Im März 2021 veröffentlicht die UN-Länderrepräsentanz in Ägypten ihren Fortschrittsbericht über die Arbeit an den Zielen für nachhaltige Entwicklung (SDGs) im Jahr 2020. […] Erfolge kann Ägypten besonders in den Bereichen der Infrastruktur sowie Versorgung mit Trinkwasser, sanitären Einrichtungen und Elektrizität verzeichnen. Laut eines Zensus aus dem Jahr 2017 hatten über 90 Prozent der Haushalte landesweit Zugang zu Elektrizität und Trinkwasser, auch wenn gerade in ärmeren Gegenden beides regelmäßig ausfällt und nur circa 40 Prozent der Haushalte an das Abwassersystem angeschlossen sind. […]

Der Kampf gegen den Analphabetismus – eines der SDGs – ist in Ägypten alles andere als erfolgreich. Im Jahr 2019, das Präsident al-Sisi zum „Jahr der Bildung" erklärte, schnitt das ägyptische Bildungssystem im globalen Vergleich schlechter ab als der bürgerkriegsgeplagte Jemen. […] Im Wirtschaftsjahr 2017/2018 wurden 2,6 Prozent des Staatshaushalts in Bildung investiert – Tendenz sinkend, während die Nachfrage aufgrund des rapiden Bevölkerungswachstums konstant ansteigt. […] Doch Investitionen in Bildung werden als weniger wirtschaftlich lukrativ angesehen als Investitionen in Megaprojekte. Zwar könnten Letztere die Wirtschaft kurzfristig stimulieren, doch nachhaltig gedacht liegt der deutlich größere

wirtschaftliche und gesellschaftliche Nutzen in gebildeten Arbeitskräften für die Zukunft. Ein interessantes Bild zeigt die Betrachtung des achten Entwicklungsziels „Nachhaltiges Wirtschaftswachstum und menschenwürdige Arbeit für alle": Als einziges Land in der MENA-Region* verzeichnete Ägypten während des von der Coronapandemie dominierten Jahres 2020 ein positives Wirtschaftswachstum mit 3,6 Prozent. […] Damit schließt es an Jahre der makroökonomischen Stabilisierung an. […] Gleichzeitig arbeiten weiterhin circa 60 Prozent der Bevölkerung im informellen Sektor, und damit ohne Möglichkeit der sozialen Absicherung – also keineswegs in einer menschenwürdigen Arbeit, wie sie die SDGs fordern. Die im formellen Sektor Arbeitenden haben die Möglichkeit, auf Programme der sozialen Absicherung zuzugreifen, um geringe Löhne anzureichern. Die American University in Kairo ermittelte, dass 2006 ganze 55 Prozent der Arbeitenden keinen zum Leben ausreichenden Lohn erhielten. Im Jahr 2018 war diese Zahl bereits auf 73 Prozent gestiegen. Gleichzeitig wächst die ägyptische Bevölkerung rasant: Es kommen jährlich circa 900 000 Arbeitskräfte auf den Arbeitsmarkt, die ohne Investitionen in arbeitsintensive Sektoren nicht aufgenommen werden können.

**M 5** Quellentext zur Erfüllung der Sustainable Development Goals

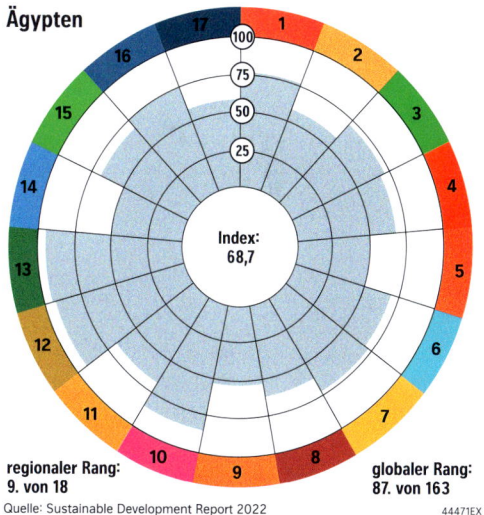

**M 8** SDG-Index Ägypten (2021)

Laut Weltbank ist die Rate der Armut in Ägypten von 16,7 Prozent in 2000 auf bereits 25,2 Prozent im Jahr 2010 und auf aktuell knapp 33 Prozent angestiegen. Das Carnegie Endowment stellte im September 2020 fest, dass über die letzten fünf Jahre 9,8 Millionen Ägypterinnen und Ägypter unter die Armutsgrenze gefallen sind. Armut ist definiert als Leben mit weniger als 1,90 US-Dollar am Tag.

*Quelle: Tonja Klausmann: Ägypten: Nachhaltige Entwicklung ohne Demokratie? Deutsche Gesellschaft der Vereinten Nationen 29.6.2021*

# 3.9 Suezkanal – ein Nadelöhr der Globalisierung

*Der Suezkanal ist eine wichtige Einnahmequelle Ägyptens. 2021 zahlten die 20500 Schiffe, die ihn in südlicher oder nördlicher Richtung passierten, die Rekordsumme von 6,3 Mrd. US-$ an Gebühren. Etwa 12 Prozent des gesamten Welthandels durchfahren die Wasserstraße. 2021 war auch das Jahr, in dem das Containerschiff „Ever Given" auf Grund lief und den Kanal fast eine Woche blockierte. Der Welt wurde mit einem Mal bewusst, wie groß die Bedeutung des 193 km langen Suezkanals für den globalisierten Welthandel ist.*

1. Beschreiben Sie die Lage des Suezkanals (M5, M6, Atlas).
2. Erläutern Sie die Erweiterung des Kanals von 2015 (M1, M5).
3. Erklären Sie die Bedeutung des Suezkanals
   a) für die Weltwirtschaft (M6, M7, Atlas),
   b) für Ägypten (M1, M2).
4. Analysieren Sie die Entwicklung des Suezkanals und den Schiffsverkehr auf dem Suezkanal (M1, M2, M4).
5. Das 366 m lange Containerschiff „CMA CGM Nevada" (12552 TEU Kapazität) hat voll geladen bei Höchstgeschwindigkeit von 24,5 Knoten (45,4 km/h) einen Tagesverbrauch von 312 Tonnen Schweröl (bei 20 Knoten/37 km/h: 150 t; bei 11 Knoten/20,4 km/h: 36 t). Die Durchfahrt durch den Suezkanal kostet das Schiff 600 000 US-$. Ab welchem Schwerölpreis (hilfsweise Rohölpreis) lohnt sich für den Reeder die Fahrt um das Kap der Guten Hoffnung bei einer Fahrt von Ras Tanura nach Rotterdam (M7, Internet)? Erörtern Sie die Alternativen.
6. Beurteilen Sie die Gefahr für die Weltwirtschaft, die von einem blockierten Suezkanal ausgeht (M8).

schleusenloser Kanal, erbaut 1859 – 1869 (damalige Länge: 164 km), heutige Länge:193 km (mit Zufahrtskanälen und Erweiterungen), Tiefe: 24 m

Durchfahrt über Taktung geregelt, da in den Süd- und Nordabschnitten Befahrung nur „einspurig" möglich ist; Kanaldurchfahrt nur im Konvoi, Höchstgeschwindigkeit: 11–16 km/h

Erweiterung des Kanals (M5) 2015 fertiggestellt: Bau eines parallelen Kanalabschnitts bei Ismailia und Begradigung und Vertiefung der bisherigen Kanalstrecke in diesem Bereich, Ausbau hat Bypass-Funktion (nur 60 % des Kanals sind parallel befahrbar), Verdoppelung der Kapazität und Verkürzung der Durchfahrt (von 22 auf jetzt ca. 11 Stunden), Kosten des Projekts: 9 Mrd. US-$

Verstaatlichung des Kanals 1956, seitdem lukrativste Devisenquelle Ägyptens (Gebühren in US-$, Euro, Pfund zu entrichten), Einnahmen: 2000: 1,9 Mrd. US-$, 2010: 4,8 Mrd. US-$, 2021: 6,3 Mrd. US-$ (Ø 300 000 US-$/Schiff)

zulässige Schiffsgrößen: Länge unbeschränkt (da keine Schleusen); Tiefgang: 20,1 m (bei sehr breiten Schiffen weniger); Breite: 64 m bzw 77,49 m (bei Anfrage); Höhe 68 m (Brückendurchfahrt). Der Suezkanal ist für alle Containerschiffe und 63 % der Tanker weltweit befahrbar.

**M1   Steckbrief Suezkanal**

**M3   Containerschiff im Suezkanal**

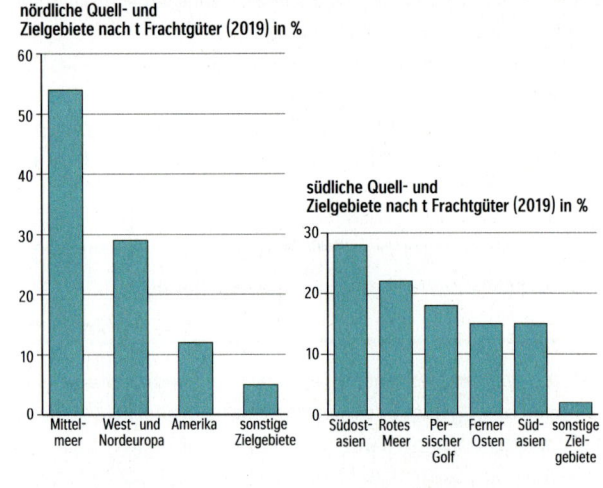

nördliche Quell- und Zielgebiete nach t Frachtgüter (2019) in %

südliche Quell- und Zielgebiete nach t Frachtgüter (2019) in %

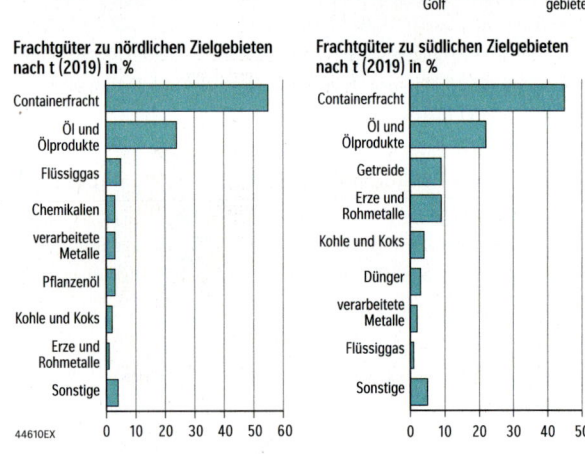

Frachtgüter zu nördlichen Zielgebieten nach t (2019) in %

Frachtgüter zu südlichen Zielgebieten nach t (2019) in %

44610EX

**M4   Suezkanal: Zielorte und Frachtgüter (2019)**

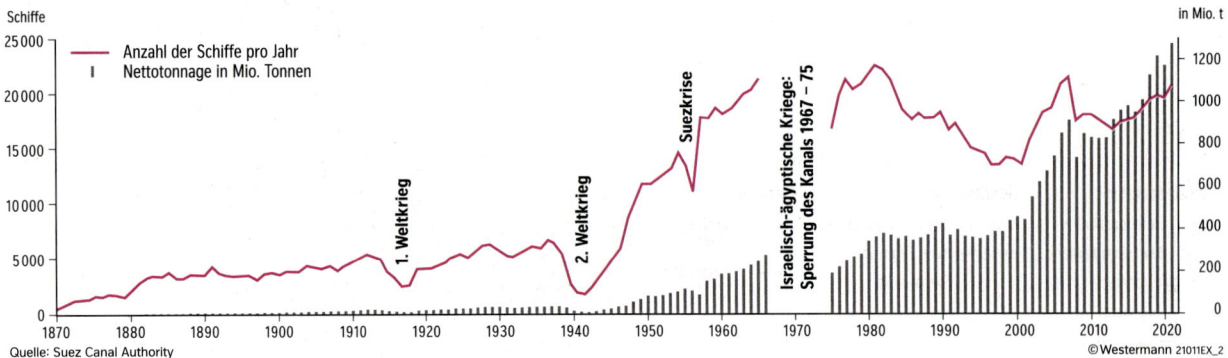

Quelle: Suez Canal Authority

©Westermann 21011EX_2

**M2   Entwicklung des Verkehrs auf dem Suezkanal**

 100800-152-01
schueler.diercke.de

 100800-268-01
schueler.diercke.de

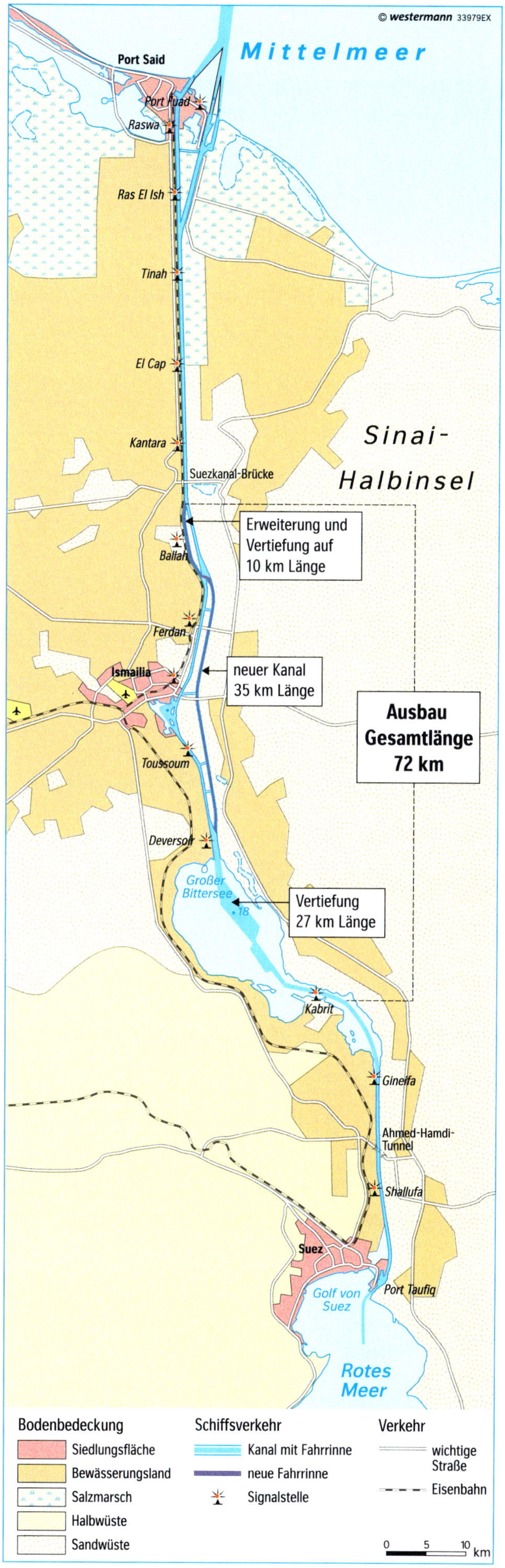

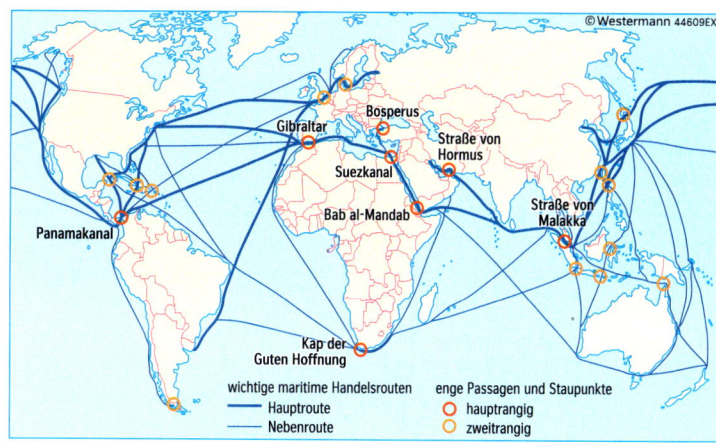

M 6 **Globale Schifffahrtsrouten**

wichtige maritime Handelsrouten
— Hauptroute
— Nebenroute

enge Passagen und Staupunkte
○ hauptrangig
○ zweitrangig

| Strecke | um Kap der Guten Hoffnung (in sm) | durch den Suez-kanal (in sm) |
|---|---|---|
| Rotterdam - Tokio | 14 507 | 11 192 |
| Ras Tanura[1] - Rotterdam | 11 169 | 6 436 |
| Ras Tanura[1] - New York | 11 794 | 8 281 |

[1] Ölhafen in Saudi-Arabien; 1 sm (Seemeile) = 1,852 km

M 7 **Ausgewählte Schifffahrtsrouten**

Die „Ever Given" ist mit einer Länge von 400 m und einer Ladekapazität von annähernd 20 000 Standardcontainern eines der größten Container-schiffe der Welt. Sie fährt unter der Flagge Panamas, gehört aber einem japanischen Leasingunternehmen, wird von einem Unternehmen aus Taiwan betrieben und von einer deutschen Firma technisch gemanagt. Am 23. März 2021 lief die „Ever Given", die mit Lotsenunterstützung im Suezkanal auf ihrer Route zwischen Yangshan (China) und Rotterdam unterwegs war, auf Grund. Fast voll beladen kam sie leicht vom Kurs ab, stellte sich quer und blockierte den Kanal sechs Tage lang. Als Ursache werden starke Seitenwinde angenommen. Über 300 Schiffe konnten ihre Fahrt nicht fortsetzen. In der Folge verlangte die Suezkanal-Behörde vom Schiffseigner und von der Reederei über 600 Mio. US-$ Schadensersatz. Bei einem Unfall dieser Größenordnung („Havariegrosse") müssen nach internationalem Recht auch die Empfänger der vom Schiff beförderten Waren mit finanziellen Forderungen rechnen. Um diesem Nachdruck zu verleihen, haben die ägyptischen Behörden das Schiff vorüberge-hend festgesetzt. Es wird von einem jahrelangen Rechtsstreit zwischen Suezkanal-Gesellschaft und Versicherungen ausgegangen.

*Quelle: Tobias Behnen: Internationale Wasserstraße - der Suezkanal. Geogra-phische Rundschau aktuell 5/2021*

M 8 **Quellentext zum Ever-Given-Vorfall im Suezkanal**

M 9 **Ever Given im Suezkanal 27.3.2021**

---

Mittelmeer

Port Said
Port Fuad
Raswa
Ras El Ish
Tinah
El Cap
Kantara
Suezkanal-Brücke

Sinai-Halbinsel

Ballah

Erweiterung und Vertiefung auf 10 km Länge

Ferdan
Ismailia

neuer Kanal 35 km Länge

**Ausbau Gesamtlänge 72 km**

Toussoum
Deversoir

Großer Bittersee

Vertiefung 27 km Länge

Kabrit
Gineifa

Ahmed-Hamdi-Tunnel

Shallufa
Suez
Port Taufiq

Golf von Suez

Rotes Meer

**Bodenbedeckung**
■ Siedlungsfläche
■ Bewässerungsland
□ Salzmarsch
□ Halbwüste
□ Sandwüste

**Schiffsverkehr**
— Kanal mit Fahrrinne
— neue Fahrrinne
✳ Signalstelle

**Verkehr**
═ wichtige Straße
- - - Eisenbahn

0  5  10 km

M 5 **Suezkanal**

# 3.10 Entwicklung durch Tourismus

*Die Tourismusbranche zählte bis zur Corona-Pandemie weltweit zu den am stärksten wachsenden Wirtschaftszweigen. Auch für viele Staaten Nordafrikas und Vorderasiens ist der Fremdenverkehr zur wirtschaftlichen Triebfeder geworden, mit ganz unterschiedlichen touristischen Schwerpunkten. Entwicklung durch Tourismus vollzieht sich dabei oft nach einem typischen Muster.*

1. Fassen Sie das touristische Potenzial der Levante-Staaten zusammen (M8).
2. Charakterisieren Sie den Tourismus in Ägypten, Oman, Saudi-Arabien, in der Türkei und in den VAE (M5, M6, M7, M9).
3. Vergleichen Sie den Tourismus und seine Entwicklung in den südeuropäischen und nordafrikanischen/vorderasiatischen Mittelmeeranrainerstaaten (M7, M10).
4. Erläutern Sie die Phasen der modellhaften touristischen Erschließung einer peripheren Region (M1, M4).
5. Erörtern Sie die ökologischen und sozialen Folgen des Tourismus in Nordafrika und Vorderasien.

**M2** Touristen in Petra (Jordanien)

**M3** Hotelanlagen am Roten Meer (Ägypten)

Alle Entwicklungsländer verfolgen mit der Förderung des Tourismus vorrangig wirtschaftliche Ziele:
- Schaffung von Einkommen und Beschäftigung,
- Erhöhung der Deviseneinnahmen sowie [...]
- Milderung räumlicher und sozialer Disparitäten*. [...]

Die Faktorausstattung der Entwicklungsländer ist gekennzeichnet durch extremen Kapitalmangel einerseits und ein Überangebot an (unqualifizierten) Arbeitskräften andererseits, mit der Folge hoher Arbeitslosigkeit. Im Vergleich mit anderen Branchen gilt die Tourismuswirtschaft als ein arbeits- und weniger kapitalintensiver Bereich. Dementsprechend können mit vergleichsweise geringen Investitionen relativ viele Arbeitsplätze geschaffen werden. [...] Zum touristischen Kapitalstock müssen auch die touristischen Attraktionen gezählt werden (u. a. angenehmes Klima, schöne Landschaften, exotische Kulturen und Menschen), die weithin ohne Investitionen genutzt werden können, auch wenn zur Er- und Aufschließung einiger dieser Ressourcen kostspielige Infrastrukturen notwendig sind. Entwicklungsländer sehen im Tourismus ein effizientes Instrument zur Milderung [räumlicher] Disparitäten. Viele Tourismusarten (u. a. Bade-, Abenteuer-, Trekking-, Wüsten-, Jagd-, Tierbeobachtungs-, Ethno-, Ökotourismus) finden häufig nur in der oft un- oder dünn besiedelten Peripherie günstige Voraussetzungen („unberührte" Natur, „exotische" Völker usw.), die für andere Wirtschaftszweige oft Standortnachteile sind. Selbst für eine subsistenzorientierte Agrarwirtschaft kaum oder nicht geeignete Standorte [...] können evtl. noch touristisch genutzt werden.

*Quelle: Karl Vorlaufer: Tourismus in Entwicklungsländern. Geographische Rundschau 3/2003, S. 5 – 9*

**M4** Quellentext zur Entwicklung durch Tourismus

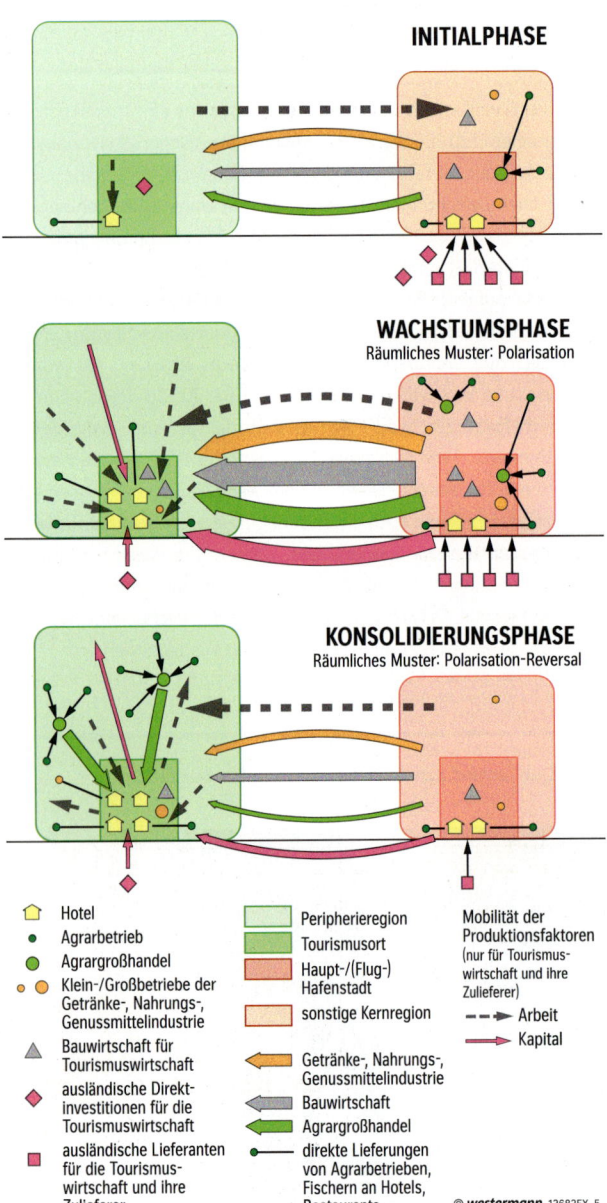

**INITIALPHASE**

**WACHSTUMSPHASE**
Räumliches Muster: Polarisation

**KONSOLIDIERUNGSPHASE**
Räumliches Muster: Polarisation-Reversal

- 🏠 Hotel
- ● Agrarbetrieb
- ● Agrargroßhandel
- ○ ○ Klein-/Großbetriebe der Getränke-, Nahrungs-, Genussmittelindustrie
- △ Bauwirtschaft für Tourismuswirtschaft
- ◆ ausländische Direktinvestitionen für die Tourismuswirtschaft
- ■ ausländische Lieferanten für die Tourismuswirtschaft und ihre Zulieferer

- Peripherieregion
- Tourismusort
- Haupt-/(Flug-)Hafenstadt
- sonstige Kernregion

- Getränke-, Nahrungs-, Genussmittelindustrie
- Bauwirtschaft
- Agrargroßhandel
- direkte Lieferungen von Agrarbetrieben, Fischern an Hotels, Restaurants

Mobilität der Produktionsfaktoren (nur für Tourismuswirtschaft und ihre Zulieferer)
- - - ➤ Arbeit
- ━━➤ Kapital

© **westermann** 12682EX_5

**M1** Entwicklung eines Tourismuszentrums in einer Peripherieregion

Zu Beginn der 2010er-Jahre verfügte mit Ausnahme Israels und teilweise der Türkei und Marokkos kein Land des Nahen Ostens über Wirtschaftssektoren, die auf dem Weltmarkt wettbewerbsfähig waren. Die einzige Ausnahme bildete lange Zeit der Tourismus, der sich seit den 1990er-Jahren wegen der geographischen Lage und den klimatischen Bedingungen in der Region, aber auch aufgrund ihrer damaligen politischen Stabilität als ein konkurrenzfähiger und ständig wachsender Wirtschaftszweig etablierte. In vielen Ländern des Nahen Ostens ist der Tourismus seit Mitte der 1990er-Jahre zur wichtigsten Einnahmequelle internationaler Zahlungsmittel geworden. Diese Devisen wurden zur Finanzierung von Importen für andere Wirtschaftssektoren benötigt. [...] Trotz dieser Erfolge hat die Entwicklung des Tourismussektors im Nahen Osten [...] nur geringe Impulse in anderen Bereichen der Wirtschaft ausgelöst. Das liegt einerseits an der fehlenden Verzahnung mit der einheimischen Volkswirtschaft, die in der Mehrheit nur billige Arbeitskräfte, einfache Baustoffe oder Gegenstände des täglichen Bedarfs bereitstellt. Andererseits sind die Gewinne im Tourismussektor sehr ungleich verteilt. Neben ausländischen Investoren hat in der Vergangenheit nur ein geringer Teil der einheimischen Bevölkerung, darunter insbesondere einige wenige Privatunternehmer, Teile des Militärs und hohe Staatsbeamte, von diesem Erfolg profitiert.

*Quelle: Thomas Richter: Entwicklung und Struktur der Wirtschaft. In Informationen zur Politischen Bildung Naher Osten 2016, S. 43–44*

**M 5**  Quellentext zum Tourismus in Nordafrika und Vorderasien

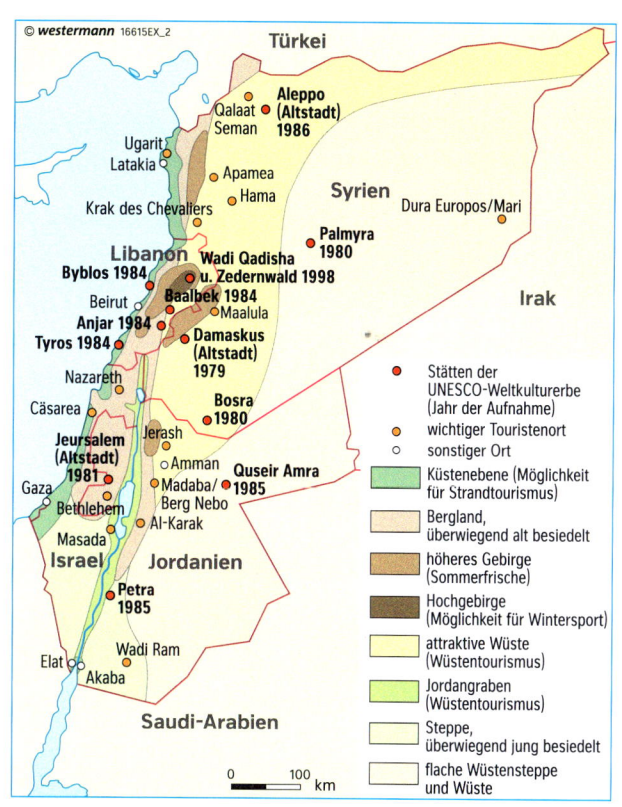

**M 8**  Tourismuspotenzial in den Levantestaaten

| | Tourismuseinnahmen (in Mrd. US-$) | | | Anteil an den Exporteinnahmen 2019 |
|---|---|---|---|---|
| | 2000 | 2010 | 2019 | |
| Ägypten | 11,3 | 12,5 | 13,0 | 26,6 % |
| Marokko | 2,0 | 6,7 | 8,2 | 22,0 % |
| Oman | k.A. | 0,8 | 1,8 | 7,0 % |
| Saudi-Arabien | k.A. | 6,7 | 16,4 | 6,9 % |
| Tunesien | 1,5 | 2,6 | 1,7 | 14,0 % |
| Türkei | 7,6 | 22,6 | 29,8 | 16,9 % |
| VAE | 0,1 | 8,6 | 21,8 | k.A. |

Quelle: UNWTO, World Bank

**M 6**  Tourismuseinnahmen ausgewählter Länder (2000, 2010, 2019)

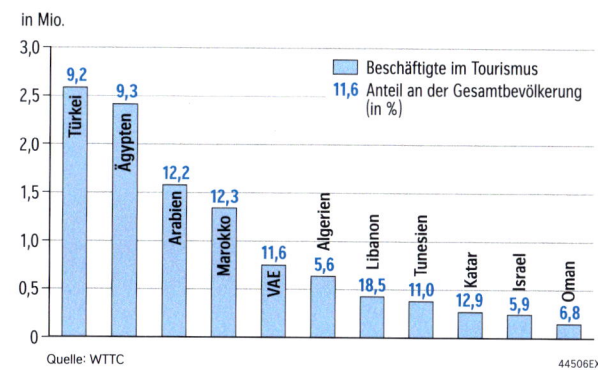

**M 9**  Beschäftigte im Tourismus in ausgewählten Ländern (2019)

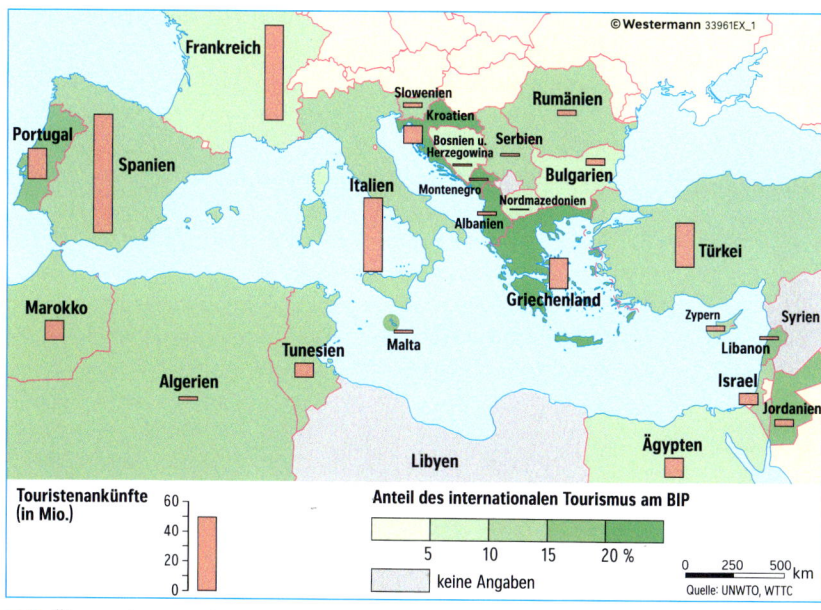

**M 7**  Übernachtungen in den Mittelmeeranrainerstaaten und Anteil des internationalen Tourismus am Bruttoinlandsprodukt (2019)

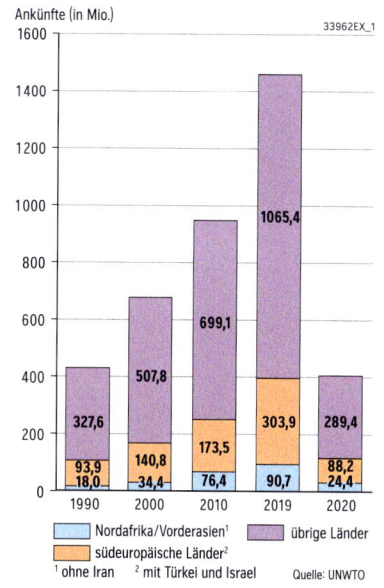

**M 10**  Internationale Touristenankünfte (1990–2020)

# 3.11 Tourismus in Tunesien – mehr als Strandurlaub?

*Mit seinen langen Sandstränden und seinem reichen kulturellen Erbe besitzt Tunesien ein großes touristisches Potenzial. Seit den 1970er-Jahren vermarktet sich das Land vor allem mittels preisgünstiger Reiseangebote als Destination des Massentourismus für europäische Reisende. Zukünftig möchte man auf einen nachhaltigen Tourismus setzen, der neben Küstengebieten auch andere Landesteile mit einbezieht.*

1. Fassen Sie das touristische Potenzial Tunesiens zusammen (M2, Atlas).
2. Analysieren Sie die die sozialen und touristischen Disparitäten* in Tunesien (M3, M5, M6).
3. a) Stellen Sie die verschiedenen Ursachen für Krisen im Tourismus dar (M9).
   b) Vergleichen Sie die Auswirkungen von Terroranschlägen und der Corona-Pandemie auf den Tourismus in Tunesien (M1, M5, M12).
4. Erörtern Sie das Erfolgspotenzial der in M7 und M11 vorgestellten Ansätze neuer Tourismusformen.

M4   Hafen von Sidi Bou Said

Die Tourismusindustrie stellt einen der wichtigsten Sektoren der tunesischen Wirtschaft dar und schafft Tausende direkte und indirekte Arbeitsplätze. [...] In der Folge des politischen Umbruchs und einer zeitweise angespannten Sicherheitslage durchlief die Branche mehrere herausfordernde Jahre, unter denen die Qualität der touristischen Angebote litt. Die starke Konkurrenz aus anderen bekannten Urlaubsländern führte zusätzlich zu einem Rückgang der internationalen Nachfrage. Mittlerweile erholt sich die Situation wieder langsam. Der Tourismus trug 2018 bereits wieder zu knapp 14 % des BIP bei und beschäftigte rund 13 % der erwerbstätigen Tunesierinnen und Tunesier. 2019 zählte das Land erstmals wieder mehr als neun Millionen internationale Ankünfte. Allerdings konzentriert sich der Tourismus schwerpunktmäßig auf die Küstengebiete. Wirtschaftlich schwächere Regionen und vor allem die ländliche Bevölkerung profitieren nicht ausreichend vom touristischen Potenzial. Die tunesische Regierung hat die Vision, einen nachhaltigen und verantwortungsvollen Tourismus zu entwickeln, der das Landesinnere belebt, Arbeitsplätze schafft und neue Produkte anbietet, die die Besonderheiten der vielfältigen Regionen erlebbar machen. Das Tourismusministerium will so auf internationale Trends reagieren und neue Zielgruppen anziehen, um die Rolle des Tourismus als einen der wichtigsten Wirtschaftszweige zu festigen.
*Quelle: GIZ: Förderung des nachhaltigen Tourismus in Tunesien: Bonn 2021*

M5   Quellentext zum Tourismus in Tunesien

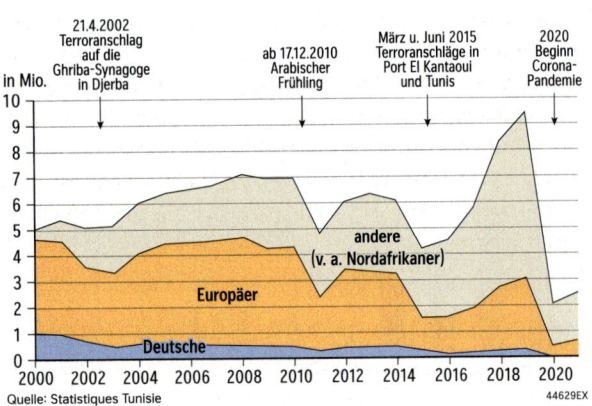

M1   Internationale Touristen in Tunesien

M2   Tunesien: Tourismus

M3   Internationale Touristen (2019)

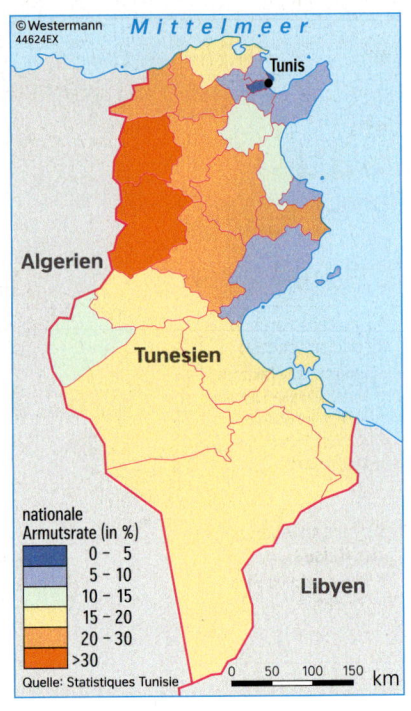

M6   Tunesien: Armut (2019)

Auf Djerba stellt sich Zouheir Ben Tamarout dem Massentourismus entgegen. [...] Die Ferienanlage „Oxala House" markierte Anfang des Jahres 2000 den Beginn des Projekts. Damals wie heute will der Unternehmer beweisen, dass es auch an einem „vom Massentourismus geprägten Ort wie Djerba möglich ist, etwas anderes zu etablieren". In der vom traditionellen Baustil auf Djerba inspirierten Anlage, nur wenige Meter von einem der schönsten Strände der Insel entfernt, will Zouheir Urlauber und Einheimische in Kontakt bringen. Deswegen funktioniert das „Oxala House" nach dem Prinzip der Selbstversorgung. Gäste lernen aktiv ihre Umgebung kennen und treten mit lokalen Gastronomen, Markthändlern und Fischern in Kontakt. „Wir möchten Besuchern aus dem Ausland zeigen, dass es eine alternative und zugleich preisgünstige Art von Urlaub gibt", erzählt der Unternehmer. „Gleichzeitig wollen wir Einheimischen einen Arbeitsplatz zu fairen Bedingungen bieten und so die Grundlage für einen Tourismus schaffen, von dem alle profitieren." [...] Ungefähr 600 Kilometer von Djerba entfernt, [...] hat Amine Draoui [...] die erste Öko-Farm Tunesiens gegründet. Hier können Touristen, Mitarbeiter von Nichtregierungsorganisationen und Schulklassen die Grundlagen der ökologischen Landwirtschaft entdecken. Auf einem Stück Land in der Nähe der Kleinstadt Mornag hat der promovierte Wasserwissenschaftler zusammen mit Unterstützern ein kleines Paradies geschaffen: Verschiedene Obst- und Gemüsesorten wachsen auf dem einst verfallenen Areal. Zwei Gästehäuser wurden aus ökologisch nachhaltigen Materialien errichtet. Anders als Zouheir spricht Amine Draoui mit seiner Öko-Farm nicht ausschließlich ausländische Touristen an. [...] Besucher der Farm lernen nicht nur, wie sich natürliche Ökosysteme selbst regulieren, sondern auch ganz praktisch, wie sie Käse, Brot, Marmelade und Olivenöl herstellen.

*Quelle: Madeleine Löning: Abseits ausgetretener Pfade. Qantara 1.8.2018*

**M 7**  Quellentext zu Projekten nachhaltigen Tourismus in Tunesien

**M 8**  Hotelanlage auf Djerba

| exogene Ursachen | endogene Ursachen |
|---|---|
| **Krisenursachen in den Zielgebieten**<br>· geophysische Faktoren<br>· soziokulturelle Faktoren<br>· politische Faktoren<br>· religiöse Faktoren<br>· Krankheiten | **Krisenursache Mensch**<br>· Managementfehler<br>· Qualifikationsmangel beim Personal<br>· kein/unzureichendes Sicherheitsbewusstsein<br>· Fahrlässigkeit<br>· Nichtbeachtung von Vorschriften<br>· Streik und Sabotage |
| **Krisenursachen auf der Reise**<br>· Flugzeugentführungen<br>· Überfälle | **Krisenursache Technik**<br>· fehlende/mangelhafte Sicherheitsvorkehrungen<br>· kostenbedingte Reduzierung der Sicherheit<br>· technisches Versagen durch Material- oder Konstruktionsfehler, Verschleiß |

Ursachen für Krisen im Tourismus

© **westermann** 32081EX

**M 9**  Ursachen für Krisen im Tourismus

**M 10**  Star-Wars-Drehort „Mos Espa" in der tunesischen Wüste

Aufgrund der spektakulären Wüstenlandschaft und pittoresker bis skurriler Architektur wurden in Tunesien bereits zahlreiche Filme gedreht: Der englische Patient, Indiana Jones, Das Leben des Brian und vor allem einige Teile der ersten beiden Star-Wars-Trilogien. So liegt die Geburtsstadt von Anakin Skywalker Mos Espa auf dem Wüstenplaneten Tatooine etwa 10 km nördlich der Oasenstadt Nefta. Jedes Jahr pilgern zahlreiche Fans zu den verschiedenen Drehorten der Science-Fiction-Saga. Zwar sind einige von den alten Filmsets in einem schlechten Zustand, trotzdem soll der Drehortetourismus ähnlich dem in Neuseeland („Herr der Ringe") weiter ausgebaut werden. Zudem möchte der tunesische Tourismusminister René Trabelsi neben dem Badetourismus an den Küsten auch den Wüstentourismus etwa mit Touren zu den historischen Stätten fördern. Aber auch mit moderner Kultur versucht man, ausländische, junge Touristen in die Wüste zu bekommen: So diente dem Musikfestival Les Dunes Electroniques das Star-Wars-Dorf „Mos Espa" mehrfach als Kulisse eines zweitägigen Raves.

**M 11**  Drehortetourismus in Tunesien

Zwei Jahre lang hatte die Corona-Pandemie den Tourismus in Nordafrika und Nahost lahmgelegt. Nun erwacht er langsam wieder zum Leben – sehr zur Erleichterung der dortigen Regierungen. Denn in Ländern wie Tunesien, Ägypten, Marokko und Jordanien trägt der Tourismus wesentlich zum Bruttosozialprodukt bei – und damit indirekt auch zum Erhalt der politischen Stabilität. [...] Der Tourismussektor ist eine ihrer wenigen Quellen für Devisen. [...] Zudem sorgt der Tourismussektor für viel Beschäftigung. In Ägypten etwa arbeiten rund drei Millionen Menschen, in Marokko und Tunesien jeweils etwa eine halbe Million in der Branche. Hinzu kommen jene, die in tourismusbezogenen Berufen arbeiten – etwa als Restaurantkellner, Taxifahrer oder Ladenverkäufer. Auch Kunsthandwerker und Transporteure sind teils vom Tourismus abhängig.

Tatsächlich erlebt der Tourismussektor in diesen Ländern seit Anfang des Jahres zumindest in Ansätzen einen neuen Aufschwung. [...] Tunesien hat seit Beginn des Jahres zwar bereits über eine Million Besucher verzeichnet. Dennoch dürften die Zahlen dort voraussichtlich nicht so positiv ausfallen wie in Marokko. Man erwarte nur die Hälfte der 9,4 Millionen Touristen, die Tunesien im Jahr 2019 – also vor Ausbruch der Corona-Pandemie – besuchten. [...] Tunesien leidet [auch] unter den Auswirkungen des russischen Angriffs auf die Ukraine: Touristen aus Russland stellten bislang rund sieben Prozent aller Besucher des Landes.

*Quelle: Cathrin Schaer, Mohammed Magdy: Mühsame Erholung: Der Tourismus kehrt nach Nordafrika zurück. Deutsche Welle 6.6.2022*

**M 12**  Quellentext zu Auswirkungen der Corona-Pandemie

# 3.12 Methodentraining: Experteninterview

## Eventtourismus in den Golfstaaten

1. a) Nennen Sie Events der letzten Jahre in den kleinen Golfstaaten, an die Sie sich erinnern können.
   b) Recherchieren Sie aktuelle Events in den kleinen Golfstaaten (M5).
2. Beschreiben Sie die Entwicklung der Touristenzahlen (M1).
3. Vergleichen Sie die verschiedenen Eventtypen bezüglich ihres touristischen Potenzials (M4).
4. Erörtern Sie die Wirkungen des Eventtourismus in den Golfstaaten nach Nachhaltigkeitskriterien (M8).
5. Erörtern Sie die Wirkung der Fußballweltmeisterschaft für den Tourismusstandort Katar.

Events sind kommerzielle, erlebnisorientierte und organisierte Ereignisse. Dazu zählen

- Kulturevents (z. B. Konzerte, Festivals, Ausstellungen),
- Sportevents (z. B. Fahrradrennen, Tennisturniere, Olympische Spiele),
- wirtschaftliche Events (z. B. Messen, Ausstellungen, Tagungen),
- natürliche Events (z. B. Sonnenfinsternis, Vulkanausbruch, Mandelblüte).

Sie können einmalig oder wiederkehrend sein, wenige Stunden oder auch Wochen oder Monate andauern. Charakteristisch für ein Event sind die ausführliche Organisation und die geplante Inszenierung der Veranstaltung.

Inszenierte oder natürliche Events werden als Motivation für eine Reise vermarktet. Events schaffen touristische Nachfrage und stärken die Bekanntheit einer Region. Der Tourismusforscher Donald Getz definiert Eventtourismus als die systematische Planung, Entwicklung und Vermarktung von Festivals und besonderen Veranstaltungen als touristische Attraktionen, Entwicklungskatalysatoren und Imageträger für Attraktionen und Zielgebiete.

**M4   Events und Eventtourismus**

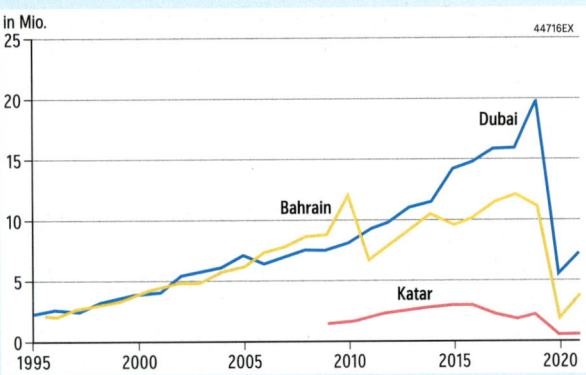

**M1   Internationale Touristen in Dubai, Katar und Bahrain**

- visitbahrain.bh/events
- www.visitdubai.com/en/whats-on/dubai-events-calendar
- visitabudhabi.ae/en/events
- u.ae/en/media/events
- www.qatarevents.co
- kuwaitlocal.com/events

**M5   Internetlinks zu Events in den kleinen Golfstaaten**

**M2   Formel 1 Grand Prix in Bahrain**

**M6   Expo 2020 in Dubai**

**M3   Leichtathletik-WM in Katar (2019)**

**M7   GITEX, jährliche Elektronikmesse in Dubai (2019)**

Welche Rolle spielt der Tourismus für die kleinen Golfstaaten Bahrain, Katar und die Vereinigten Arabischen Emirate?
*Der Erdöl- und Erdgasreichtum dieser Länder führte zu einer hochgradigen Integration in die globale Wirtschaft, und der Export der fossilen Ressourcen erlaubte den monarchischen Regimen eine rasante Modernisierung durch massive Investitionen in den Aufbau der Infrastruktur. Die Region erlebte ein beispielloses wirtschaftliches, städtebauliches und demografisches Wachstum. Zur Sicherung ihres Wohlstandes leiteten alle Staaten eine Diversifizierung der Wirtschaft ein, bei der auch Tourismus eine bedeutende Rolle spielt.*

Was für eine Bedeutung haben dabei die vielen Events in der Region?
*Öffentlichkeitswirksame (Mega-)Events erhalten eine hohe mediale Aufmerksamkeit mit globaler Reichweite und bieten somit den austragenden Standorten und allen beteiligten Akteurinnen und Akteuren eine Plattform zur Umsetzung ihrer politökonomischen Interessen. Sie sind willkommene Geldbringer, die den Tourismus stärken, um sich als attraktives Reiseziel zu etablieren, und den Konsum ankurbeln. Die Austragung von Events ist somit ein wichtiger Wirtschaftsfaktor und bietet eine einmalige Chance, der Weltöffentlichkeit ein freundliches, inklusives und weltoffenes Image zu vermitteln und Stereotypen wie Vorurteile zu überwinden.*

Und das funktioniert über die Veranstaltung von Sportevents?
*Bewerbungen aus den arabischen Golfstaaten um internationale Sportveranstaltungen haben in den letzten Jahren zugenommen. Die Austragung eines Events bedeutet eine einmalige Gelegenheit, die Gastfreundschaft eines Standorts zu demonstrieren. Auch wenn in den Staaten am Persischen Golf die Wahrnehmung und Bedeutung von Sport, körperlicher Betätigung sowie Bewegungs- und Fankultur im Vergleich zum europäischen Raum einen anderen gesellschaftlichen Stellenwert aufweist, ist es übergeordnetes Ziel, als Sportdestination auf globaler Ebene wahrgenommen zu werden. Daher wird das Engagement im Profisport Teil der Marketingstrategie und als politisches und ökonomisches Investment betrachtet.*

Bei der Ausrichtung von Megaevents gehen die Zielsetzungen ja sicher weit über den Tourismus hinaus. Was verspricht man sich davon noch?
*Sie sind zugleich Teil der ganzheitlichen Landesentwicklungspolitik (z. B. Dubai Plan 2021/2040, UAE National Vision, Saudi Vision 2030, Kuwait 2035), die Leitzielen in den übergeordneten Bereichen Wirtschaft, Soziales, Standortentwicklung und Öffentlicher Sektor folgt. In stadtplanerischer Hinsicht bedeutet dies beispielsweise eine qualitative Aufwertung und Verbesserung der Lebensqualität durch den Ausbau von Infrastruktur, etwa mit Hotels, Gastronomie, Freizeitangeboten. Von der Gestaltung und Ästhetisierung des öffentlichen Raumes profitiert neben den Besuchern auch die lokale Bevölkerung. Regierungen investieren daher enorme Summen mit der Erwartung, dass die wirtschaftliche und soziale Entwicklung vorangetrieben wird.*

Machen sich die Golfstaaten mit ihren Events gegenseitig Konkurrenz?
*In den letzten Jahren hat vor allem die Austragung hoch dotierter Sportevents international Aufmerksamkeit erregt. Die Formel 1 hat inzwischen vier Standorte auf der arabischen Halbinsel in Bahrain (seit 2004), Abu Dhabi (2009), Katar (2021) und Saudi-Arabien (2022) in ihren Rennkalender aufgenommen. Auch weitere internationale Turniere, z. B. Tennis, Golf, Rad- sowie Pferderennen werden regelmäßig ausgetragen. Zwischen den Standorten herrscht mit diesen wiederkehrenden Events keine Konkurrenz, sondern vielmehr ergänzen sie sich komplementär.*

Sind negative ökologische Wirkungen sichtbar?
*Der aktuelle Living Planet Report attestierte den arabischen Golfstaaten im weltweiten Vergleich überdurchschnittlich hohe ökologische Fußabdrücke, was vor allem auf den hohen $CO_2$-Ausstoß, Wasserverbrauch, Klimatisierung sowie Wasser- und Luftverschmutzung als Folgen der intensiven Nutzung eines quasi lebensfeindlichen Raumes zurückzuführen ist. Der Tourismus und die genannten Maßnahmen des infrastrukturellen Ausbaus vergrößern die Probleme, zumal wenn sie mit einer gleichzeitig anhaltenden dynamischen Entwicklung der Bevölkerungszahlen einhergehen. Gemeinsam führt dies zu weiterer Verdichtung des Stadtraumes, Versiegelung des Bodens sowie Verlust von Frei- und Grünflächen. In Kombination mit ganzjährig hohen Temperaturen, Emissionen, Verschmutzungen und der Entstehung von städtischen Wärmeinseln führen die anthropogenen Eingriffe zu negativen ökologischen Auswirkungen, die sich entsprechend auch auf die Umwelt- und Lebensqualität auswirken.*

**M 8**   Interview mit der Humangeographin Nadine Scharfenort (Universität Trier)

# Experteninterview

Ein Gespräch mit einem Experten oder einer Expertin ist ein Weg, aktuelle Erkenntnisse und spannende Einblicke für eine Hausarbeit, einen Vortrag, eine Posterausstellung oder einen Artikel in der Schülerzeitung zu bekommen. Im Idealfall sitzt uns ein Gesprächspartner gegenüber, der ein Thema nicht nur inhaltlich durchdrungen hat, sondern aus erster Hand anschaulich aus fernen Regionen berichtet, wie es Bücher, TV und Internet nicht leisten können.

## Expertensuche
- Man findet Experten häufig an den Universitäten, an denen in Geographie oder in anderen passenden Disziplinen geforscht wird. Auf den Homepages der (geographischen) Institute sind auch ihre Spezialgebiete aufgeführt.
- Experten gibt es aber auch bei wissenschaftlichen und öffentlichen Institutionen, Behörden und Nichtregierungsorganisationen.
- Wer freundlich und interessiert anfragt, bekommt in den meisten Fällen eine positive Antwort.
- In manchen Fällen kann es sinnvoll sein, den Kontakt über eine Pressestelle herzustellen.

## Gesprächsvorbereitung
- Für das Gespräch sollte ein Gesprächsleitfaden vorbereitet werden, damit am Ende auch die wichtigen Fragen geklärt werden. Daher sollten zunächst Fragen gesammelt, dann reduziert und schließlich auf eine logische Abfolge hin überprüft werden.
- Tipp: Nicht zu viele Fragen oder Entscheidungsfragen (Antwort mit „Ja" oder „Nein") stellen.
- Tipp: Zeigen Sie dem Interviewpartner mit intelligenten Fragen, dass Sie sich gut auf das Thema vorbereitet haben.

## Gesprächsdurchführung und -auswertung
- Das Gespräch kann persönlich, am Telefon oder auch per E-Mail durchgeführt werden.
- Wenn Ergebnisse aus dem Gespräch oder gar das ganze Gespräch später im Wortlaut veröffentlicht werden (z. B. in der Schülerzeitung oder auf einer Posterausstellung), sollte dem Gesprächspartner das Interview vor der Veröffentlichung noch einmal vorgelegt werden.

# Zusammenfassung

### Wirtschafts und Handelsstruktur

Die Wirtschaft der erdölreichen Länder Nordafrikas und Vorderasiens wird sehr stark durch die Erdöl- und -gasexporte bestimmt. Andere Wirtschaftszweige spielen nur eine untergeordnete Rolle, sodass viele Investitions- und Konsumgüter eingeführt werden müssen. Die erdölarmen Länder der Region haben einen wirtschaftlichen Entwicklungsstand, der mit den Staaten Subsahara-Afrikas vergleichbar und von hohen Anteilen des Landwirtschafts- und Dienstleistungssektors gekennzeichnet ist.

## Ressource Erdöl als Entwicklungsfaktor

Erdöl wird der erste Energierohstoff sein, bei dem die steigende Nachfrage in absehbarer Zeit nicht mehr gedeckt werden kann. Allerdings können gerade die Golfstaaten kurz- und mittelfristig den globalen Bedarf noch befriedigen. Sie treffen aber diverse Vorkehrungen, sich auf eine Nach-Erdölzeit einzustellen und vor allem ihre einseitige Wirtschaftsstruktur zu erweitern. Die einzelnen Staaten verfolgen dabei durchaus unterschiedliche Diversifizierungsstrategien, um einen strukturellen Wandel voranzutreiben.

Saudi-Arabien und der Iran verfügen beide noch über hohe Erdölreserven. Saudi-Arabien möchte den Ausbau seines Industrie- und Dienstleistungssektors forcieren. Die wirtschaftliche Entwicklung wird aber durch das Fehlen qualifizierter einheimischer Arbeitskräfte behindert. Wichtige neue Standbeine neben dem Ausbau des Tourismus sollen erneuerbare Energien und die Wasserstoffproduktion sein. Im Iran besitzt die Bevölkerung hingegen ein weitaus höheres Ausbildungsniveau. Das Land wird aber durch Wirtschaftssanktionen und veraltete Ölförder- und Weiterverarbeitungsanlagen eingeschränkt. Weitere Schwächen bestehen in beiden Ländern durch die staatliche Bürokratie und rentenkapitalistische Strukturen.

In den Vereinigten Arabischen Emiraten mit ihrem rasanten wirtschaftlichen Aufstieg haben die beiden wichtigsten Emirate teilweise unterschiedliche Entwicklungsstrategien. Während das erdölreiche Abu Dhabi hochwertige Industrien ansiedeln möchte, will das kleinere Dubai seinen Status als Dienstleistungsmetropole (Tourismus, Logistik, Finanzdienstleistungen usw.) weiter ausbauen. Der Dubai International Airport ist aufgrund seiner optimalen geographischen Lage der wichtigste Hub-Flughafen mit den meisten internationalen Passagieren auf der Welt. Ein weiterer Flughafen soll im Verbund mit dem Hafen und den Freihandelszonen zusätzliche Wachstumsimpulse für das Emirat liefern. Die Türkei hat sich ganz ohne Erdöleinkommen zu einem Schwellenland entwickelt. Die beachtlichen Wachstumsraten seit 1990 sind auf die Liberalisierung und Öffnung zum Weltmarkt, die Ankurbelung der Exportwirtschaft und eine wirtschaftliche Annäherung an die EU zurückzuführen. Ein chronisches Problem der türkischen Wirtschaft sind aber das Leistungsbilanzdefizit und die Abhängigkeit von ausländischen Direktinvestitionen. Das Land ist darum bemüht, die zum Teil erheblichen räumlichen Disparitäten abzubauen.

Ägypten, dessen geringe Erdölvorkommen bald erschöpft sind, hat eine breiter aufgestellte Wirtschaft als viele seiner Nachbarn. Trotz Einnahmen aus dem Tourismus und dem Suezkanal wurde aber bislang eine Entwicklung, von der breitere Bevölkerungskreise profitieren, versäumt.

## Tourismus als Entwicklungsfaktor

Eine wirtschaftliche Entwicklungsmöglichkeit gerade für die erdölärmeren Länder bietet der Tourismus. So ist der Tourismussektor in Nordafrika und Vorderasien in den letzten Jahren überproportional schnell gewachsen. Viele Regionen haben ein hohes und vielfältiges touristisches Potenzial, das über den klassischen Badetourismus hinausgeht. Die allgemeine Sicherheitslage, Terroranschläge und zuletzt die Corona-Pandemie haben zu Einbrüchen der Tourismuszahlen geführt.

Während Länder wie die Türkei, Ägypten und Tunesien bislang vor allem auf Massentourismus setzten, der häufig mit sozialen und ökologischen Problemen verbunden ist, versuchen sie nun, ihr Angebot zu diversifizieren und verstärkt nachhaltigen Tourismus zu fördern. Besonders die kleinen Golfstaaten wie Dubai, Katar und Bahrain haben in den letzten Jahren den Eventtourismus ausgebaut, um mit Veranstaltungen Touristen anzulocken.

# Weiterführende Literatur und Internetlinks

**Geographische Rundschau**
- Transformation in der Türkei 1/2010
- Tourismusgeographie 5/2016

**Statistikportal der Weltbank**
- data.worldbank.org

**Statistikportal der UN Conference of Trade and Development**
- www.unctad.org /statistics

**Statistikportal der Welthandelsorganisation**
- stats.wto.org

**Daten zu Erdöl und Erdgas**
International Energy Agency
- www.iea.org
Organisation of the Petroleum Exporting Countries (OPEC)
- www.opec.org

**BP Statistical Review of Energy**
- www.bp.com/en/global/corporate/energy-economics/energy-outlook.html
U.S. Energy Information Administration (EIA)
- www.eia.gov
Deutsche Rohstoffagentur
- www.bgr.bund.de/DERA/DE

**Arab SDG Index and Dashboard Report 2022**
- www.sdgindex.org/reports/arab-sdg-index-and-dashboard-report-2022

**Egypt Human Development Report 2021**
- egypt.un.org/en/146158-egypt-human-development-report-2021

**Wirtschafts- und Tourismusstatistik (Auswahl)**
- www.stats.gov.sa/en (Saudi-Arabien)
- www.amar.org.ir/english (Iran)

- www.dsc.gov.ae/en-us (Dubai)
- fcsc.gov.ae/en-us (VAE
- www.turkstat.gov.tr (Türkei)
- www.capmas.gov.eg (Ägypten)
- www.ins.tn/en (Tunesien)
- www.hcp.ma (Marokko)

**Internationale Statistiken zum Tourismus**
World Tourism Organisation
- www.unwto.org/tourism-data/unwto-tourism-dashboard
World Travel & Tourism Council
- wttc.org/research/economic-impact

**Tourismusinformationen (Auswahl):**
- www.discovertunisia.com/de
- goturkiye.com
- www.visitmorocco.com/de
- www.visitdubai.com/de
- egypt.travel

# 4 BEVÖLKERUNG UND STADT

Gizeh in der Metropolregion Kairo (Ägypten)

# 4.1 Junge Gesellschaften – alte Werte?

### Bevölkerungsentwicklung

Knapp 570 Millionen Menschen leben in Nordafrika und Vorderasien, was insgesamt circa sieben Prozent der Weltbevölkerung ausmacht. Während einige Regionen wie das Nildelta und die Küstenstreifen am Mittelmeer und Roten Meer extrem dicht besiedelt sind, herrscht in anderen Menschenleere. Die Einwohnerzahl reicht von großen Ländern wie Ägypten (109,3 Mio.), dem Iran (87,9 Mio.) und der Türkei (84,8 Mio.) bis zu kleinen Staaten wie Bahrain (1,5 Mio.), Katar (2,7 Mio.) und Kuwait (4,3 Mio.), in denen zudem eine große Anzahl der Einwohner aus dem Ausland stammt.

Die demografischen Entwicklungen weisen trotz allgemeiner Trends einige Unterschiede auf. Die Bevölkerung wird in den meisten Staaten der Region in den kommenden Jahren – zum Teil erheblich – weiter wachsen. Begleitet wird dieses Bevölkerungswachstum von einer Reihe von Migrationsprozessen*: Zu ihnen zählen nicht nur internationale Flüchtlinge und Arbeitsmigranten, sondern auch Binnenwanderungen. So werden sich die sehr jungen Gesellschaften auch in Zukunft auf die Städte konzentrieren, und die zunehmende Verstädterung wird zu einer weiteren Verschärfung der sozialen und wirtschaftlichen Probleme führen.

### Städtische und gesellschaftliche Entwicklung

Die städtische Kultur hat in Vorderasien und Nordafrika eine sehr lange Geschichte und ist nach wie vor prägend für die dortigen Gesellschaften. Heute haben das rasante Städtewachstum und die globalen Einflüsse zu vielerlei Überformungen* der großen Städte und Metropolen der Region geführt. Während in Istanbul, weltweit die einzige Stadt auf zwei Kontinenten, schon seit vielen Jahrhunderten westliche und orientalische Einflüsse aufeinandertreffen, sind die neuen Wüstenstädte der ölreichen Golfstaaten, die wie New York oder Chicago anmuten, eine Entwicklung der vergangenen 40 Jahre.

In der globalisierten Welt treffen in den Städten neue Ideen auf die immer noch sehr wirksamen gesellschaftlichen und religiösen Traditionen und Werte. Gleichberechtigung, Partizipation oder gar die Trennung von Staat und Religion haben es schwer in der Arabischen beziehungsweise Islamischen Welt. Die gesellschaftliche Organisation, in der Clans und Familien die ordnenden und strukturgebenden Kräfte darstellen, belegt das in vielen Bereichen des alltäglichen Lebens. Dem Einzelnen bietet sie Rückhalt und Unterstützung, festigt zugleich aber die bestehenden Verhältnisse. Die traditionelle Gesellschaftsstruktur spiegelt sich in der Bevölkerungsentwicklung, der Rolle der Frauen und den politischen Strukturen und Hierarchien wider. Aber auch in traditionell orientierten Staaten wie Saudi-Arabien gibt es Fortschritte (M8).

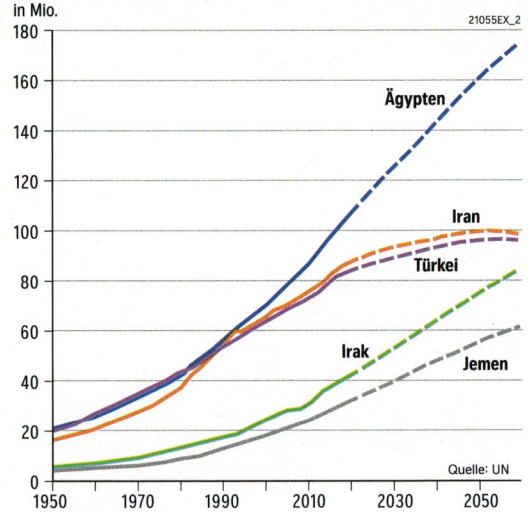

M3    Bevölkerungsentwicklung (ab 2021 Prognose) in ausgewählten Ländern

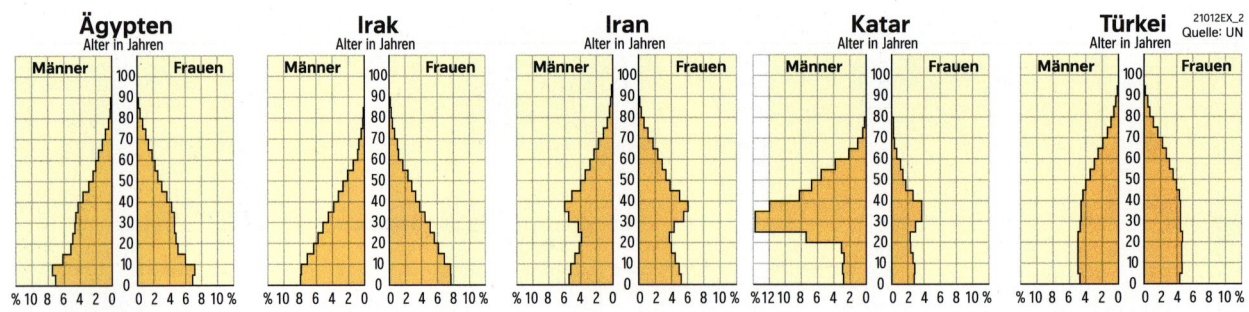

M2    Altersstruktur in ausgewählten Ländern (2022)

| Land | Bevölkerung (in Mio.) | | Geburtenrate | Sterberate | Fertilitätsrate* | Kindersterblichkeit[1] | Anteil < 15 Jahre | Lebenserwartung | verheiratete Frauen, die Verhütungsmethoden einsetzen[2] |
|---|---|---|---|---|---|---|---|---|---|
| | 2021 | 2050 | | | | | | | |
| Ägypten | 109,3 | 160,3 | 22,6 | 6,3 | 2,9 | 18,9 % | 33,1 % | 70,2 Jahre | 59,2 % |
| Irak | 43,5 | 74,5 | 27,4 | 4,8 | 3,5 | 24,6 % | 38,1 % | 70,4 Jahre | 39,0 % |
| Iran | 87,9 | 99,0 | 13,7 | 6,4 | 1,7 | 12,6 % | 23,8 % | 73,9 Jahre | 65,4 % |
| Jemen | 33,0 | 55,3 | 30,5 | 6,9 | 3,8 | 62,2 % | 39,9 % | 63,8 Jahre | 31,7 % |
| Katar | 2,7 | 3,4 | 9,8 | 1,3 | 1,8 | 5,5 % | 15,8 % | 79,3 Jahre | 40,5 % |
| Saudi-Arabien | 35,6 | 48,4 | 17,5 | 2,9 | 2,4 | 6,9 % | 26,2 % | 76,9 Jahre | 25,4 % |
| Türkei | 84,8 | 55,8 | 14,7 | 6,4 | 1,9 | 9,0 % | 23,5 % | 76,0 Jahre | 48,9 % |
| Deutschland | 83,4 | 78,9 | 9,2 | 12,5 | 1,5 | 3,6 % | 13,9 % | 80,6 Jahre | 66,9 % |

[1] unter 5 Jahren  [2] 15–49 Jahre, moderne Methoden  Quelle: UN

M1    Demografische Kennzahlen ausgewählter Länder (2021)

M 4 Kinder in Jemen

M 7 Saudische Familie in einem Einkaufszentrum

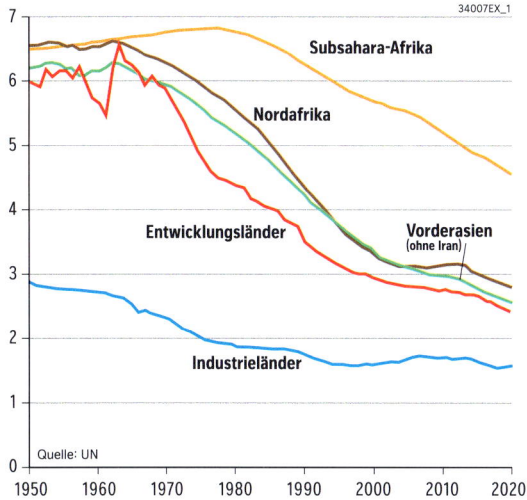

M 5 Fertilitätsraten* (TFR) in ausgewählten Regionen

Für Frauen hat sich in Saudi-Arabien viel verändert. Sie sind sichtbarer geworden, arbeiten jetzt Seite an Seite mit ihren männlichen Kollegen in der Regierung, der Gastronomie, bei der Passkontrolle am Flughafen, vereinzelt auch in den Führungsetagen großer Firmen oder [...] als Unternehmerinnen. [...] Laut den offiziellen Statistiken hat sich der Anteil der saudischen Frauen an den Erwerbstätigen in den vergangenen Jahren auf etwa ein Drittel fast verdoppelt. [...]

Unter der Regie des Kronprinzen wurden Gesetze erlassen, die Frauen vor Belästigung schützen. Sie haben außerdem das Recht bekommen, ohne die Erlaubnis eines männlichen Vormunds zu reisen, am Arbeitsplatz gleich behandelt zu werden und von der Regierung Familiendokumente zu erhalten. [...] Die engstirnigen Religionsgelehrten, die einst von der Regierung ermächtigt worden waren, über die Sittentreue zu wachen, hat der Kronprinz zum Schweigen gebracht.

*Quelle: Christoph Ehrhardt: Weiblich, erfolgreich, fortschrittlich. FAS 20.8.2022*

M 8 Quellentext zu Frauen in Saudi-Arabien

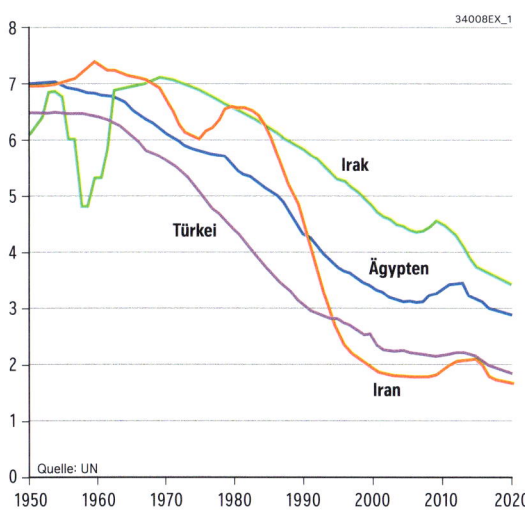

M 6 Fertilitätsrate* (TFR) in ausgewählten Ländern

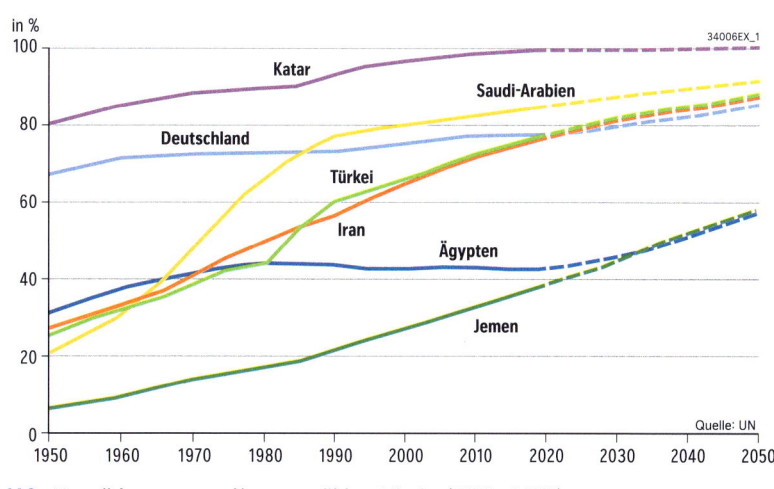

M 9 Verstädterungsgrad* ausgewählter Länder (1950 – 2050)

1. a) Beschreiben Sie die Bevölkerungsentwicklung in Jemen, Ägypten, der Türkei, im Iran und Irak (M3).
   b) Vergleichen Sie die demografische Struktur und Entwicklung in Ägypten, Katar, der Türkei, im Iran und Irak (M1, M6).
   c) Erklären Sie die Unterschiede in der Altersstruktur der Länder (M2, M1).
2. Vergleichen Sie die Entwicklung der Fertilitätsrate in den in M 5 ausgewählten Regionen.
3. Erläutern Sie die Ursachen für die zum Teil hohen Geburtenraten in der Region.
4. Erörtern Sie die Folgen einer noch über Jahrzehnte stark wachsenden Bevölkerung für viele arabische Staaten.
5. „Die Entwicklung des Verstädterungsgrades sagt viel über die gesellschaftliche Entwicklung aus." Beurteilen Sie diese Aussage (M9).

# 4.2 Ein Mosaik der Religionen und Ethnien

*Judentum, Christentum und Islam, die alle in Vorderasien entstanden sind, beziehen sich auf gemeinsame historische und theologische Wurzeln und teilen zahlreiche religiöse Figuren und Erzählungen miteinander, die sie jedoch unterschiedlich auslegen. In der Vergangenheit gab es durchaus Phasen des friedlichen Mit- oder Nebeneinanders der religiösen und konfessionellen Gruppen\* in der Region. Heute flammen immer wieder Konflikte auf.*

1. Lokalisieren Sie die heiligen Stätten in Jerusalem (Atlas).
2. Beschreiben Sie die regionale Verteilung von Sunniten, Schiiten, Christen und Juden (M1, M3, M7).
3. Erläutern Sie die konfessionellen Konflikte zwischen Sunniten und Schiiten (M1, M2, M3, M6).
Ⓩ 4. Nicht überall in der Region definieren sich Gruppen über die religiöse, sondern auch über ihre ethnische Zugehörigkeit. Charakterisieren Sie den Begriff Ethnie (M9) mithilfe der Karte M7.
5. „Das enge Nebeneinander der Religionen und Ethnien führt erst dann zu Konflikten, wenn diese von außen zu politischen Zwecken mobilisiert werden." Nehmen Sie Stellung zu dieser These.

**M4  Altstadt von Jerusalem**

Die Altstadt von Jerusalem beherbergt bedeutsame Stätten aller drei monotheistischen Weltreligionen: An der Klagemauer gedenken die Juden ihres zerstörten Tempels (Vordergrund). Im Christenviertel befindet sich die Grabeskirche Jesu Christi, das Ziel aller christlichen Jerusalem-Pilger (im Bild die evangelische Erlöserkirche, weißer Turm). Auf dem Tempelplatz steht der Felsendom, das drittwichtigste Heiligtum des Islam (rechts, goldene Kuppel).

| **Islam** | **Prophet Mohammed** | **Muslime** | **Die fünf Säulen** | **Koran** |
|---|---|---|---|---|
| • arabisches Wort bedeutet „Hingabe" • entstand als jüngste Offenbarungsreligion im 7. Jh. n. Chr. | • 570-632 n. Chr. • erhielt die Offenbarungen Gottes | • Anhänger des Islam • folgen den fünf Säulen | • Glaubensbekenntnis • rituelles Gebet • Fasten (Ramadan) • Pilgerfahrt nach Mekka • Entrichtung von Almosen | • heilige Offenbarungsschrift des Islam • besteht aus 114 Suren (Kapitel) |

**Sunniten**
ca. 1371 bis 1417 Mio. Gläubige

- folgen der Hauptrichtung des Islam
- Grundsätze: Koran, Brauch (Sunna) und Überlieferung (Hadith)
- verschiedene Reformbewegungen
- Asien und Afrika

**Schiiten**
ca. 154 bis 200 Mio. Gläubige

Entstanden durch Abspaltung der Anhänger der Partei Alis (Schiat Ali) von der Mehrheit der Muslime im Jahr 661. Ali war Mohammeds Schwiegersohn. Nur Nachkommen Mohammeds und Alis werden als Oberhaupt (Imam) anerkannt. Die verschiedenen Richtungen unterscheiden sich u.a. durch die Zahl der anerkannten Imame.

| Aleviten | Imamiten (Zwölferschiiten) | Zaiditen (Fünferschiiten) | Ismaeliten (Siebenerschiiten) | Drusen | Alawiten |
|---|---|---|---|---|---|
| Türkei | Iran, Irak, Aserbaidschan, Afghanistan, Pakistan, Libanon | Jemen | Zentralasien, Jemen, Ostafrika, Indien | Libanon, Nord-Israel | Syrien, Türkei |

**Charidschiten**
ca. 2 Mio. Gläubige

- auch Kharijiten, Ibaditen als Untergruppe
- dritte Glaubensgruppe neben Sunniten und Schiiten
- Algerien, Libyen, Oman, Tunesien und auf Sansibar

© Globus 5449

**M2  Der Islam und seine Glaubensrichtungen**

| Land | Muslime | Christen | Juden |
|---|---|---|---|
| Ägypten | 95,3 Su | 4,7 | < 1,0 |
| Irak | 99,0 Si | < 1,0 | < 1,0 |
| Iran | 99,5 Si | < 1,0 | < 1,0 |
| Israel | 20,1 Su | 2 | 74,0 |
| Jemen | 99,1 Su | < 1,0 | < 1,0 |
| Jordanien | 97,1 Su | 2,1 | < 1,0 |
| Libanon | 61,2 Si | 38,4 | < 1,0 |
| Oman | 85,9 | 6,4 | |
| Palest. Autonomiegebiete | 97,9 Su | 2 | < 1,0 |
| Saudi-Arabien | 93,0 Su | 4,4 | < 1,0 |
| Syrien | 92,8 Su | 5,2 | < 1,0 |
| Türkei | 98,0 Su | < 1,0 | < 1,0 |
| VAE | 75,0 Su | 12,9 | < 1,0 |

Su = überwiegend Sunniten, Si = überwiegend Schiiten  Quelle: Pew

**M1  Religionszugehörigkeit in Vorderasien und Ägypten (2020, in %)**

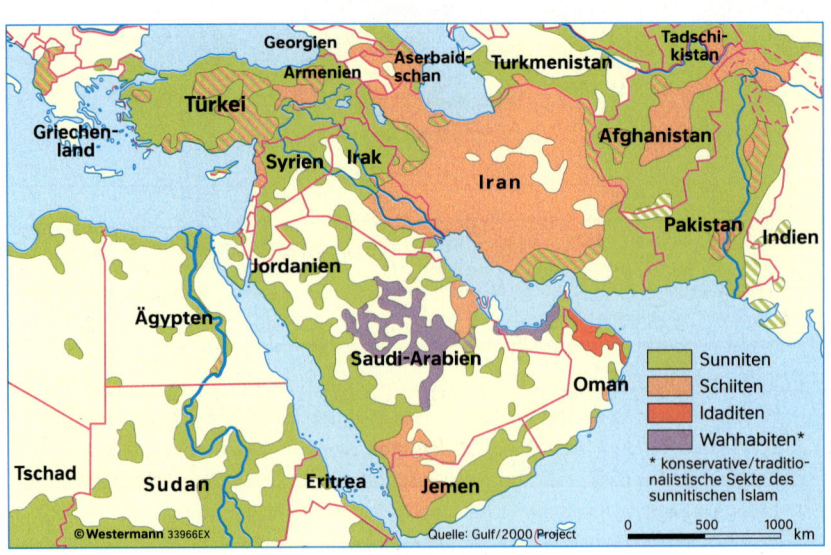

Sunniten
Schiiten
Idaditen
Wahhabiten\*
\* konservative/traditionalistische Sekte des sunnitischen Islam

© Westermann 33966EX                Quelle: Gulf/2000 Project
0    500    1000 km

**M3  Die Glaubensrichtungen des Islam in Vorderasien**

**M5 Juden an der Klagemauer in Jerusalem**

Das **Judentum** ist die zahlenmäßig kleinste der Weltreligionen. Etwa 6,6 Mio. der heute weltweit 15–18 Mio. Juden leben in Israel. Nach der Vertreibung aus ihrer Heimat Palästina in der Mitte des ersten Jahrhunderts n. Chr. durch die Römer verbrachte das jüdische Volk mehrere Hundert Jahre in der sogenannten Diaspora*. Die jüdischen Gemeinden hatten in den „Gastländern" immer wieder unter religiös und ökonomisch motivierten Verfolgungen und Deportationen zu leiden. Im Zuge der Entstehung der europäischen Nationalstaaten formierte sich die jüdische Nationalbewegung des Zionismus*, deren Vertreter einen eigenen territorialen Staat in Palästina forderten. Die planmäßige Ermordung von sechs Millionen Juden im Dritten Reich – über ein Drittel der damaligen jüdischen Bevölkerung – trug erheblich dazu bei, dass die Vereinten Nationen nach dem Zweiten Weltkrieg der Gründung des Staates Israel auf palästinischem Boden zustimmten.

**M8 Gottesdienst in einer koptischen Kathedrale in Kairo**

Das **Christentum** hat in Nordafrika und Vorderasien etwa 26 Mio. Anhänger (5 % der Bevölkerung, 1,2 % der Christen weltweit). Einen entscheidenden Einfluss im politischen, wirtschaftlichen und kulturellen Leben hat die christliche Bevölkerung lediglich im Libanon (1,9 Mio. Christen). Man trifft dort auf zwölf verschiedene christliche Splittergruppen, die im Laufe der Zeit im Streit um die richtige Auslegung des Glaubens entstanden sind (M7). Eine weitere bedeutende christliche Minderheit sind die in Ägypten lebenden Kopten (9 Mio.), die von der muslimischen Mehrheit nicht als Teil der ägyptischen Gesellschaft angesehen werden. In einem sich immer mehr dem Islam zuwendenden Land haben sie als religiöse Minderheit unter Diskriminierung zu leiden. Aber auch in vielen anderen islamischen Ländern, selbst in der Türkei, sind Christen wegen ihres Glaubens heute von Gewalt, Gefängnis oder Tod bedroht.

---

Die Spaltung des Islams in Sunniten und Schiiten und daraus resultierende Konflikte wurden in der Vergangenheit von den autokratischen* Regimen unterdrückt, notfalls durch den massiven Einsatz von Sicherheitskräften. Diese konfessionelle* Spaltung spielte während des „Arabischen Frühlings" in den nordafrikanischen Ländern kaum eine Rolle, da sich dort die überwältigende Mehrheit der Bevölkerung zum sunnitischen Islam bekennt. Eine Ausnahme bildeten vereinzelte Angriffe auf Schiiten in Ägypten, die dort eine Minderheit von etwa 2 % der Bevölkerung stellen. Wesentlich spannungsreicher ist dagegen die Situation in den konfessionell stärker gemischten Ländern im Osten der arabischen Welt: Mit den Protesten und der zunehmenden Gewalt brachen alte Konflikte zwischen Sunniten und Schiiten in Saudi-Arabien, Bahrain, Jemen und Syrien wieder auf oder eskalierten im Verlauf der Unruhen im Libanon und

Irak. Dabei stehen die Länder der „Schiitischen Achse" – unter Führung des Irans, unterstützt von den Schiiten im Irak und verbündet mit der syrischen Regierung sowie der Hisbollah im Südlibanon – den sunnitischen Regimen in der Region mit wachsender Feindschaft während der arabischen Revolten gegenüber. Hier spielt die sunnitisch-wahhabitische Monarchie in Saudi-Arabien eine Schlüsselrolle. Das Regime sieht sich als „Hüter der Heiligen Stätten des Islams" in Mekka und Medina und zugleich als Regionalmacht, die sich mit ihren riesigen finanziellen Ressourcen und anderen politischen Mitteln für die Ausbreitung des konservativen sunnitischen Islams sowie die Stärkung und Stabilisierung pro-saudischer sunnitischer Regime einsetzt.

*Quelle: Günter Meyer: Rahmenbedingungen und Folgen des „Arabischen Frühlings". Geographische Rundschau 2/2014, S. 6 – 7*

**M6 Quellentext zum Konflikt zwischen Sunniten und Schiiten**

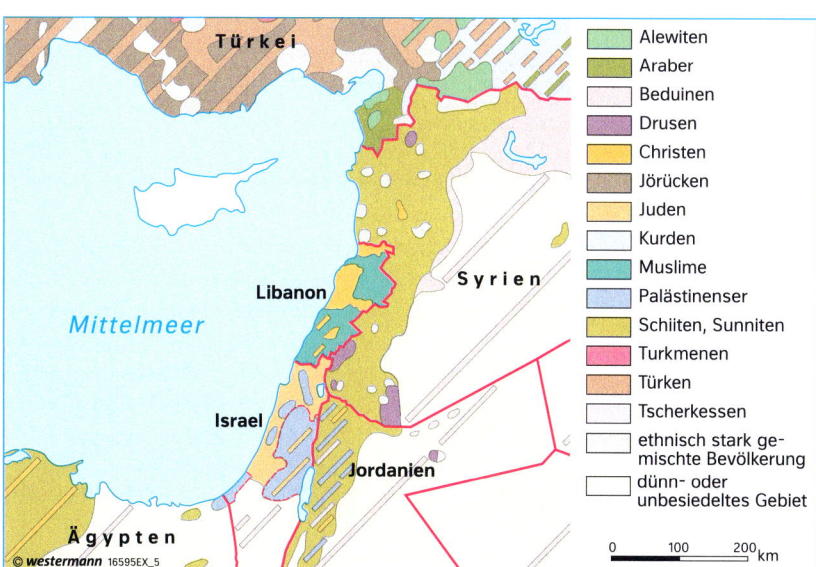

Legende:
- Alewiten
- Araber
- Beduinen
- Drusen
- Christen
- Jörücken
- Juden
- Kurden
- Muslime
- Palästinenser
- Schiiten, Sunniten
- Turkmenen
- Türken
- Tscherkessen
- ethnisch stark gemischte Bevölkerung
- dünn- oder unbesiedeltes Gebiet

© westermann 16595EX_5

**M7 Ethnische Gruppen in den Levante-Staaten nach Eigenzuschreibung**

Zu einer Ethnie werden in der Wahrnehmung ihrer Mitglieder diejenigen Mitmenschen gerechnet, die zahlreiche Gemeinsamkeiten aufweisen wie Abstammung, Glaube, Kultur, Sprache, Kleidung oder Brauchtum. Ethnische Gruppen sind damit keine vorgegebenen Einheiten, sondern durch Fremd- und/oder Eigenzuschreibung soziale Konstruktionen. Eine Ethnie ist weder mit einem Nationalstaat noch mit einer Kultur oder Religion identisch. Ethnien entstehen durch Ethnizität (Vorgang der Abgrenzung von Gruppen, die wechselseitig der Meinung sind, sich in wichtigen Meinungen, Werten und kulturellen Routinen zu unterscheiden) und werden durch Ethnizität immer wieder bestätigt, erneuert oder auch modifiziert.

**M9 Ethnien (Definition)**

# 4.3 Formen und Ursachen von Migration

*In Nordafrika und Vorderasien sind in den letzten Jahrzehnten verschiedenste Arten von Wanderungsbewegungen zu beobachten. Die Geographie versucht, solche komplexen Migrationen\* zu analysieren und zu typisieren. So können Wanderungen nach räumlichen (Herkunfts- und Zielregion) oder zeitlichen Kriterien (Dauer) betrachtet werden. Eine weitere Möglichkeit besteht darin, nach Migrationsmotiven und -gründen zu fragen.*

1. Stellen Sie die verschiedenen räumlichen Formen der Migration dar (M3).
2. Erklären Sie die Begriffe Push- und Pullfaktor\* (M1, M2).
3. Charakterisieren Sie die Idealtypen der internationalen Migration (M4) mit Beispielen aus der Region (M5, M6).
4. Gliedern Sie die Staaten Nordafrikas und Vorderasiens in Auswanderer- und Einwandererstaaten (Internet).
5. Erläutern Sie das alternative Konzept der Transitmigration (M7) mithilfe von M8.
6. „Migrationsbewegungen sind heute nur noch selten räumlich und zeitlich linear." Beurteilen Sie diese Aussage.

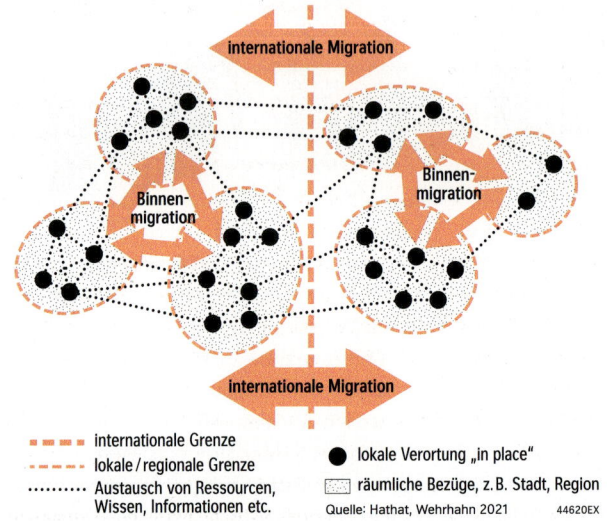

M3   Räumliche Migrationsformen

internationale Migration
Binnen-migration
Binnen-migration
internationale Migration

- - - - internationale Grenze
- - - - lokale / regionale Grenze
.......... Austausch von Ressourcen, Wissen, Informationen etc.
● lokale Verortung „in place"
▧ räumliche Bezüge, z. B. Stadt, Region

Quelle: Hathat, Wehrhahn 2021          44620EX

| | Faktoren, die eine Wanderungsentscheidung begünstigen | | |
|---|---|---|---|
| | Pull-Faktoren | Push-Faktoren | Netzwerke |
| ökonomische Gründe | Arbeitskraftnachfrage, höhere Löhne | Arbeitslosigkeit, Unterbeschäftigung, niedrige Löhne | Informationsströme zu Arbeitsplätzen und Löhnen |
| nicht-ökonomische Gründe | Familienzusammenführung | Krieg, Verfolgung, politische Unsicherheit, Katastrophen | Kommunikationsstrukturen, Hilfsorganisationen |

M1   Faktoren im Push- und Pull-Modell

Das sog. Push-Pull-Paradigma\* sagt zunächst grundsätzlich aus, dass jede Bevölkerungsmigration von bestimmten negativen Faktoren (Push-Faktoren) innerhalb der Herkunftsregion (z. B. Lohnniveau und Arbeitslosenquote) und positiven Faktoren (Pullfaktoren) innerhalb der Zielregion bestimmt wird. Der Bevölkerungswissenschaftler Everet S. Lee versuchte mit seinem theoretischen Ansatz, Wanderungsmotive nicht mehr allein makroökonomisch, sondern in Abhängigkeit von individuellen Entscheidungen zu erklären. Er erweiterte die klassischen Push-Pull-Faktoren um vielfältige strukturelle Merkmale wie klimatische Bedingungen oder auch die Qualität der sozialen Infrastruktur. Zudem identifizierte er zwei weitere Faktoren, die entscheidenden Einfluss auf das Wanderungsgeschehen nehmen:
- die „intervenierenden Hindernisse" (intervening obstacles), verstanden als allgemeine Barrieren wie strenge Einwanderungsgesetze,
- die „individuellen Faktoren" wie Geschlecht, Alter, Bildungsstand der Migranten etc. [...].

Hierbei spielt die individuelle Wahrnehmung struktureller Gegebenheiten eine besonders große Rolle. Was für manche Menschen Grund dafür ist, eine Region zu verlassen (z. B. Lärmbelästigung infolge hoher Bevölkerungsdichte), kann für andere ausschlaggebender Grund für die Zuwanderung sein (z. B. hoher Grad an Urbanität in dicht besiedelten Gebieten). Die Entscheidung zwischen Wanderung und Nichtwanderung führt Lee damit grundsätzlich auf einen Vergleich zwischen den Faktoren am Herkunfts- und am Zielort zurück.

*Quelle: Erik Elvenich: Das Push- und Pull-Modell der Migration. In Praxis Geographie Extra – Modelle in der Geographie 2014, S. 14*

M2   Quellentext zum Push- und Pull-Modell

[Moderne Migrationstheorien stellen weniger die Ursachen von Migration, sondern ihre raum-zeitlichen Verknüpfungen in den Mittelpunkt und berücksichtigen auch komplexere Mobilitätsformen und moderne Informations- und Kommunikationsmöglichkeiten sowie soziale Netzwerke.] Im Rahmen der neuen Erklärungsansätze zur internationalen Migration werden auch neue Typologien von Migranten diskutiert. Der deutsche Soziologe Ludger Pries unterscheidet 1998 vier Idealtypen internationaler Migranten: Den ersten Typ bezeichnet er als **Emigranten** beziehungsweise Immigranten. Sie richten sich auf einen dauerhaften Aufenthalt im Zielland ein und integrieren sich schrittweise. Beispielhaft hierfür sind die europäischen Amerika-Auswanderer Ende des 19. und Anfang des 20. Jahrhunderts.

Der zweite Typ sind **Remigranten**, die nach gewisser Zeit in ihr Herkunftsland zurückkehren. Deutschlands Gastarbeiterkonzept entsprach ursprünglich diesem Typus. Dementsprechend haben sich viele dieser in den 1960er- und 1970er-Jahren zugewanderten Personen lange Zeit nicht auf einen dauerhaften Aufenthalt eingestellt. Den dritten Typ nennt Pries den **Diaspora-Migrant**. Dieser richtet sich zwar bis zu einem gewissen Grade dauerhaft im Zielland ein, wobei er aber wie etwa die Glaubensgemeinschaft der Mennoniten bewusst die Differenz zur Gesellschaft der Ankunftsregion aufrechterhält bei gleichzeitiger Bewahrung und Fortsetzung der soziokulturellen Beziehung zum Diaspora-Netz und damit auch zum realen oder überlieferten Herkunftsland.

Der vierte Typ wird als **Transmigrant** bezeichnet. Für ihn ist charakteristisch, dass Migranten keine eindimensionale Beziehung zu einem Herkunfts- oder Zielland aufbauen. Multilokal leben sie zwischen mehreren Aufenthaltsorten und pendeln oft hin und her. Ihre sozialen Beziehungen gehen über Landesgrenzen hinaus und schaffen somit Verknüpfungen zwischen den einzelnen Ländern. Dieses Phänomen, dass territorial gefasste nationale Gesellschaften bedeutungslos werden und an deren Stelle soziale Netzwerke rücken, wird auch als transnational communities bezeichnet und gewinnt im Zusammenhang mit der Diskussion um die Auswirkungen von Globalisierung und der Zunahme und Weiterentwicklung moderner Kommunikationsmedien an Bedeutung.

*Quelle: Paul Gans, Ansgar Schmitz-Veltin, Christina West: Bevölkerungsgeographie. Braunschweig: Westermann 2019, S. 84 – 85*

M4   Quellentext zu den Idealtypen internationaler Migration

Konzipiert als sicherer Hafen und Sehnsuchtsort für Juden und ihre Nachkommen aus aller Welt, war der Staat Israel von Anbeginn herausgefordert, Menschen aus den unterschiedlichsten Herkunftsländern aufzunehmen und zu integrieren. [...]

Die allerjüngste Einwandererwelle bilden Juden aus Frankreich. Das macht sich besonders in Tel Aviv in der Zusammensetzung der Schulklassen bemerkbar, den Patisserien und den auf ein französisches Publikum ausgerichteten Kulturprogrammen. Alles deutet darauf hin, dass eine französische Mittelklasse im Begriff ist, sich zu etablieren. Die weniger Wohlhabenden hatte es schon zuvor besonders in die kleineren Küstenstädte Netanja und Aschdod gezogen.

Insgesamt leben in Israel mittlerweile 75 000 französische Juden. Als ein Wendepunkt gilt der Anschlag im März 2012 auf eine jüdische Schule in Toulouse, bei dem ein Lehrer und drei Kinder von einem Islamisten* ermordet wurden. Damals ärgerten sich viele Juden in Frankreich, dass Medien und Regierung diesen Vorfall als Einzeltat betrachteten, während sie selbst ein ideologisches Muster sahen. [...] Und waren es bis vor wenigen Jahren vor allem die älteren Jahrgänge, die nach der Pensionierung mit einer sicheren Rente den Umzug ans Mittelmeer vollzogen, so steigt nun der Anteil der Jungen. Viele religiöse oder traditionell eingestellte Paare versuchen, sich in Israel ein neues Leben aufzubauen. Sie wollen es ihren Kindern ermöglichen, Teil der Mehrheitsgesellschaft zu sein und in der Öffentlichkeit eine Kippa zu tragen, ohne sich dabei nach den Risiken fragen zu müssen. Einmal in Israel angekommen, zieht es dann aber so manchen Familienvater aus pragmatischen Gründen – zur Arbeitswoche – wieder nach Frankreich. Low cost-Flüge machen ein solches Pendeln möglich. Andere Neueinwanderer sind in einem der 80 internationalen Call-Center beschäftigt, die es ihnen erlauben, auf Französisch Kunden in aller Welt zu beraten. Sie mögen sich kulturell oft fremd vorkommen, fühlen sich aber als Juden der Mehrheitsgesellschaft zugehörig.

*Quelle: Gisela Dachs: Schmelztiegel oder Mosaik? Israelische Gesellschaft. In Israel. Bonn:bpb 2018, S. 45 – 48*

---

**M 5** Quellentext zur Auswanderung jüdischer Franzosen nach Israel

---

Mehrere Hundert Männer (und später auch viele Frauen) sind in den vergangenen drei Jahrzehnten nach Frankreich übergesiedelt, wo fast alle als Anstreicher und Maler arbeiten. [...] Sie kamen alle ohne offizielle Dokumente als sans-papiers in Paris an und waren daher zunächst auf die Hilfe von bereits länger dort lebenden Verwandten und Nachbarn aus ihrem Heimatdorf angewiesen, um Arbeit und Einkommen in der für sie fremden Umgebung zu finden. Dank ihrer Netzwerke waren fast alle Migranten aus Sibrbay relativ rasch so erfolgreich, dass sie ihre Schulden für die hohen Reisekosten zurückzahlen und beginnen konnten, ein Teil ihres Verdienstes nach Hause zu transferieren. Im Heimatdorf werden die Rimessen (Rücküberweisung von Geldsummen der Arbeitsmigranten) überwiegend für den Immobilienerwerb und Unterhalt der Familien verwendet. Dadurch werden jedoch die sozioökonomischen Disparitäten* innerhalb des Dorfes verschärft. Der Kapitalzufluss hat zu einem enormen Anstieg der Bodenpreise in Sibrbay geführt und verstärkt damit wiederum den Migrationsdruck für alle jungen Männer, die für eine Familiengründung ein Haus bauen wollen. Die meisten Arbeitsmigranten aus Sibrbay haben vor, wieder zurückzukehren, wenn sie genug Geld im Ausland verdient haben.

*Quelle: Detlef Müller-Mahn: Ägyptische Migranten in Paris. In Gebhardt, H., Glaser, R., Radke, U., Reuber, P. (Hrsg.): Geographie. Heidelberg: Spektrum, S. 773*

---

**M 6** Quellentext zur Migration aus dem ägyptischen Dorf Sibrbay nach Paris

---

Quelle: Hathat, Wehrhahn 2021

**M 7** Klassisches und alternatives Verständnis von Transitmigration

---

Abdourahman kommt aus Mali und ist 2012 nach Tamanrasset (Algerien) migriert. Er hatte ursprünglich vor, nach Europa weiterzumigrieren, aber nachdem er Arbeit und eine Wohnung in Tamanrasset gefunden hatte, entschied er sich dagegen. Während seiner Zeit in Tamanrasset traf er viele andere Migranten [...], denen er ebenfalls Arbeit beschaffen konnte und half, sich eine Weiterreise in Richtung Europa zu organisieren. Zu vielen Migranten, die bereits in Europa leben, hatte er sehr guten Kontakt über verschiedene Kommunikationsmittel.

2014 fühlte er sich in Tamanrasset nicht mehr wohl und entschied sich dazu, doch weiterzumigrieren. Neben den bereits angesprochenen Verbindungen zu den anderen Migranten in Europa und ihren durchweg positiven Erzählungen über die Orte, an denen sie lebten, war es vor allem der Verlust seiner Arbeit und die Schwierigkeit, einen neuen Job in Tamanrasset zu finden, die ihn dazu veranlasst haben, seine Meinung über eine Fortsetzung der Migration zu ändern. Besonders seine Kontakte in Europa ermunterten ihn dazu, den Weg nach Europa fortzusetzen. Er begann, sich mit den unterschiedlichen Routen auseinanderzusetzen und sich über die Kosten, die auf ihn zukommen könnten, zu informieren. Über Marokko, so stellte er fest, gibt es zwei Wege (Westliche Mittelmeerroute): Über Land nach Ceuta oder Melilla, das würde 1500 € (Stand 2014) kosten. Der Weg über Wasser würde ihn ungefähr 1700 € kosten. Beide Wege konnte er sich zum Zeitpunkt des Interviews nicht leisten, und dies ist der Grund für seine Überlegung, doch den Weg über Libyen (zentrale Mittelmeerroute) zu nehmen. Denn dieser würde insgesamt nur 1000 € kosten. Was gegen Libyen sprach, war der Umstand, dass der Weg gefährlicher war, da dort Krieg herrschte. Er kam zu dem Schluss, dass er es nach Europa schaffen könnte. Und dass er dort auch andere Migranten kennt, die ihm helfen könnten, denn ohne diese Kontakte wäre es schwierig, in Europa Fuß zu fassen.

2015 hatte er von seinem Vorhaben wieder Abstand genommen, denn er konnte eine neue und gut bezahlte Arbeit als Händler zwischen Tamanrasset und Agadez (Niger) finden. Ein weiterer Grund für sein Umdenken war die Tatsache, dass die Routen einfach zu gefährlich waren. Dies fand er heraus, nachdem er weiter recherchiert hatte und sah, dass sehr viele Menschen im Meer und auf anderen Wegen nach Europa sterben.

*Quelle: Zine-Eddine Hathat, Rainer Wehrmann: Transnationale Migration, Translokalität und Transitmigration. In Humangeographie. Braunschweig: Westermann 2021, S. 138*

---

**M 8** Zusammenfassung von drei Interviews mit einem Migranten aus Mali

# 4.4 Erzwungene Migration: Flucht vor Krieg und Verfolgung

*Neben „freiwilliger", häufig ökonomisch motivierter Migration\* gibt es in Nordafrika und Vorderasien immer wieder große Flüchtlingsströme, weil aufgrund von Krieg und Bürgerkrieg, ethnischer, religiöser und politischer Verfolgung, aber auch Natur- und Umweltkatastrophen Menschen dauerhaft oder zeitweise ihre Heimat verlassen müssen. Während lange Zeit vor allem die Palästinenser im Mittelpunkt der Flüchtlingsproblematik standen, waren es in den letzten Jahren vor allem die syrischen Bürgerkriegsflüchtlinge..*

1. Charakterisieren Sie die Flüchtlingssituation und die Flüchtlingsrouten in/aus Nordafrika und Vorderasien (M1, M5).
2. Erläutern Sie die in M2 und M3 vorgestellte Erweiterung des Push- und Pull-Modells.
3. Analysieren Sie die Entwicklung der syrischen Flüchtlinge in den Nachbarländern und Europa (M4, M8).
4. Beschreiben Sie das Flüchtlingslager Zaatari (M6, M9, Google Earth).
5. Vergleichen Sie die Lebenssituation und die Perspektiven der syrischen Flüchtlinge in Deutschland und der Türkei bzw. in einem Flüchtlingslager in Jordanien (M7, M9, Internet).
6. Erörtern Sie die Folgen des Bürgerkriegs für die Nachbarländer Syriens.

Jenseits einer allgemeinen Definition von Flucht als Gewaltmigration gibt es vielfältige Ursachen und Hintergründe. Zunächst gilt es festzuhalten, dass Mobilität nur eine von vielen möglichen Formen des Umgangs mit Gewalt darstellt – Schutzsuchende haben Handlungsspielräume, auch wenn diese sehr stark eingeschränkt werden. Für die meisten in und mit Gewalt und Konflikten lebenden Menschen stellen sich statt einer Flucht zunächst andere Fragen: Wie kann ich meine Familie vor Ort vor gewaltsamen Handlungen schützen? Wie sichere ich trotz alltäglicher Gewalt ein Einkommen und unsere Nahrungsmittelversorgung? Eine Flucht erfolgt oft erst dann, wenn andere Handlungsoptionen ausgeschöpft sind und wenn die Furcht, in Zukunft dauerhaft und wiederholt Gewalt ausgesetzt zu sein, größer ist als die Hoffnung, dieser entgehen zu können. Um Fluchtbewegungen besser zu verstehen, reicht es nicht, lediglich sogenannte Push-Faktoren wie Furcht vor Verfolgung, Gewaltkonflikten oder Naturkatastrophen zu betrachten. Das Push-Pull-Konzept ist zu stark vereinfachend. Vielmehr gilt es zu berücksichtigen, dass eine Flucht von vielfachen Entscheidungsprozessen geprägt ist – nicht nur vor, sondern auch während und nach einer Flucht. In diesen Entscheidungsprozessen – die oftmals sehr schnell und unter großem Handlungsdruck erfolgen – vermischen sich persönliche Zielvorstellungen und Wünsche mit familiären Überlegungen, existenziellen Zwängen und letztlich auch mit übergeordneten strukturellen Faktoren. Schutzsuchende treffen ihre Entscheidung zur Flucht oder zum Verbleib an einem Ort immer im Rahmen der gesellschaftlichen und politischen Kontexte, in die sie eingebettet sind. [...] Wenn Menschen fliehen können, so verläuft ihre Flucht in den seltensten Fällen geradlinig und direkt an die ursprünglichen Zielorte. [...] Neuere Studien zeigen, dass die Flucht nach Europa durch zahlreiche Einzeletappen mit unterschiedlichen Transportmitteln, durch Umwege und Abstecher, mehrfache Grenzüberschreitungsversuche, Rückführungen und Abschiebungen und durch lange Zwischenaufenthalte gekennzeichnet ist.
*Quelle: Benjamin Etzold: Flucht und Vertreibung. In Humangeographie. Braunschweig: Westermann 2021, S. 138*

**M3    Quellentext zu den Ursachen von Flucht**

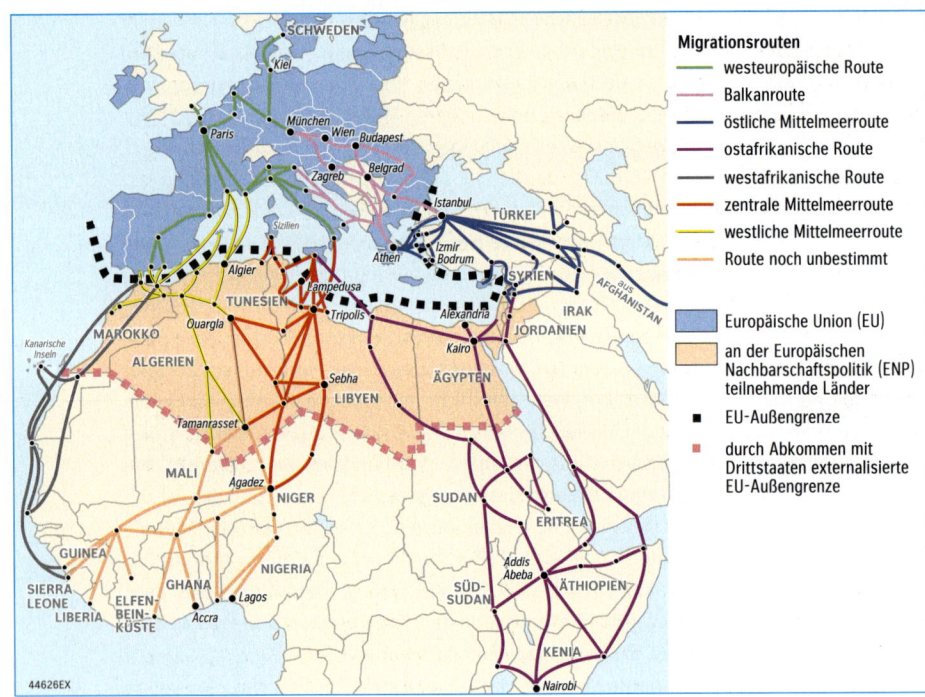

**M1    Flüchtlingsrouten nach Europa**

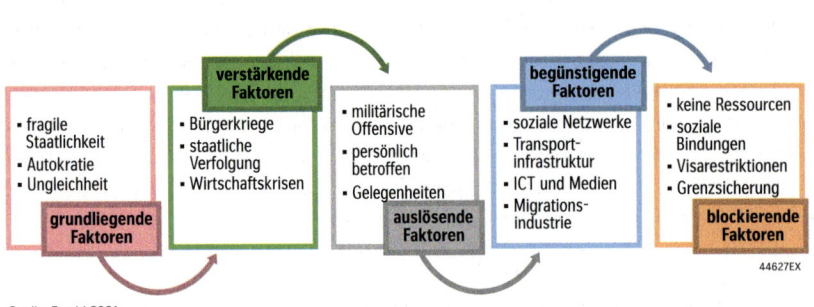

**M2    Hintergründe, Triebkräfte und Entscheidungsprozesse im Fluchtverlauf**

Quelle: Etzold 2021

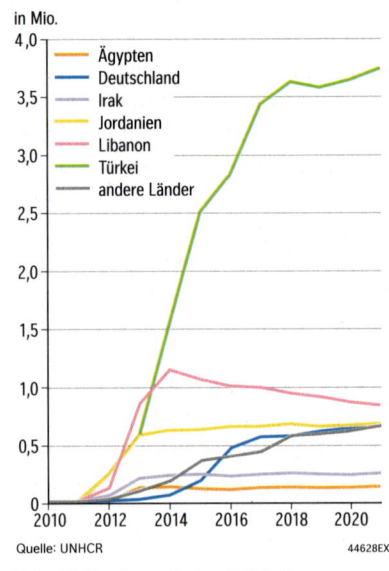

**M4    Zielländer syrischer Flüchtlinge**

Quelle: UNHCR

| | Flüchtlinge[1] aus dem Land | Flüchtlinge[1] im Land | Binnen-flüchtlinge |
|---|---|---|---|
| Ägypten | 48 514 | 341 078 | |
| Algerien | 12 874 | 100 020 | |
| Irak | 598 353 | 291 580 | 1 186 556 |
| Iran | 211 934 | 798 377 | |
| Jemen | 73 077 | 102 060 | 4 288 739 |
| Jordanien | 8 776 | 760 020 | |
| Libanon | 14 934 | 854 582 | |
| Libyen | 24 807 | 39 882 | 179 047 |
| Palästinensi-sche Autono-miegebiete[2] | 5 703 546 | | |
| Saudi-Arabien | 3 708 | 12 781 | |
| Syrien | 6 988 619 | 23 073 | 6 865 308 |
| Türkei | 151 346 | 4 064 787 | |
| Welt | 25 943 419 | | 51 322 623 |

[1] Flüchtlinge (von der UNHCR registriert) und Asylsuchende Quelle: UNHCR, [2] UNRWA

M 5   Flüchtlinge in ausgewählten Ländern (2021)

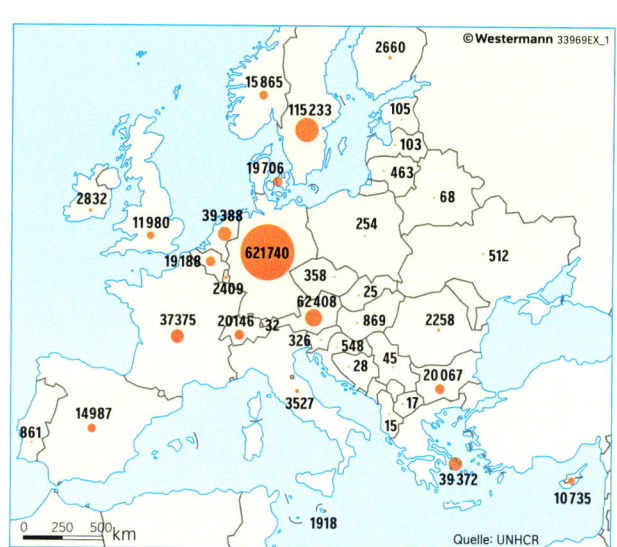

M 8   Syrische Flüchtlinge in Europa (2021)

M 6   Zaatari Flüchtlingscamp in Jordanien

Eines der größten Flüchtlingslager der Welt ist Zaatari. Es liegt in Jordanien, nur wenige Kilometer von der syrischen Grenze entfernt. Seit 2012 finden dort Syrer Zuflucht vor dem Krieg in ihrem Heimatland. 2013 waren es schon mal 200 000, mittlerweile sind es ungefähr 80 000 Bewohner (Fläche: 5,2 km$^2$). Damit ist es die viertgrößte Stadt Jordaniens. Es wird vom UN-Flüchtlingswerk UNHCR betrieben. Die Zelte, die in den ersten Wochen und Monaten ein provisorisches Dach boten, wurden durch Tausende von Unterkünften aus Metall ersetzt. Das Lager hat sich inzwischen zu einer festen Siedlung mit Straßen und zahlreichen Infrastruktureinrichtungen entwickelt. Die Hälfte der Campbewohner sind Kinder. 40 Babys kommen hier pro Woche zur Welt. Es gibt zwei Krankenhäuser, neun Gesundheitsstationen, sieben Spielplätze und Schulen.

Mithilfe deutscher Entwicklungshilfe wurden ein Solarkraftwerk zur Elektrizitätsversorgung sowie Wasserleitungen und Tiefbrunnen gebaut. Täglich werden drei Millionen Liter Wasser benötigt. Für neun Stunden wird täglich Strom produziert. An der zentralen Straße, der „Sham-Elysee" (ash Sham = Damaskus), gibt es rund 1800 Geschäfte, die von den Flüchtlingen betrieben werden. Nur vier Prozent der Flüchtlinge im arbeitsfähigen Alter in Zaatari verfügen über eine Arbeitserlaubnis und können in den jordanischen Nachbargemeinden arbeiten. Der Mangel an Beschäftigungsmöglichkeiten führt dazu, dass zwei Drittel der Flüchtlingsfamilien verschuldet sind.

M 9   Zaatari Flüchtlingscamp in Jordanien

Nach offiziellen Schätzungen leben etwa 3,5 Millionen Syrerinnen und Syrer in der Türkei, die vor dem Krieg in ihrem Heimatland geflohen sind. [...] Laut einer Studie der Berliner Stiftung Wissenschaft und Politik glauben 60 Prozent der Türken, ihr Land habe sein Bestes für die Syrer getan – und mittlerweile 80 Prozent wollen sie nicht mehr im Land haben.

Bei der Aufnahme der Geflüchteten hatte die Solidarität unter Muslimen eine wichtige Rolle gespielt. Aber mittlerweile sind sieben von zehn Türken der Ansicht, die Anwesenheit der Flüchtlinge belaste das soziokulturelle Gefüge und verschlechtere die Qualität der öffentlichen Dienstleistungen. Aus den „Eingeladenen" sind Unerwünschte geworden. [...]

Der legale Status der Geflüchteten ist in drei Kategorien unterteilt: Rund 110 000 Personen haben die türkische Staatsbürgerschaft bekommen. Weitere 117 000 besitzen eine Aufenthaltsgenehmigung, mit der sie eine Arbeitserlaubnis erwerben, ein Bankkonto eröffnen und eine eigene Firma gründen dürfen. [...] Mit Abstand am meisten Geflüchtete zählen zur dritten Kategorie, die einen „temporären Schutzstatus" gewährt – der Flüchtlingsstatus nach der Genfer Konvention von 1951 gilt in der Türkei nur für Europäer. Der temporäre Schutz wurde 2014 eingerichtet, als immer mehr Menschen in großen Massen über die Grenze geflüchtet sind. Damit können sich Syrer legal in der Türkei aufhalten. Sie haben Zugang zu bestimmten sozialen Dienstleistungen wie kostenloser Gesundheitsversorgung, sie dürfen nicht abgeschoben werden, aber sie können weder arbeiten noch ein Bankkonto eröffnen noch den Führerschein machen. [...] Nach Angaben des türkischen Gewerkschaftsverbands Disk lebt die Hälfte der syrischen Geflüchteten im Land unterhalb der Armutsgrenze.

*Quelle: Ariane Bonzon: Exil in Gaziantep. Edition Le Monde diplomatique 29/2021, S. 62*

M 7   Quellentext zu syrischen Flüchtlingen in der Türkei

# 4.5 Die traditionelle orientalisch-islamische Stadt

*Vorderasien, wo es bereits 10 000 v. Chr. erste stadtähnliche Siedlungen gab, gilt als Ursprung des Städtewesens. Im Laufe der Zeit entstanden Städte mit typischen Strukturmerkmalen, die sich zumindest in einigen Medinas (Altstädten) heute noch wiederfinden. Stadtgeographen sprechen von einem Modell der „orientalischen" Stadt. Sie hinterfragen aber auch, welchen Einfluss die Islamisierung seit dem 7. Jahrhundert n. Chr. auf diese Städte hatte.*

1. Erläutern Sie die in den Bildern M4, M6, M10 und S.85: M5 erkennbaren Strukturmerkmale der traditionellen „orientalischen" Stadt (M3).
2. Analysieren Sie, inwiefern sich die Grundstruktur (M1, M7) und die Strukturmerkmale (M3) der traditionellen „orientalischen" Stadt im heutigen Damaskus wiederfinden (Atlas).
3. Erklären Sie den islamischen Einfluss auf die „orientalische" Stadt (M2, M5, M11).
4. Erläutern Sie die räumliche Struktur eines Basars oder Suqs (M3, M8, M9).
5. „Die strikte Trennung von Öffentlichkeit und Privatheit ist das wichtigste Charakteristikum der traditionellen ‚orientalischen' Stadt" (M11). Beurteilen Sie diese These unter Einbeziehung der Strukturmerkmale.

**M4**  Altstadt von Damaskus (Syrien, 1911)

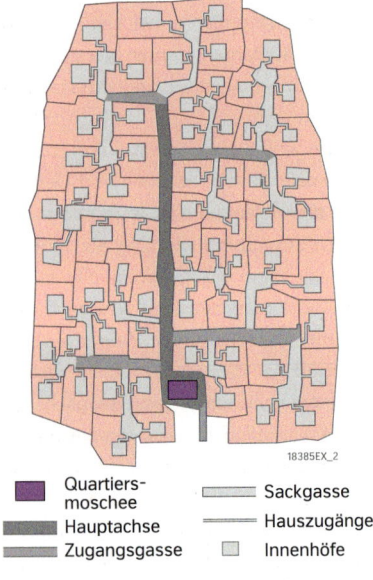

18385EX_2

| | Quartiers-moschee | | Sackgasse |
| | Hauptachse | | Hauszugänge |
| | Zugangsgasse | | Innenhöfe |

**M1**  Aufbau eines Wohnviertels in der Medina (Altstadt)

- Ein zweigliedriges Grundrissbild aus
  - Hauptstraßen, die Stadtzentrum und Tore sowie einzelne Wohnquartiere miteinander verbinden, und
  - unregelmäßigen, verwinkelten, engen Sackgassen, die die Wohnviertel erschließen;
- eine strenge Segregation* der Stadtviertel nach Nationen, Religionen, Konfessionen*, eventuell Sippen-, Stammes- und Sprachgemeinschaften, deren Stadtviertel zum Teil mittels Toren voneinander abgesondert waren;
- eine Bebauung mit ein- bis zweigeschossigen Innenhofhäusern aus Lehm mit fensterlosen Außenwänden und Flachdächern;
- eine Ummauerung von gesamter Stadt und Herrschaftssitz (Kasbah, Ark);
- die zentrale Moschee (Freitagsmoschee) als geistlicher, aber auch kultureller und öffentlicher Kern der Medina;
- ein (Haupt-)Basar (persisch, arab. Suq oder Souk) als wirtschaftlicher Mittelpunkt und zentraler Geschäftsbereich, ergänzt mit religiösen (Moschee) und sozialen Funktionen (Bädern, Kaffeehäusern, Garküchen), aber ohne Wohnfunktion;
  - meist überdachte Gassen und vielfältiger Baubestand;
  - strenge Branchensortierung (Handel, Handwerk) und Nachbarschaft von Groß- und Einzelhandel sowie Handwerk und Handel der jeweiligen Erzeugnisse;
  - regelhafte räumliche Ordnung nach Standorten unterschiedlicher Wertigkeit (Nähe zur Moschee) und Kundenfrequenz;
- in größeren Städten verschiedene Viertel mit eigenem Basar und eigenem Gotteshaus (Moschee, Kirche, Synagoge*).

**M3**  Strukturmerkmale der „orientalischen" Stadt

Viele Merkmale des Baubestandes und des räumlichen Gefüges, die die Besonderheit der Städte Nordafrikas und Vorderasiens ausmachen, sind bereits in den Städten des alten Orients angelegt. Nur der zentrale Geschäftsbereich, der Basar oder Suq, ist eine eigenständige Kulturleistung des islamischen Mittelalters und war weder Bestandteil der Städte im Alten Orient noch in der klassischen Antike oder im europäischen Mittelalter. Grundrissstruktur, Haustyp und Quartierstrennung reichen hingegen in vorislamische Zeit zurück.

*Quelle: Jürgen Bähr, Ulrich Jürgens: Stadtgeographie II. Braunschweig: Westermann 2009, S.224*

**M2**  Quellentext zur orientalisch-islamischen Stadt

Obwohl sich die Genese des Islams in einem genau definierten, festliegenden sozialen Rahmen vollzieht, dem des Kontaktes zwischen Nomaden und Sesshaften, ist das Ideal des entstehenden Islams seinem Wesen nach städtisch. Das hat seinen wesentlichen Grund darin, dass die Grundlage des Islams vor allem das gemeinsame Gebet ist. [...] Zu seiner Durchführung sind feste, stabile Moscheen erforderlich, sodass sich große Menschenmassen versammeln können. Standort dieser großen Freitagsmoschee ist die Stadt.

*Quelle: Hartmut Redmer: Die islamisch-orientalische Stadt – Entstehung, Wandel und heutiges Bild. Geographie und Schule 1994, S.25*

**M5**  Quellentext zur orientalisch-islamischen Stadt

100800-180-01
schueler.diercke.de

100800-180-02
schueler.diercke.de

M 6 Gasse in der Altstadt von Damaskus

M 10 Souk al-Bzouriyya in Damaskus

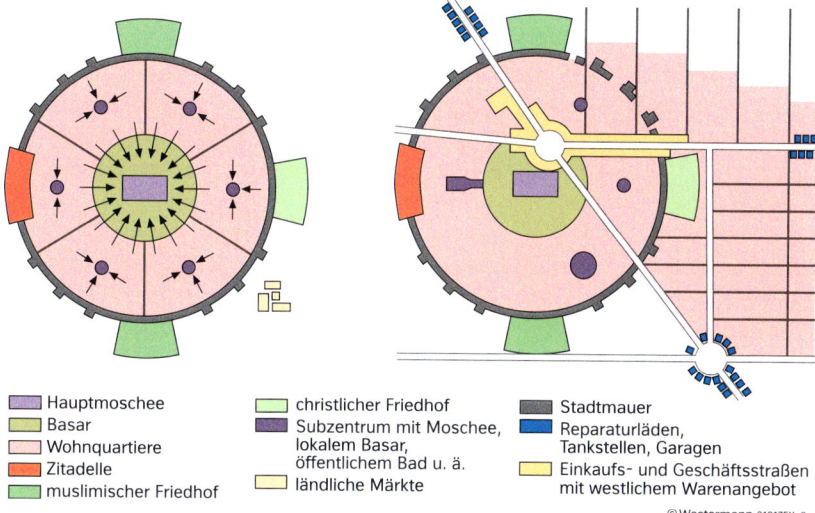

- ▧ Hauptmoschee
- ▧ Basar
- ▧ Wohnquartiere
- ▧ Zitadelle
- ▧ muslimischer Friedhof
- ▧ christlicher Friedhof
- ▧ Subzentrum mit Moschee, lokalem Basar, öffentlichem Bad u. ä.
- ▧ ländliche Märkte
- ▧ Stadtmauer
- ▧ Reparaturläden, Tankstellen, Garagen
- ▧ Einkaufs- und Geschäftsstraßen mit westlichem Warenangebot

© Westermann 21017EX_2

M 7 Grundstruktur der „orientalischen" Stadt und der frühen kolonialen Überformung*

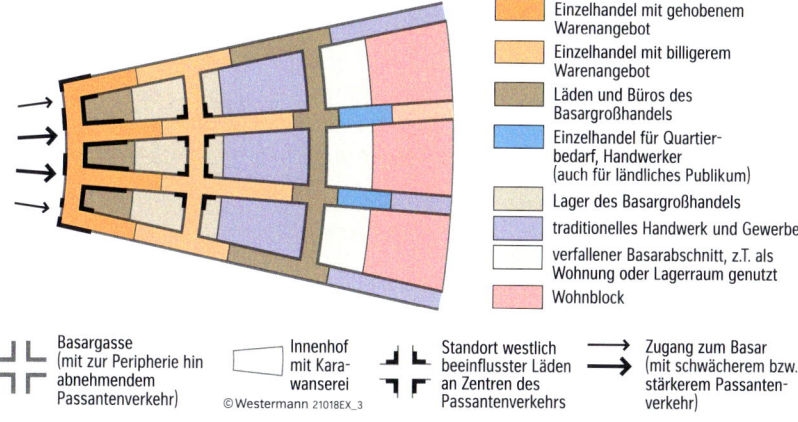

- ▧ Einzelhandel mit gehobenem Warenangebot
- ▧ Einzelhandel mit billigerem Warenangebot
- ▧ Läden und Büros des Basargroßhandels
- ▧ Einzelhandel für Quartierbedarf, Handwerker (auch für ländliches Publikum)
- ▧ Lager des Basargroßhandels
- ▧ traditionelles Handwerk und Gewerbe
- ▧ verfallener Basarabschnitt, z.T. als Wohnung oder Lagerraum genutzt
- ▧ Wohnblock

Basargasse (mit zur Peripherie hin abnehmendem Passantenverkehr)

Innenhof mit Karawanserei
© Westermann 21018EX_3

Standort westlich beeinflusster Läden an Zentren des Passantenverkehrs

→ Zugang zum Basar (mit schwächerem bzw. stärkerem Passantenverkehr)

M 8 Schematische Darstellung der räumlichen Ordnung eines Basars/Suqs

„In dieser Struktur spiegeln sich gesellschaftliche, ökonomische, religiöse und politische Verhältnisse, die gemeinsam die orientalische Kultur ausmachen. Die permanente Bedrohung durch Nomaden und Fremdgläubige und die Militanz der eigenen oder jeweils spezifischen Religion führen zu Mauer, Sackgasse, Innenhof und Flachdach, die Herrschaftsverhältnisse zur Ummauerung der Burg und zur Absonderung in Quartier und Atriumhaus, der Fernhandel spiegelt sich in Karawanserei* und Basar, der Rentenkapitalismus* in der strengen Trennung zwischen Stadt und Land, die Zunftordnung mit ethnisch-religiösen Bindungen in der funktionalen Differenzierung des Basars."

**Axel Borsdorf, Oliver Bender**, deutsche Geographen (2010)

„Privatheit als eine Grundkategorie städtischen Lebens [besagt], dass das Schwergewicht der sozialen und räumlichen Beziehungen auf dem gesellschaftlichen Nah-Bereich liegt – auf Nachbarschaft, Familie oder Sippe, Sprach-, Herkunfts-, Berufs- oder Glaubensgemeinschaft."

**Eugen Wirth**, deutscher Geograph (2001)

„Orientalische Städte verfügten über wenig staatliche Institutionen, kannten keine eigene politische Hoheit und kamen mit einem Minimum an öffentlicher Verwaltung aus, die [...] durch Absprache und Konsens zwischen geachteten Familienoberhäuptern und den Vertretern der koranischen Lehre [geregelt wurde.]"

**Hans Gebhardt**, deutscher Geograph (2001)

M 11 Zitate

---

In den meisten Fällen haben die Basare eine zentrale Lage und decken die Versorgung der ganzen Stadt ab. Ein Teil des Handels im Basar diente zum einen der Versorgung der Oberschicht mit Luxusgütern, wie Seidenwaren, Schmuck usw., zum anderen der Versorgung der ganzen Stadt und teilweise auch der Landbevölkerung mit Artikeln des persönlichen Bedarfs (Kleidung, Schuhe und Haushaltsartikel). Der Handel zählt in der islamischen Gesellschaft zu den wichtigsten sozialen Interaktionen. Gestalt, Architektur und Erscheinungsqualität des Basars, in dem sich Händler und Stadtbewohner eine beträchtliche

Zeit des Tages aufhalten, ist mit den sozioökonomischen und kulturellen und nicht zuletzt religiösen Wertvorstellungen der Gesellschaft verknüpft. Die Vereinigung der ökonomischen, sozialen und religiösen Aktivitäten unter einem „Dach" und die prachtvolle Gestaltung dieser Räume lassen sich nur dadurch erklären. Der Basar steht somit als ein idealer öffentlicher Raum zur Verfügung, der neben kommerzieller Dienstleistung zusätzlich Platz für politische, religiöse und kulturelle Aktivitäten bietet.

*Quelle: Abdul Ghanbran: Iranische Basare im Wandel. Stuttgart 2004, S. 43–45*

M 9 Quellentext zur Funktion des Basars

# 4.6 Marrakech – Strukturwandel einer orientalischen Stadt

*In den rasch wachsenden arabischen Großstädten nehmen die historischen, architektonisch reizvollen Altstädte nur noch kleine Flächen ein. Vielerorts finden sich neben den alten Wohnquartieren Slums\* sowie Villenvororte und moderne Wohnviertel auf flächensanierten Arealen, aber auch die typischen Hochhäuser im Stil des globalisierten „westlichen" Städtebaus. Zu einer ersten europäischen Überformung\* kam es in vielen Städten bereits im Zuge der Kolonialisierung im 19. Jahrhundert. Diese koloniale Überformung unterscheidet sich allerdings von der in anderen Kolonialgebieten durch eine typische strukturelle Gliederung.*

1. Beschreiben Sie die Stadtentwicklung in Marokko (M3).
2. Analysieren Sie den Aufbau von Marrakech als Musterbeispiel einer „orientalischen" Stadt (M1, M6, S. 83: M7).
3. Erläutern Sie das Modell der zweipoligen islamisch-orientalischen Stadt (M2, M4, M5, M6, M8).
4. a) Vergleichen Sie den Gentrifizierungsprozess\* in Marrakech mit dem in deutschen Großstädten (M9, M10).
   b) Im Zuge der Corona-Pandemie haben viele ausländische Bewohner/Investoren ihre Wohnungen/Hotels in der Medina verkauft. Erörtern Sie vor diesem Hintergrund die Folgen der Aufwertungsprozesse.
5. Beurteilen Sie, ob man bei Großstädten wie Marrakech, Damaskus oder Istanbul (vgl. 4.8) heute noch von „orientalischen" Städten sprechen kann.

Der westeuropäische Einfluss äußerte sich vor allem darin, dass sich neben dem traditionellen Basar durch die Entwicklung einer City nach europäisch-nordamerikanischem Muster (CBD\*) ein zweites Geschäftszentrum ausbildete. [...] Vielfach hat die moderne City inzwischen die Hauptversorgungsfunktion übernommen; sie ist in der Regel auch der Standort der Verwaltungsfunktionen, von Bildungs- und Sozialeinrichtungen, und im Bereich des Einzelhandels siedeln sich hier die internationalen Konzerne an. Der alte Basar gerät gelegentlich bereits in die Gefahr, zur reinen Touristenattraktion zu mutieren. Die dualistische Struktur aufgrund moderner „westlicher" Einflüsse bezieht sich auch auf die Wohnfunktion. Um die Altstädte erstreckt sich heute häufig eine Zone mehrgeschossiger Mietshäuser, daneben entstanden, vor allem in landschaftlich attraktiven Umlandbereichen, Villenvororte für die soziale Oberschicht. Die traditionellen Strukturen der innerstädtischen Wohngebiete lösen sich vielfach auf und es kommt in vielen Städten zur Entwicklung von Slums\* mit Bewohnern der unteren sozialen Schichten. Auch das produzierende Gewerbe ist infolge der Modernisierung und Flächenausweitung dabei, die traditionellen Basar-Standorte zu verlassen. Industrien – in orientalischen Ländern eine eher junge Erscheinung – siedeln sich vorzugsweise entlang der Ausfallstraßen vor den Städten an.

*Quelle: Reinhard Paesler: Stadtgeographie. Darmstadt: WBG 2008, S. 122–123*

**M2**  Quellentext zur Entwicklung der „orientalischen" Städte im Zuge der Modernisierung und Verwestlichung

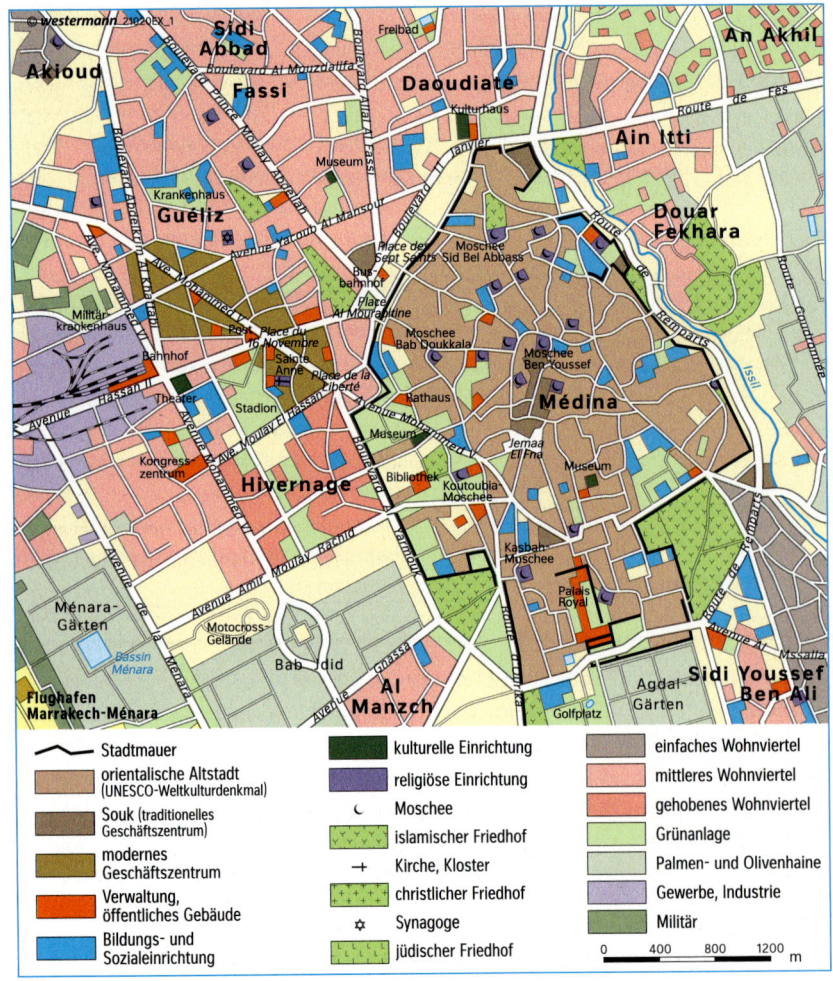

**M1**  Medina und Neustadt (Ville Nouvelle) von Marrakech

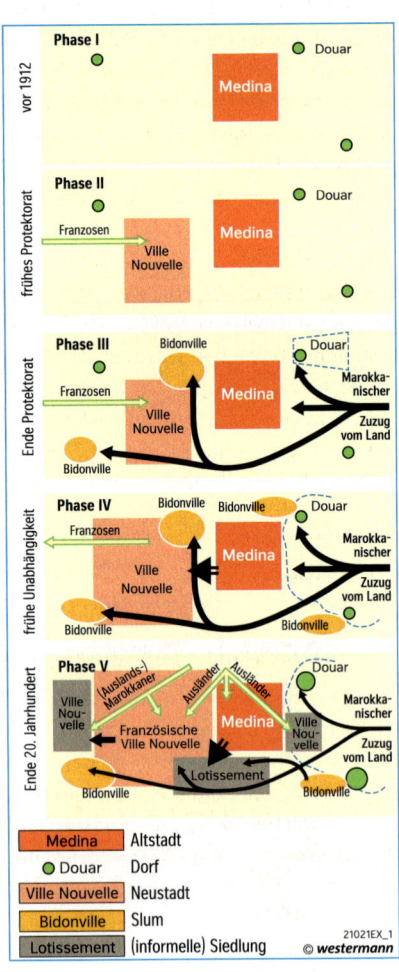

**M3**  Schema der Stadtentwicklung in Marokko

M 4   Neustadt Guéliz

M 5   Medina von Marrakech

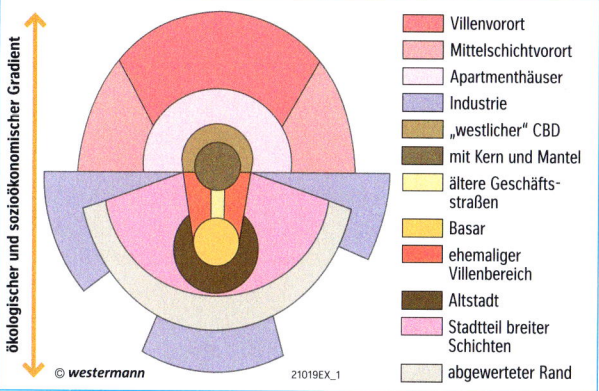

M 8   Grundstruktur der orientalischen Stadt unter westlich-
modernem Einfluss, Modell der zweipoligen Stadt

Marrakech, die rote Stadt im Süden des Königreichs Marokko mit ihren ungefähr 1 Mio. Einwohnern, verfügt über zahlreiche Zuschreibungen: [...]: Märchen aus 1001 Nacht, Perle des Südens und Tor zur Wüste. [...] Im 11. Jahrhundert nach dem Ideal der islamischen Stadt kreisrund konzipiert, wurde die Medina von Marrakech durch mehrere Herrscher-Dynastien\* erneuert und ausgebaut, bis sie die heute charakteristische Grundrissform erhielt. Immer noch prägt die klassisch arabische Infrastruktur die Medina: die große Freitagsmoschee Ben Youssef, der zentrale Souk, die Wohnquartiere mit ihren Sackgassen und die Friedhöfe sowie die Paläste der Herrscher. [...]

Das im Westen an die Medina anschließende Guéliz, die protektoratszeitliche „ville nouvelle", wurde im Auftrag des französischen Generalresidenten Hubert Lyautry (1912 – 1925) geplant. [...] Großzügige Boulevards und Grünanlagen formten die neue Stadt. König Mohamed VI. erkor Marrakech zur persönlichen Favoritin. Unter seiner Herrschaft wird nicht nur die Stadt verschönert, sondern auch Einrichtungen wie Krankenhäuser, Schulen und Sozialeinrichtungen werden verbessert.

*Quelle: Anton Escher, Sandra Petermann: Mythos Marrakech. Geographische Rundschau 3/2018, S. 56*

M 6   Quellentext zu Marrakech

M 7   Dachlounge eines Riads\*

In den 1960er-Jahren wurde Marrakech von Schriftstellern, Künstlern und zahlreichen Prominenten entdeckt – unter ihnen etwa Andy Warhol oder Yves Saint Laurent –, von denen sich einige in der Medina niederließen. Internetplattformen ermöglichten Ende der 1990er-Jahre einen globalen Immobilienmarkt und europäische Fernsehsender sorgten für die weltweite Vermarktung der Innenhofhäuser (Dar und Riad\*) von Marrakech. [...] Ausländisch-marokkanische Immobilien- und Baufirmen entstanden und warben um potenzielle Käufer der jeweiligen Herkunftsländer. [...] Die ausländischen Investitionen trugen maßgeblich zur Erneuerung, Umgestaltung und Umnutzung der Baustruktur bei. [...] Im Verlauf der ausländischen Investitionen werden die Innenhofhäuser nicht nur zu Wohnhäusern mit europäischer Infrastruktur (z. B. Nasszelle in jedem Apartment, Swimmingpools auf dem Dach oder im Hof, Klimaanlage, Elektroküche) umgebaut, sondern insbesondere in Gästehäuser (Maison d'hôtes) umgestaltet. Hinzu kommt der Um- und Ausbau von Wohnhäusern in Traveller-Hotels, Restaurants, Hammams, Spa- und Wellness-Center, Basarläden (z. B. Teppiche, traditionelle Heilmittel) sowie Kunstgalerien für touristische Besucher. [...] Strom- und Wasserversorgung sowie die Kanalisation der Medina wurden mithilfe ausländischer Finanzierung vollkommen neu implementiert.

*Quelle: Anton Escher, Sandra Petermann, Gregor Arnold: Das neue Marrakech – eine Materialisierung des Mythos von Tausendundeiner Nacht? Geographische Rundschau 7-8/2018, S. 54 – 55*

M 9   Quellentext zur Gentrifizierung\* der Medina

| Pioniere | Hippies, Beatniks, Künstler: Ausländer, risikofreudig, wenig Geld, niedriger Wohnraumanspruch |
|---|---|
| Gentrifier | Angehörige des Jetsets, Kulturunternehmer, Berufstätige, Touristen, Rentner, interkulturelle Ehepaare: Ausländer, risikoscheu, viel Geld, hoher Wohnraumanspruch |
| andere | marokkanische Viertelbewohner |

M 10  Beteiligte Personengruppen beim Gentrifizierungsprozess

# 4.7 Istanbul – Metropolisierung und Segregation

*Mit knapp 16 Mio. Einwohnern gehört Istanbul mittlerweile zu den großen Metropolregionen der Welt. Die Stadt auf beiden Seiten des Bosporus und somit mit einem europäischen und einem asiatischen Teil hat in den letzten Jahrzehnten eine rasante Entwicklung hinter sich. Sie ist aber auch ein typisches Beispiel für moderne Formen der Segregation\*.*

1. Beschreiben Sie die Wohnviertel auf den Bildern (M 3, M 5, M 8).
2. Charakterisieren Sie die Bevölkerungs- und Stadtentwicklung von Istanbul (M 1, M 2, M 4, Atlas).
3. Erläutern Sie Segregation am Beispiel Istanbuls (M 4, M 6).
4. a) Analysieren Sie die Lage der informellen Siedlungen/Gecekondu 1975 (M 1, M 4).
   b) Beschreiben Sie das Erscheinungsbild dieser Stadtviertel heute (z. B Gaziosmanpaşa, Google Earth, Google Street View). ⓩ
5. Vergleichen Sie die verschiedenen Typen von Gated Communities in Istanbul (M 7).
6. a) Lokalisieren und beschreiben Sie folgende Gated Communities\*: Alkent 2000, Anthill Residence, Arkheon, Denizistanbul, Kasaba, Kemer Country, Nuvol Park, Sinpaş Bosphorus City (Google Earth, Google Street View). ⓩ
   b) Ordnen Sie sie den verschiedenen Typen zu (M 7).
7. Erörtern Sie das Wohnen in Gated Communities (M 6, M 7).

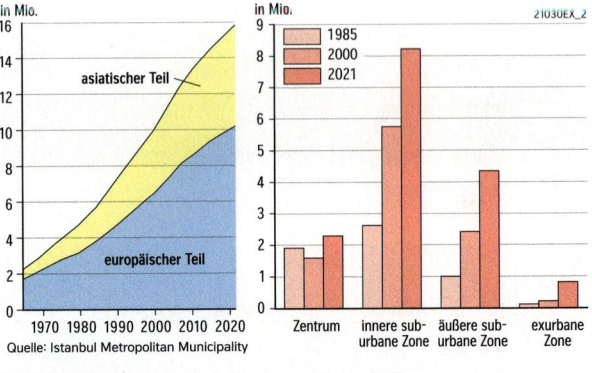

M 2   **Bevölkerungsentwicklung von Istanbul**

Quelle: Istanbul Metropolitan Municipality

M 3   **Gecekondu in Istanbul**

Die wirtschaftliche und demografische Entwicklung der Stadt İstanbul […] stagnierte bis in die frühen 1950er-Jahre. Erst mit der damals einsetzenden Forcierung der Industrialisierung und der damit ausgelösten starken Zuwanderung wuchs die Stadt bis in die 1980er-Jahre zu einer Metropole […] an. Trotz existierender Masterpläne blieb die städtische Entwicklung in dieser Zeit zum größten Teil spontan und unkontrolliert. Markantestes Beispiel sind die Gecekondu („über Nacht gebaute" Häuser). Dabei handelte es sich um einfache Zuwandererviertel in unmittelbarer Nachbarschaft zur jeweiligen Großindustrie. Durch mehrere Amnestiegesetze wurden diese illegalen Siedlungen nachträglich von der Zentralregierung legalisiert. […] Bis in die späten 1970er-Jahre blieb der stadtplanerische Schwerpunkt auf dem Ausbau der Industrie, die entsprechend der definierten linearen Wachstumsachse der Stadt (Bandstadt\* mit dynamischem Ost- bzw. Westflügel) und der binnenmarktorientierten Wirtschaftspolitik gefördert und v. a. auf die anatolische Seite ausgelagert wurde. Die in Wellen erfolgte Außenverlagerung von Großindustrien brachte immer wieder neue einfache Arbeiterviertel hervor, die durch ihr Vordringen in Richtung Küsten häufig in Konflikt mit Wohngebieten der Ober- und Mittelschicht führte […]. In derselben Zeit verlagerte sich der CBD\* von der historischen Innenstadt beiderseits der Galatabrücke nordwärts. […] Entscheidend für die weitere Suburbanisierung der Stadt war der in den frühen 1970er-Jahren beginnende Bau der zwei Ost-West-verlaufenden Ringautobahnen mit den zwei Brücken über den Bosporus. Die jetzt einsetzende rapide städtische Ausweitung brachte eine starke Zersiedelung von bis dahin unverbauten Flächen.

*Quelle: Friedrich Palencsar, Maria Strmenik: Gated Communities in Instanbul. Geographische Rundschau 1/2010, S. 20*

M 4   **Quellentext zur Stadtentwicklung Istanbuls**

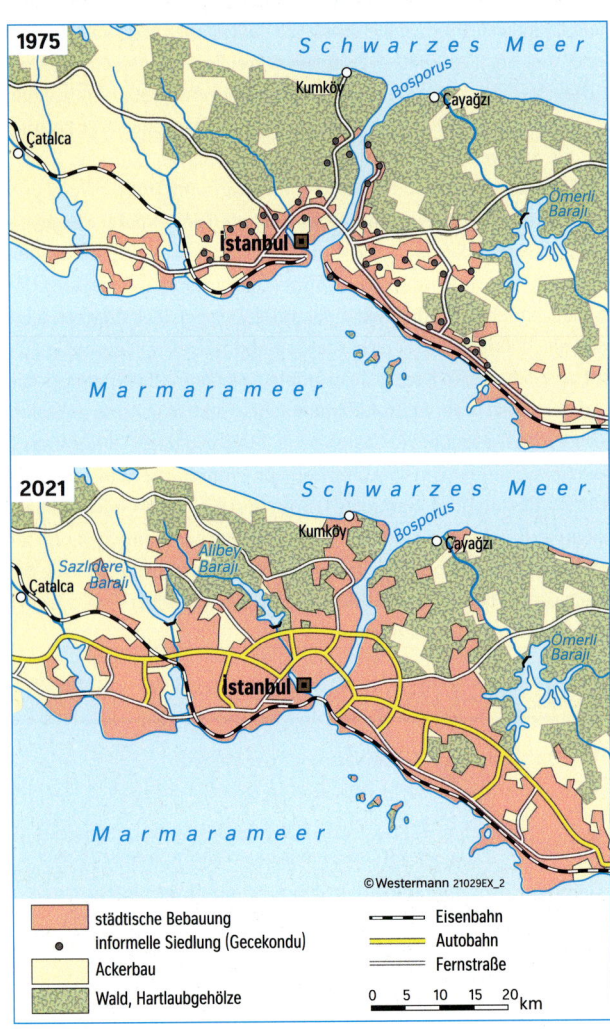

städtische Bebauung
• informelle Siedlung (Gecekondu)
Ackerbau
Wald, Hartlaubgehölze

Eisenbahn
Autobahn
Fernstraße

0   5   10   15   20 km

M 1   **Istanbul 1975 und 2021**

M 5   Eminönü, Altstadt von Istanbul auf der Halbinsel mit Süleymaniye-Moschee

Nach den wirtschaftlichen und politischen Umwälzungen in den 1980er-Jahren begann die Entwicklung von Gated Communities in İstanbul. Es gibt einige Faktoren wie die neoliberale\* Wirtschaft und die neu entstandenen mittleren und oberen Einkommensgruppen, die die Anzahl dieser Wohngebiete erhöht haben. [...] Diese Wohngebiete entstanden sowohl in der Innenstadt als auch in den Außenbezirken und liegen in der Nähe der Geschäftsviertel Istanbuls. [...] Obwohl die Gated Communities anfangs prestigeträchtige und hochwertige Wohnviertel für Menschen mit hohem Einkommen darstellten, hat sich diese Situation im Laufe der Zeit geändert. So entstanden Gated Communities, die aus Wohnblocks in hoher Dichte für Menschen mit mittlerem Einkommen in Randgebieten bestehen. Heutzutage sind Gated Communities überall zu sehen, vor allem im Norden Istanbuls in den großen Grünzonen. [...] Bauträger kaufen diese Grundstücke zu niedrigen Preisen, entwickeln sie mit einem attraktiven Konzept und verkaufen sie zu hohen Preisen.

*Quelle: Ahmet Gün: Using imitation as a design parameter in gated communities: the case of Istanbul. Istanbul 2017 (Übersetzung: Thilo Girndt)*

Gated Communities sind Wohnanlagen, die vom Rest der Stadt isoliert sind und ihren Bewohnern physische und symbolische Zugehörigkeit sowie sozialen Status, Prestige und Sicherheit versprechen. [...] In den späten 1990er- und frühen 2000er-Jahren [...] ebnete die steigende Wohnungsnachfrage der Mittel- und oberen Mittelschicht den Weg für die Expansion der Immobilienbranche, wobei die Unternehmen den Bürgern „Gated Communities" anboten, um sie auf der Suche nach Sicherheit und Prestige von den unteren Schichten zu trennen. Durch den Bau von Gated Communities wurde der städtische Raum nach Klassen getrennt, ein Phänomen, das ein Merkmal des „neoliberalen Urbanismus" ist.

*Quelle: Alparslan Nas: Between the Urban and the Natural: Green Marketing of Istanbul's Gated Community Projects. Istanbul 2017 (Übersetzung: Thilo Girndt)*

M 6   Quellentexte zu Gated Communities\* in Istanbul

| | Form | Bewohner | Lage |
|---|---|---|---|
| Towers (vertikale Gated Communities) | exklusive Hochhäuser, oft in Mischnutzung mit Büroräumen und Shopping Malls, Security Gates | Eliten aus den Bereichen Medien und Finanzen | europäische Seite in Nähe zum CBD\* |
| Villa Towns (horizontale Gated Communities) | ummauerte/eingezäunte Einzelhaus- und/oder Reihenhaussiedlungen mit eigenen Grünanlagen und Klubhaus (Sportangebote), diverse Sicherheitssysteme | Familien mit Kindern aus Ober- und oberer Mittelschicht | kleinere Anlagen in CBD-Nähe, größere am Stadtrand und im Umland |
| Apartment Blocks (horizontale Gated Communities) | sehr dicht gebaute Apartmentkomplexe mit eigener Infrastruktur, oft um Zentrum mit Sportanlage oder Park, Security Gates | Mittelschichtsfamilien | europäischer und anatolischer Küstenstreifen |
| Gated Towns (Mischform) | geschlossene Satellitenstädte mit entsprechender Infrastruktur (Shopping Mall, Krankenhaus, Feuerwehr, eigene Autobahnabfahrt), verschiedene Hausformen (Apartmenthochhaus, Einfamilienhaus, Reihenhaus), von Mauern umgeben, Security Gates | Ober- und Mittelschicht | europäischer und anatolischer Norden sowie im Westen der Bandstadt\* |

M 7   Verschiedene Typen von Gated Communities\* in Istanbul

M 8   Gated Community\* „Istanbul Istanbul", 25 km nördlich von Istanbul auf der europäischen Seite

# 4.8 Hitze in arabischen Städten

*Der Klimawandel wird die arabische Halbinsel besonders stark treffen. Doch wie reagiert man auf Hitze und zunehmende Hitzewellen, wenn es schon immer unerträglich heiß war? Traditionell wurden im Städtebau der arabischen Städte zahlreiche Kniffe angewandt, um das Leben erträglicher zu machen. Diese Methoden zur Kühlung dienen überall in der Welt als Vorbild. Doch heute haben sich die arabischen Städte besonders in den durch Petrodollars zu Reichtum gekommenen Golfstaaten den wenig umweltfreundlichen, Energie fressenden Klimaanlagen verschrieben. Erst langsam finden ein Umdenken und eine Renaissance der alten Techniken statt.*

1. a) Beschreiben Sie die Auswirkungen des Klimawandels auf der arabischen Halbinsel (M 1, Atlas, evtl. Internet).
   b) Erläutern Sie die Auswirkungen in (modernen) arabischen Städten (berücksichtigen Sie auch den Wärmeinseleffekt).
2. Erklären Sie
   a) die Funktionsweise von Windtürmen (M 2 – M 4),
   b) das Konzept der Beschattung zur Senkung der Temperaturen (M 5, M 7, M 10, M 11).
3. Beurteilen Sie die Idee, von den Bauprinzipien der traditionellen „orientalischen" Stadt zu lernen.
4. „Die zunehmende Erwärmung wird die sozialen Disparitäten* auf der arabischen Halbinsel noch erhöhen" (M 6). Nehmen Sie Stellung zu dieser Aussage.

Die Arabische Halbinsel. Hier leben heute knapp 80 Millionen Menschen. Die Hitze des Sommers sind sie gewöhnt. 38 Grad oder mehr und dann auch mal 40 und auch mal 45 und auch mal 48. Doch jetzt hat eine Studie ergeben: Die Temperaturen könnten schon bald ins Unerträgliche steigen. Jedes Jahr wird da ein neues Extrem gemessen – in Kuwait zum Beispiel, im Irak und auch in den Emiraten und in Saudi-Arabien. Wenn diese Modellprognosen wahr werden [...], dann wird diese Region aufgrund ihrer hohen Luftfeuchtigkeit und Wärme unbewohnbar. [...] Wenn die globale Erwärmung zwei Grad sein wird, dann wird im Sommer die Wärme in diesem Gebiet noch mal um einen Faktor zwei mehr steigen, das heißt um vier bis fünf Grad. Diese Mittelwerte sagen aber noch gar nicht alles: So könnten die heißesten Sommertage von heute schon in wenigen Jahrzehnten Alltag werden. Eine Hitzewelle im Jahr 2070 dagegen hieße: 55 oder sogar mehr als 60 Grad Celsius.
*Quelle: Karl Urban: Arabien droht der Hitzekollaps DLF 12.11.2017*

**M 1    Quellentext zum Klimawandel in arabischen Städten**

Die orientalisch-islamischen Länder liegen größtenteils im durch starke Sonneneinstrahlung und geringe Niederschläge geprägten altweltlichen Trockengürtel*. Dieses hat signifikante Auswirkungen auf die Architektur und bauliche Anordnung der traditionellen Städte. Die kompakte und dichte Bauweise führte zu einer optimalen Verschattung, gleichmäßiger Kühlung und Frischluftzufuhr durch die Düsenwirkung, die in den engen Gassen entstand. Unter den klimatischen Bedingungen der trockenheißen Zone sorgt auch das Innenhofkonzept mit angeschlossenen Brunnenanlagen und Bepflanzungen für einen Ausgleich der Temperatur und der Luftfeuchtigkeit zwischen Tag und Nacht.
Islamische Häuser verschmelzen baulich zu größeren Siedlungseinheiten. Sie sind nicht funktional gegliedert, sondern vom extremen Klima bestimmt, das selbst den Bewohnern ein vorgegebenes Verhalten auferlegt. Klimatische Erwägungen stehen auch hinter dem vorherrschenden Kuppelbau bei wichtigen Gebäuden. Kuppeln dienen auch der Innenraumkühlung, da sich – außer im Zenitstand der Sonne – immer Teile der Kuppel im Schatten befinden.
*Quelle: Abdul Hamid Ghanbran: Iranische Basare im Wandel. Stuttgart 2004, S. 31 – 32*

Die relativ niedrige Geschosszahl, Flachdächer und die geschickte Ausrichtung der Gebäude garantierten im Inneren relativ moderate Temperaturen. Typische lokale Baumaterialien mit hoher Albedo (Rückstrahlvermögen) und kühlender Wirkung auf die Innenräume, wie Lehmziegel (Adobe), Kalkstein und Marmor oder Palmwedel und -holz wurden vorwiegend verwendet. [...]
Private und öffentliche Gebäude wurden basierend auf einem Luftdruckgradienten passiv und natürlich gekühlt, was trotz heißer Temperaturen ausreichend Komfort ermöglichte. Luftzufuhr und -abfuhr erfolgte über sogenannte Windtürme[1], ein ursprünglich persisches Architekturelement. Der Luftstrom wurde oft zusätzlich über Wasserflächen in urbanen unterirdischen Kanaten (Wassersammelgalerien) oder im Haus über Wasserbecken und Springbrunnen im Innenhof geführt, um so zusätzlich den kühlenden Effekt der Verdunstungskälte zu nutzen. [...] Maschrabiyyas (geschnitzte Holzgitter) an unverglasten Fenstern und Erkern boten Schutz gegen direkte Sonneneinstrahlung.
*Quelle: Linda Krummenauer, Jürgen P. Kropp: Grenze der Bewohnbarkeit in heißen Regionen am Beispiel des Nahen Ostens. In José L. Lozán, Siegmar-W. Breckle, Hartmut Graßl, Dieter Kasang, Ralf Weisse: Warnsignal Klima – Extremereignisse. Hamburg 2018, S. 327 – 328*

[1] Die Funktion der Windtürme beruht auf verschiedenen physikalischen Phänomenen (Kamineffekt, Bernoulli-Effekt, Verdunstungskälte). So erzeugt der „aufgefangene" Wind an den windabgewandten Seiten der Türme einen Unterdruck, der warme Luft nach oben saugt.

**M 3    Quellentext zu traditionellen Bauprinzipien in der orientalischen Stadt**

**M 2    Windtürme (Badgire) in Yazd (Iran)**

**M 4    Windtower in Masdar City (VAE)**

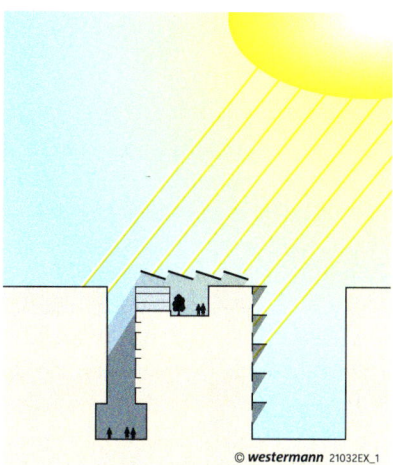

© westermann 21032EX_1

M5 Shibam im Jemen. Die 437 zum Teil neunstöckigen „Hochhäuser" aus Holz und Lehm sind teilweise über 500 Jahre alt. In ihnen ist es über zehn Grad kälter als draußen.

M11 Temperaturreduzierung durch natürliche Abschattung und enge Gassen

Die arabische Halbinsel, Nordafrika, auch die Wüsten, die den Irak und den Iran durchziehen, sie gehörten schon immer zu den heißesten Gebieten der Welt und haben mit ihrem Klima die dort lebenden Kulturen geprägt. Die Menschen trotzten der Hitze mit luftigen Gewändern und Kopfbedeckungen, mit weißen Gebäuden und Schatten spendenden Gewölben. Doch dann wurden aus den Scheichs Ölscheichs. Und auf die Jahrhunderte einer angepassten Lebensform folgten Jahrzehnte der Dekadenz. „Egal wo man hingeht, egal ob man eine Sparkasse betritt oder einen Supermarkt oder einen Kiosk oder einen Obst- und Gemüseladen oder ein Ministerium oder eine Schule. Es ist wirklich egal, was man für ein Gebäude betritt. Es ist immer alles komplett durchklimatisiert", [sagt Islamwissenschaftlerin Miriam Seyffarth.] Nicht alle haben die Wahl, drinnen zu bleiben. „[Etwa] Gastarbeiter, die auf Baustellen arbeiten. Man sieht häufig Hausangestellte, die irgendetwas rund ums Haus machen, gärtnern zum Beispiel, die Autos waschen, Dinge einkaufen. Man sieht viele Leute, die auch die öffentlichen Grünanlagen pflegen zum Beispiel, oder man sieht auch viele Leute, die die Müllabfuhr erledigen. [...] Die arbeiten in der Straße und diese Leute sind richtig gefährdet, weil die nicht richtig geschützt sind. Um die Scheichs mache ich mir wenig Sorgen, aber um diese anderen Personen." [...] Die futuristischen Städte der reichen Golfbewohner entwickeln sich zu Raumschiffen: innen bewohnbar, außen tödliche Hitze. [...] Vielleicht werden die heißesten Städte einfach nur noch im Winter bewohnt, wie bei der saudischen Hauptstadt Riad: Der hier ansässige Hofstaat zieht [...] schon heute jeden Sommer ins kühlere Dschidda ans Rote Meer.
Quelle: Karl Urban: Arabien droht der Hitzekollaps. DLF 12.11.2017

M6 Quellentext zum Leben mit der Hitze

M8 Bauarbeiter aus Sri Lanka in Katar

M9 Klimatisierte Bushaltestellen in Dubai (VAE)

M7 Sonnenschirme vor der Moschee al-Munawwarah in Medina

Kaum ein Pilger verpasst nach dem Hadsch die Gelegenheit, die Heilige Moschee des Propheten in Medina zu besuchen. Trotz zweier Erweiterungen in der zweiten Hälfte des 20. Jahrhunderts war der Platz in der Moschee oft nicht ausreichend [...]. Daher wurde unmittelbar nach Abschluss des letzten Neubaus mit der Planung einer Teilüberdachung des vorgelagerten Freigeländes begonnen. [SL Rasch entwickelte] einen neuartigen Schirmtyp, der sich eines innovativen Faltarmsystems mit sechs Gelenken bedient. Zudem haben die Schirme zwei unterschiedliche Höhen. Durch Überlappung ihrer Membranen ist es möglich, sie zu einem zusammenhängenden Dach zu kombinieren. [...] Das wandelbare Schattendach bietet einen geschützten Raum von höchster architektonischer Qualität für bis zu 250000 Pilger.
Quelle: Madinah Piazza Shading Project. slrasch.de

M10 Quellentext zu Sonnenschirmprojekt eines deutschen Architektenbüros

# 4.9 Übungsklausur

## Kairo – Probleme der Stadtentwicklung in Megastädten

1. Beschreiben Sie die räumliche und demografische Entwicklung der Stadt und der Metropolregion Kairo.
2. Erläutern Sie Nutzungskonflikte/Probleme, die sich aus den beschriebenen Entwicklungen ergeben.
3. Charakterisieren Sie die Lebensbedingungen der Bewohner in den verschiedenen Stadtvierteln.
4. Erörtern Sie die genannten Lösungsansätze vor dem Hintergrund nachhaltiger Stadtentwicklung.

M1   Zusätzliche Materialien: Atlaskarte 152.2, Foto 73, Kap. 4.1: M3, M9

M2   Satellitenbilder des Großraums Kairo (1984, 2019)

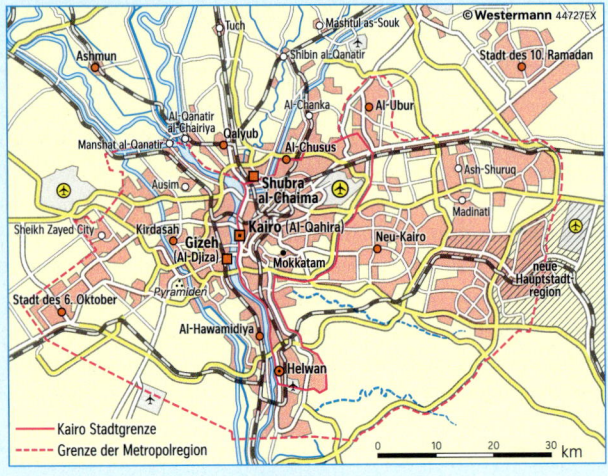

M3   Kairo – Stadt und Metropolregion

Der 2020 veröffentlichten UN-Habitat Studie zufolge leben über 60 Prozent der Bewohner Kairos in informellen Siedlungen in innerstädtischen und innenstadtnahen Gebieten. Die Stadt dehnt sich auf diese Weise aus, was zu Nutzungskonflikten führt. Gleichzeitig werden seit den 1970er-Jahren zur Bekämpfung der Wohnungsnot und zur Entlastung der Innenstadt „Wüstenstädte" im direkten Umland von Kairo gebaut.

### Innerstädtische Wohngebiete

In der Kernstadt Kairos finden sich Zentrumsfunktionen (Einzelhandel, Hotels, Verwaltung), Industrie, vor allem aber Wohnbebauung. Hier und in den angrenzenden, ehemals landwirtschaftlich genutzten Gebieten wohnt die Mehrheit der Bewohner Kairos. Die Siedlungen sind in der Regel geprägt von festen, 5- bis 10- (z. T. bis zu 20-) geschossigen Häusern in Stahl- oder Betonskelettbauweise, deren Skelett errichtet wird und die dann von den Bewohnern fertig gebaut werden. Die Häuser sind sehr eng aneinandergebaut und so fehlt es an Licht und frischer Luft. Die Bevölkerungsdichte in einigen der Siedlungen liegt bei 70 000 Einwohner pro km$^2$. Gleichwohl verfügen die Viertel in der Regel über eine, zum Teil duch NGOs organisierte Basisinfrastruktu (Wasser, Abwasser, Strom, z. T. Müllentsorgung). Weitergehende Infrastruktur – zum Beispiel eine Anbindung an den öffentlichen Nahverkehr, Schulen, soziale Einrichtungen, Grünflächen, Spielplätze, Beschäftigungsmöglichkeiten im formellen Sektor, funktionierende Verwaltung fehlt zumeist. Luftverschmutzung, v. a. verursacht durch Kairos massives Verkehrsproblem, ist die Quelle vieler Krankheiten. Die Viertel beherbergen die Unter- und untere Mittelschicht der Stadt. Das Land gehört dem Staat – trotzdem konnten Hausbesitzer in vielen der informellen Siedlungen formale Besitztitel erwerben und waren so vor Räumungen sicher. Das hat sich in den letzten Jahren geändert, in denen es immer wieder zu Zwangsräumungen und Abriss informeller Siedlungen kam – vor allem in attraktiven Innenstadtlagen.

### Neue Wüstenstädte

Seit den 1970er-Jahren versucht die ägyptische Regierung, die massive Wohnungsnot in Kairo zu lindern, indem „neue Wüstenstädte" in direkter Nähe der Stadt – 10 bis 20 km entfernt vom Stadtzentrum – gebaut werden. Inzwischen gibt es über zehn solcher neuen Wüstenstädte. Zunächst war das Ziel dieser Entwicklung, erschwinglichen Wohnraum zu schaffen und die Kernstädte zu entlasten. So entstand zum Beispiel „10th of Ramadan", eine Wüstenstadt für Arbeiter der in der Nähe sich ansiedelnden Industrie. Von Anfang an war die Bausubstanz bröckelig, es gab zu wenig Arbeitsplätze im formellen Sektor und die innerstädtischen (z. T. informellen) Jobs waren schwer zu erreichen, da es an öffentlichem Nahverkehr fehlt. Zudem sind selbst die Sozialwohnungen für ärmere Bewohner nicht zu bezahlen. Dies verschärfte sich bei der 2. Generation der „neuen Wüstenstädte", zum Beispiel Sheikh Zayed City, die für wohlhabende Gesellschaftsschichten gebaut wurden mit Gated Communities*, gepflegten Grünanlagen und einem umfassenden Angebot an Einzelhandel und sozialen Einrichtungen. Am Rand dieser neuen Wüstenstädte haben sich neue informelle Siedlungen gebildet – oft Siedlungen der Ärmsten der Armen.
Drängende Wohnungsnot in Kairo einerseits und ein Leerstand von über 20 Prozent der 4,7 Mio. Wohnungen in der Metropolregion Kairo andererseits ist ein Phänomen, das sich angesichts steigender Immobilienpreise noch verstärken wird.

M4   Informelle Wohnsiedlungen und neue Wüstenstädte

 100800-152-01
schueler.diercke.de     100800-152-02
schueler.diercke.de

M 5  Informelle Häuser in Kairo

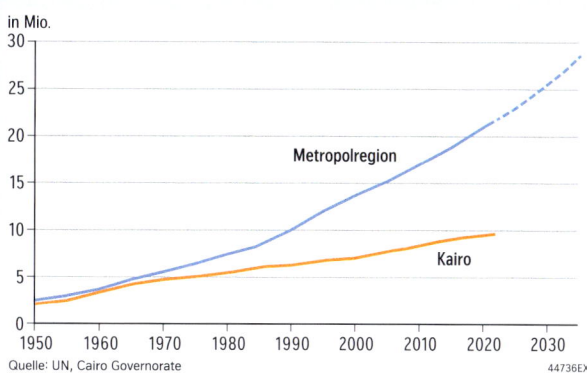

in Mio.

Quelle: UN, Cairo Governorate

44736EX

M 9  Bevölkerungsentwicklung von Kairo

M 6  Wohnhäuser im Wohnprojekt Al-Asmarat in Mokattam

Die extrem hohen Immobilienpreise in Kairo schließen breite Bevölkerungsschichten vom Wohnungsmarkt aus. Zudem haben genau diese Bevölkerungsschichten kaum Zugang zu Krediten. Um mehr Menschen Zugang zu Wohnungskauf oder -renovierung zu erschließen, bietet „Habitat for Humanity Egypt" Mikrokredite an. Mikrokredite sind Kredite, die auch Menschen offenstehen, die für normale Banken nicht kreditwürdig sind - Menschen mit niedrigem Einkommen und fehlenden finanziellen Sicherheiten. Durch den Zusammenschluss zu Kreditgruppen bürgen Menschen füreinander und helfen einander, die Kredite zurückzuzahlen. Ergänzt wird das Programm durch fachliche Beratung zum Bau (Statik, Materialien, Sicherheit) und zur Finanzierung und durch Vermittlung von „Volunteers", die den Familien während der Bauzeit helfen.

Im Jahr 2020 hat „Habitat for Humanity" fast 2700 Kleinkredite vergeben – die meisten zur Fertigstellung von Wohnungen oder den Bau von Dächern. Die Hauptforderung der NGO an Ägyptens Regierung ist, Rechtssicherheit für die Bewohner herzustellen und ihnen so langfristige Planungen zu ermöglichen.

M 7  Projekt „Habitat for Humanity, Egypt"

M 8  Neue Hauptstadt in der Wüste

Viele Menschen haben durch die Räumung informeller innerstädtischer Siedlungen ihre Wohnung verloren. Für einen Teil von ihnen – ausgelost nach einem ausgeklügelten Schema – soll das neue Wohnviertel Asmarat eine neue Heimat bieten. Das staatlich finanzierte soziale Wohnungsbauprojekt soll einmal Wohnraum für 20000 Menschen schaffen. Das Viertel besteht aus identischen Häuserblöcken, in denen identische Wohnungen – 62 m², zwei kleine Schlafzimmer, kleines Wohnzimmer, Küche, Bad – liegen. Alle Wohnungen sind gleich eingerichtet, passend für eine vierköpfige Familie. Allerdings entsprechen die wenigsten neuen Bewohnerfamilien diesem Schema. In dem umzäunten Areal sind informelle Tätigkeiten verboten. Um ihre früheren Jobs zu behalten, müssen die Menschen pendeln.

M 10  Soziales Wohnprojekt in Al-Asmarat (Start 2017)

Die 60 Prozent der Einwohner Kairos, die in informellen Stadtgebieten leben, haben keinen angemessenen Zugang zu öffentlichen Infrastrukturen und Dienstleistungen. Bei der Stadtplanung haben sie keinerlei Mitspracherecht. In Zusammenarbeit mit dem ägyptischen Wohnungsbaumnisterium arbeitet die Deutsche Gesellschaft für Internationale Zusammenarbeit (GIZ) mit Bewohnern informeller Siedlungen daran, deren Situation zu verbessern. Zu den ermittelten Bedarfsfeldern, bei denen das Vorhaben ansetzt, gehört die Infrastruktur für Wasser, Abwasser, Abfall, Bildung, Gesundheit und Erholung. Gemeinsam mit den Bewohnern werden Entwicklungspläne für Nachbarschaften und Stadtviertel erstellt, die die Bedarfe der lokalen Bevölkerung in den Mittelpunkt stellen. Ausgehend von diesen Plänen können die Menschen – beraten und finanziell unterstützt durch die GIZ – ihr Wohnumfeld verbessern. Besonderes Gewicht liegt auf einem hohen Maß an Eigenverantwortung für die verbesserte Infrastruktur sowie positiven Wirkungen für Frauen und Jugendliche. Gleichzeitig werden die Mitarbeiter der lokalen Verwaltung darin fortgebildet, ihre Arbeit auf die Bedürfnisse der lokalen Bevölkerung auszurichten.

M 11  Beteiligungsorientierte Infrastrukturvorhaben (GIZ)

Circa 50 km östlich der Innenstadt von Kairo plant und baut die ägyptische Regierung mit Steuergeldern und chinesischer Unterstützung eine neue Hauptstadt. Bisher ist nur ein kleiner Teil der neuen Stadt in der Wüste fertiggestellt. Aber die imposanten Gebäude im Stil von Dubai zusammen mit überdimensionalem Triumphbogen, Springbrunnen und breiten Achsen lassen Großes erwarten. Und es wird weiter gebaut. Noch ist die Regierung nicht umgezogen, doch ein Ministerium ist schon in die neue Hauptstadt verlagert worden. Hochwertige Wohnungen, Malls, Grünanlagen und sogar ein künstlicher Fluss sollen das Leben der noch namenlosen Planstadt angenehm machen. Hier sollen Regierung, Verwaltung und gehobene Dienstleistungen untergebracht werden – entfernt von Lärm, Luftverschmutzung und Verkehrschaos der „alten" Hauptstadt.

M 12  Die Neue Hauptstadt – New Capital Cairo

# Zusammenfassung

### Bevölkerungsentwicklung und -struktur

Zwar gehen die Fertilitäts- und Wachstumsraten der arabischen Länder zurück, aber in vergleichsweise geringerem Umfang als in vielen anderen Entwicklungsregionen der Welt. Dies ist vor allem auf relativ hohe Geburtenraten zurückzuführen, was auch kulturelle und religiöse Ursachen hat. Das anhaltende Bevölkerungswachstum in den jetzt schon sehr jungen Gesellschaften wird die sozialen und wirtschaftlichen Probleme der Länder noch verschärfen. Viele Länder besitzen einen hohen Verstädterungsgrad und aufgrund des Bevölkerungswachstums und der Landflucht nimmt die Verstädterung auch weiter zu.

### Religionen und Ethnien

In Nordafrika und Vorderasien existieren eine Reihe ethnischer und religiöser Gruppen nebeneinander. Die ethnische und religiöse Zugehörigkeit spielen dabei in vielen Gesellschaften der Region noch immer eine wichtigere Rolle als die nationale Identität. Zu Konflikten kommt es überall da, wo nationale oder auch globale Interessen mit ethnischer und religiöser Selbstbestimmung kollidieren. So wird den nach Autonomie strebenden Kurden diese in drei Ländern verwehrt.

### Migration

In Nordafrika und Vorderasien treten ganz verschiedene Formen von Wanderungsbewegungen auf. Aufgrund politischer, ethnischer oder religiöser Verfolgung, aber auch wirtschaftlicher Motive verlassen die Menschen zeitweilig oder dauerhaft ihre Heimat. Ziele der Migration sind die nächste Stadt, die reichen Länder der Region oder Europa. In den Golfstaaten ist auch eine starke Arbeitsmigration aus süd- und südostasiatischen Ländern zu beobachten. Der Bürgerkrieg in Syrien hat zu einer großen Flüchtlingswelle vor allem in die Nachbarstaaten geführt.

Die Geographie versucht, Migration nach räumlichen, zeitlichen und ursächlichen Kriterien zu analysieren und typisieren. Moderne Migrationstheorien haben das Push-Pull-Modell der Migration erweitert, indem sie veränderte Kommunikations-, Informations- und Transportmöglichkeiten und soziale Netzwerke berücksichtigen. Migration verläuft heute oft über mehrere Stationen und zirkulär.

### Die traditionelle „orientalische" Stadt

In den vorderasiatischen Hochkulturen wurde 3500 v. Chr. die Stadt mit ihren typischen Eigenschaften und Funktionen „erfunden". Die alten Städte des Orients hatten spezifische Strukturelemente, die zum Teil schon in der Zeit vor der Islamisierung vorzufinden waren und die die gesellschaftlichen, religiösen, ökonomischen und politischen Verhältnisse widerspiegelten. Dazu zählen etwa der Basar als wirtschaftlicher Mittelpunkt, die Sackgassenstruktur, das Innenhofhaus und eine strenge räumliche Trennung von ethnischen und religiösen Gruppen (Segregation).

### Strukturwandel in der „orientalischen" Stadt

Die Städte Nordafrikas und Vorderasiens erfuhren mehrere Überformungen, sodass heute kaum noch modellhaft von der „orientalischen Stadt" gesprochen werden kann. Die Verwestlichung durch die europäische Kolonialisierung seit dem 19. Jahrhundert trug zu einer zweiteiligen Stadtstruktur mit Alt- und Neustadt bei. So besitzen die Zentren vieler Städte zwei Kerne: einen traditionellen um den Basar/Suq und einen modernen Central Business District, der meist alle wichtigen Versorgungsfunktionen übernommen hat.

Auch die Wohngebiete sind meist zweigeteilt: Die Viertel der Ober- und Mittelschicht liegen in den (ökologisch) bevorzugten Gebieten der Stadt, die der Ärmeren in der Altstadt, den angrenzenden Stadtbezirken und in den Marginalvierteln der Peripherie. Das global auftretende Phänomen von Gated Communities für vermögende Bevölkerungsgruppen ist in arabischen Städten genauso zu beobachten wie eine zunehmende Gentrifizierung in attraktiven Altstädten.

In der Megastadt Kairo wurde früh damit begonnen, die rasante Verstädterung mit Satellitenstädten in den Griff zu bekommen. Die zusätzliche Aufheizung der Städte der Region, die überproportional von Klimawandelfolgen betroffen ist, ist ein gravierendes Problem trotz der jahrhundertelangen Erfahrung mit Hitze.

## Weiterführende Literatur und Internetlinks

**Geographische Rundschau**
• Migration und Integration 3/2017

**Klaus Claaßen, Thilo Girndt: Diercke Spezial Stadt und Stadtentwicklung.**
Braunschweig Westermann 2011

**Jürgen Bähr, Ulrich Jürgens: Stadtgeographie II**
Braunschweig Westermann 2009

**Karten zu Ethnien und Religionen**
The Gulf 2000 Project
• gulf2000.columbia.edu

**Statistiken zur Bevölkerung**
UN Population Division
• population.un.org/wpp
Stiftung Weltbevölkerung
• www.weltbevoelkerung.de/laenderdatenbank

**Daten zu Migration und Flüchtlingen**
UNHCR
• data.unhcr.org
• www.unhcr.org/refugee-statistics
UN International Migration
• www.migrationdataportal.org
• esa.un.org/miggmgprofiles/mpcsi.htm

**Flüchtlingslager Zaatari**
• data.unhcr.org/en/situations/syria/location/53
• www.kfw.de/stories/dossier-zaatari.html
• zaatari360.martinedstrom.com/

**Statistiken zur Verstädterung**
World Urbanization Prospects
• population.un.org/wup

**Statistiken zu Städten**
UN HABITAT
• urbandata.unhabitat.org

**Weltkulturerbe Medina von Marrakech**
• whc.unesco.org/en/list/331

**Istanbul**
• www.ibb.istanbul/en

**Klimawandel in Vorderasien**
• www.ipcc.ch/report/ar4/wg1/arabic
• www.unep.org/resources/report/arab-environment-2-impact-climate-change-arab-countries
• www.isdb.org/climate-change/publications/local-climate-action-in-arab-region

**Satellitenbildvergleich Kairo**
• earthobservatory.nasa.gov/images/146521/new-ground-for-an-ancient-city

**Neue Hauptstadt von Ägypten**
• acud.eg

# Verbindliche Operatoren

| Anforderungsbereich I | Anforderungsbereich II | Anforderungsbereich III |
|---|---|---|
| **(be-)nennen**<br>Informationen ohne Kommentierung angeben | **analysieren**<br>Materialien, Sachverhalte oder Räume kriterienorientiert oder aspektgeleitet erschließen und strukturiert darstellen | **begründen**<br>komplexe Grundgedanken durch Argumente stützen und nachvollziehbare Zusammenhänge herstellen |
| **beschreiben**<br>strukturiert und fachsprachlich angemessen Materialien vorstellen und/oder Sachverhalte darstellen | **charakterisieren**<br>Sachverhalte in ihren Eigenarten beschreiben, typische Merkmale kennzeichnen und diese dann gegebenenfalls unter einem oder mehreren bestimmten Gesichtspunkten zusammenführen | **beurteilen**<br>den Stellenwert von Sachverhalten oder Prozessen in einem Zusammenhang überprüfen, um kriterienorientiert zu einem begründeten Sachurteil zu gelangen |
| **darstellen**<br>Sachverhalte detailliert und fachsprachlich angemessen aufzeigen | **einordnen**, **zuordnen**<br>begründet Material zuordnen oder eine Position/einen Sachverhalt begründet in einen Zusammenhang stellen | **entwickeln**<br>zu einem Sachverhalt oder zu einer Problemstellung eine Einschätzung, ein konkretes Lösungsmodell, eine Gegenposition oder ein Lösungskonzept inhaltlich weiterführend und/oder zukunftsorientiert darlegen |
| **gliedern**<br>einen Raum, eine Zeit oder einen Sachverhalt nach selbst gewählten oder vorgegebenen Kriterien systematisierend ordnen | **erklären**<br>Sachverhalte so darstellen – gegebenenfalls mit Theorien und Modellen –, dass Bedingungen, Ursachen, Gesetzmäßigkeiten und/oder Funktionszusammenhänge verständlich werden | **erörtern**<br>zu einer vorgegebenen Problemstellung eine reflektierte, abwägende Auseinandersetzung führen und zu einem begründeten Sach- und/oder Werturteil kommen |
| **wiedergeben**<br>Kenntnisse (Sachverhalte, Fachbegriffe, Daten, Fakten, Modelle) und/oder (Teil-)Aussagen mit eigenen Worten sprachlich distanziert, strukturiert und damit unkommentiert darstellen | **erläutern**<br>Sachverhalte in ihren komplexen Beziehungen an Beispielen und/oder Theorien verdeutlichen (auf der Grundlage von Kenntnissen bzw. Materialanalyse) | **Stellung nehmen**<br>Beurteilung mit zusätzlicher Reflexion individueller, sachbezogener und/oder politischer Wertmaßstäbe, die Pluralität gewährleistet und zu einem begründeten eigenen Werturteil führt |
| **zusammenfassen**<br>Sachverhalte auf wesentliche Aspekte reduzieren und sprachlich distanziert strukturiert und unkommentiert wiedergeben | **vergleichen**<br>Gemeinsamkeiten, Ähnlichkeiten und Unterschiede von Sachverhalten kriterienorientiert darlegen | |

# Glossar

**ADI/Ausländische Direktinvestitionen**
Kapitalanlagen im Ausland durch Erwerb von Immobilien, Gründung von Auslandsniederlassungen und Tochterunternehmen, Übernahme von ausländischen Geschäftsanteilen (z. B. Aktien) beziehungsweise von Unternehmen sowie gezielte Reinvestitionen und Direktinvestitionen in Unternehmen.

**Agropastoralismus**
subsistenzorientierte, traditionelle Wirtschaftsform, bei der Feldbau und Pastoralismus (Viehhaltung auf Naturweiden) miteinander kombiniert werden.

**Aquifer**
Grundwasserleiter, Gesteinskörper mit Hohlräumen, der eingesickertes Oberflächenwasser oder → fossiles Wasser speichert.

**Arabische Liga**
internationale Organisation arabischer Staaten, 1945 in Kairo gegründet, aktuell 22 Mitgliedsstaaten, Sitz in Kairo.

**Arabischer Frühling**
Serie von Protesten, Aufständen und Revolutionen in der Arabischen Welt beginnend Ende 2010 als Reaktion der Bevölkerung auf die Unzufriedenheit mit autoritären Regimen, die sich im Alltag durch Machtmissbrauch, Korruption und Vetternwirtschaft, gewaltsame Unterdrückung von oppositionellen Gruppen sowie gravierende Menschenrechtsverletzungen in Verbindung mit fehlender Rechtsstaatlichkeit auszeichneten.

**arid**
Gebiete, in denen in zehn bis zwölf Monaten die Verdunstung die Niederschlagsmenge übersteigt.

**Artesischer Brunnen**
natürlicher Brunnen, bei dem durch Überdruck Grundwasser an die Oberfläche kommt. Voraussetzung dafür sind eine Tallage und die Einbindung einer Wasser führenden Schicht zwischen zwei wasserundurchlässigen Schichten.

**Autokratie**
(Selbstherrschaft) Regierungsform, bei der alle Staatsgewalt unkontrolliert in den Händen einer Person (Autokrat) liegt und von dieser selbstherrlich ausgeübt wird.

**Bandstadt**
Stadtanlage längs eines Transportweges.

**Beduine**
→ nomadische Wüstenbewohner der Arabischen Halbinsel, der Syrischen Wüste, des Sinai, in Teilen der Sahara und im israelischen Negev.

**Bruttoinlandsprodukt, nominal oder kaufpreisbereinigt**
Gesamtwert aller Güter, d. h. Waren und Dienstleistungen, die innerhalb eines Jahres innerhalb der Landesgrenzen einer Volkswirtschaft hergestellt wurden, nach Abzug aller Vorleistungen. BIP ist ein Maß für die wirtschaftliche Leistung einer Volkswirtschaft in einem bestimmten Zeitraum. Das BIP kann entweder in den jeweiligen Marktpreisen des Erhebungsraums (nominales BIP) oder kaufpreisbereinigt errechnet werden. Hierbei wird mithilfe von Preisindizes anhand der Preise eines Basisjahres die Inflation herausgerechnet. So ist eher eine Vergleichbarkeit über mehrere Jahre und zwischen mehreren Ländern möglich.

**CBD/Central Business District**
Hauptgeschäftszentrum.

**Cluster**
räumliche Konzentration von kooperierenden Unternehmen und Institutionen innerhalb eines Wirtschaftsbereichs.

**Dauerkultur**
Pflanzenbestand außerhalb der Fruchtfolge, der über mehrere Jahre hinweg genutzt wird und der wiederkehrende Erträge erbringt (im Mittelmeerbereich z. B. Mandelbäume, Zitruskulturen, Nussbäume, Haselsträucher und Ölbäume). Im Gegensatz zu einjährigen Kulturpflanzen sind Dauerkulturen, die meist ein paar Jahre bis zur Ertragsfähigkeit brauchen, zunächst arbeits- und kapitalintensiver, haben besondere Standortansprüche und ihre Erzeugnisse erfordern eine Weiterverarbeitung. Sie erbringen über viele Jahre Erträge, ihre Erzeugnisse sind meist hochwertiger und werden oft nicht zur Subsistenz, sondern als Marktfrucht angebaut.

**Desertifikation**
Ausbreitung von Wüste oder wüstenähnlichen Bedingungen in semiariden und ariden Gebieten durch menschliches Wirken.

**Despot**
Person, die eine unumschränkte Gewaltherrschaft ausübt.

**Devisen**
ausländische Zahlungsmittel.

**Diaspora**
religiöse oder ethnische Gruppe, die ihre Heimat verlassen hat, über weite Teile der Welt verstreut ist und als Minderheit unter einer Mehrheitsgesellschaft lebt; aber auch das Gebiet, in dem die Minderheit lebt.

**Disparität**
ungleiche Lebensbedingungen innerhalb eines Raumes oder zwischen sozialen Gruppen.

**Diversifizierung**
Maßnahmen zum Abbau einseitiger Wirtschaftsstrukturen, Ausweitung der Produktions- und Exportstruktur.

**Doktrin**
politischer (programmatischer) Grundsatz.

**Drainage (Dränung)**
Entwässerung eines Bodenareals mithilfe eines Grabennetzes oder eines unterirdisch verlegten Rohrsystems zur beschleunigten Ableitung von Sickerwasser (Vorbeugung von Bodenversalzung).

**Dynastie**
Geschlechterabfolge von Herrschern und ihrer Familien.

**Erosion**
Abtragung von Boden und Gestein durch die natürlichen Kräfte Wind (äolisch), Wasser (fluviatil) und Eis (glazial).

**Ethnie (S. 75)**

**extensive Weidewirtschaft**
Systeme der Tierproduktion auf großen, für andere agrarische Formen ertragsschwachen Flächen mit geringem Viehbesatz (Gegenteil von intensiver Tierhaltung).

**FAO**
Ernährungs- und Landwirtschaftsorganisation der Vereinten Nationen.

**Fertilitätsrate**
Die Fertilitätsrate gibt an, wie viele Kinder eine Frau (15 bis 45 Jahre) im Laufe ihres Lebens bekommen würde, wenn die für den gegebenen Zeitpunkt maßgeblichen Fruchtbarkeitsverhältnisse der betrachteten Population als konstant angenommen werden. Das Erhaltungsniveau beträgt 2,1 Kinder pro Frau.

**fossiles Wasser**
vor vielen Jahrtausenden in einer Feuchtzeit entstandenes Grundwasser in tiefen Erdschichten.

**Fremdlingsfluss**
Fluss, der ein Trockengebiet durchfließt und nur Wasser führt, weil er in einem niederschlagsreichen Gebiet große Wassermassen aufgenommen hat.

**Fruchtbarer Halbmond**
niederschlagsreiches Winterregengebiet im Norden der arabischen Halbinsel (einschließlich des Zweistromlands zwischen Euphrat und Tigris), das die innerarabischen Trockengebiete Syriens, Saudi-Arabiens und des Irak halbkreisförmig umschließt.

**Gated Community**
geschlossener Wohnkomplex mit verschiedenen Arten von Zugangsbeschränkungen.

**Gentrifizierung**
Aufwertung von Wohnquartieren: Modernisierung und Veränderung der sozialen Zusammensetzung der Bewohnerschaft.

**HDI/Human Development Index**
Index für menschliche Entwicklung, Wohlstandsindikator für Staaten des Entwicklungsprogramms der Vereinten Nationen (UNDP) errechnet aus Bruttonationaleinkommen pro Kopf, Lebenserwartung und zwei Bildungsindikatoren.

**Hochkultur**
frühe Gesellschaftsordnung, die komplexer als andere Kulturen war und sich gegenüber ihren Vorgängern und Nachbarn durch verschiedene Merkmale (z. B. Städte, geplante Landwirtschaft, Verwaltungssystem, Arbeitsteilung, Schrift, Kunst) auszeichnet.

**Holländische Krankheit**
Als Ende der 1960er-Jahre in der Nordsee vor den Niederlanden ein großes Erdgasfeld entdeckt wurde, wertete die Landeswährung stark auf und verteuerte so die Exporte von Industriegütern und Dienstleistungen. Der stark wachsende Rohstoffsektor zog außerdem Investitionen und Arbeitskräfte aus anderen Wirtschaftszweigen ab.

**humides Klima**
Klima in Regionen, in denen im 30-jährigen Klimamittel der Niederschlag höher ist als die Verdunstung.

**Importsubstitution**
Ersetzen von Importen durch Inlandsprodukte.

**Intensitätsskala**
Klassifikation von Erschütterungen/Schwingungen an einem beliebigen Ort nach der Art der Erschütterungswahrnehmungen durch Menschen und den Grad der Erdbebenschäden. Die Intensitätsskala unterteilt Erdbeben in zwölf Klassen.

**Islamismus/Fundamentalismus**
Bewegungen, die die umfassende Bedeutung des Islams für alle Formen menschlicher Existenz betonen und aktiv dafür streiten. Der Islamismus fordert die Islamisierung des Staates. Trotz vielfacher Überschneidungen stellt der islamische Fundamentalismus die Forderung der Islamisierung der Gesellschaft in den Mittelpunkt.

**Isohyete**
Linie, die Orte mit gleichem Niederschlag verbindet.

**ITC/Innertropische Konvergenzzone**
Erdumspannende Zone, an der NO- und SO-Passat zusammenströmen. Die Position der ITC ist abhängig vom Sonnenstand und verändert ihre Lage mit den Jahreszeiten zwischen den Wendekreisen.

**Karawanserei**
absperrbare Gebäudekomplexe für den Groß- und Fernhandel in der Stadt, eigentlich Rast- und Übernachtungsstätten an Karawanenwegen.

**Kartell**
Zusammenschluss zwischen Konkurrenten zur Beschränkung ihres Wettbewerbs.

**Kettengebirge**
Faltengebirge, Gebirge, das durch das Falten von Gesteinsschichten entstanden ist.

**Land Grabbing**
Erwerb großer Flächen vor allem in Entwicklungs- und Schwellenländern für meist landwirtschaftliche Projekte (z. B. Nahrungs- und Futtermittel, Biotreibstoffe) durch Unternehmen und staatliche Investoren.

**Konfession**
Untergruppe innerhalb einer Religion.

**Levante (S. 9)**

**Leistungsbilanz**
zusammenfassende statistische Gegenüberstellung aller Bewegungen von Waren (Handelsbilanz) und Dienstleistungen (Dienstleistungsbilanz), die in das Ausland geliefert werden bzw. vom Ausland bezogen werden, sowie die Erwerbs- und Vermögenseinkommen (z. B. Arbeitsentgelte, Kapitalerträge) sowie die Übertragungen (z. B. Heimatüberweisungen ausländischer Arbeitnehmer, Entwicklungshilfezahlungen). Ein Leistungsbilanzdefizit deutet darauf hin, dass das betreffende Land mehr verbraucht als produziert.

**Liberalisierung**
Abbau staatlicher oder gesellschaftlicher Eingriffe und Vorschriften, die den Wettbewerb behindern oder den freien Zutritt zu Märkten erschweren.

**Mandat**
der einem Staat von der Völkergemeinschaft erteilte Auftrag zur treuhänderischen Verwaltung fremden Territoriums.

**Marktwirtschaft**
Wirtschaftssystem, in dem die Produktion und der Preis von Waren durch Angebot und Nachfrage geregelt werden ohne/ mit geringer staatlicher Lenkung der wirtschaftlichen Prozesse. Der Staat setzt nur die Rahmenbedingungen, innerhalb derer die wettbewerbliche Koordination wirkungsvoll erfolgen kann, sowie der Bereitstellung öffentlicher Güter.

**Medina**
Altstadt.

**MENA**
Middle East & North Africa (siehe S. 9).

**Migration**
Wanderung von Individuen oder Gruppen mit dem Ergebnis eines nicht kurzzeitigen Wohnortwechsels.

**mobile Tierhaltung**
Mobile Tierhaltung ist ein Sammelbegriff für eine Vielzahl heutiger Übergangsformen zwischen → Nomadismus und Sesshaftigkeit, bei denen nicht mehr die Subsistenzsicherung, sondern die Tierproduktion für den Markt im Vordergrund steht. Das Einkommen aus Fleisch, Milchprodukten und Wolle der Nutztiere wird durch Feldbau und durch jahreszeitliche Lohnarbeit ergänzt. Dabei ist ein nach Entfernung und Frequenz häufig stark reduziertes Wanderverhalten charakteristisch ist (z. B. auch Einsatz von Lkw zum Viehtransport). Meist sind die Tier-

halter in der Nähe von Verkehrswegen und Marktorten (halb) sesshaft.

**Monsun**
beständig wehende Winde, die im Jahresverlauf ihre Richtung um circa 180° ändern. Sie sind Ausgleichströmungen von sich wechselnden Luftdruckgegensätzen zwischen Festland und großen Meeresflächen, die große Niederschlagsmengen mit sich bringen können.

**Naher Osten**
geographische Bezeichnung für die Staaten der arabischen Halbinsel und der → Levante (im weiteren Sinne auch Ägypten, die Türkei und der Iran).

**Nahrungssicherheit**
Situation, bei der alle Menschen zu jeder Zeit physischen, sozialen und ökonomischen Zugang zu ausreichender, sicherer und nahrhafter Nahrung haben, die ihrem physiologischen Bedarf, den Nahrungsgewohnheiten und Nahrungspräferenzen genügt und ein gesundes Leben garantiert.

**Neoliberalismus**
Wirtschaftspolitik mit folgenden Merkmalen: Intensivierung des Wettbewerbs durch Deregulierung, Durchsetzung des Freihandels und der Finanzglobalisierung, Limitierung der staatlichen Verschuldung zur Beeinflussung der Wirtschaft sowie Verringerung der Rolle des Staates durch Privatisierung und Reduktion der Bürokratie.

**nicht erneuerbares Grundwasser**
Süßwasserressourcen, die nicht durch Niederschlag und Infiltration von Oberflächenwasser erneuert werden.

**nicht konventionelle Erdölvorkommen**
Erdöl, das nicht mit „klassischen" Methoden gefördert werden kann, sondern aufwendigerer Technik bedarf, um es zu gewinnen. In der Lagerstätte ist es nur bedingt oder nicht fließfähig, was auf die hohe Viskosität bzw. Dichte (Schwerstöl, Bitumen) oder auf die sehr geringe Permeabilität (Durchlässigkeit) des Speichergesteins zurückzuführen ist (→ Tight Oil).

**Nomadismus**
spezialisierte und an Umweltbedingungen angepasste Form von mobiler → extensiver Weidewirtschaft, wobei Weide- und Siedlungsplätze periodisch oder saisonal verlegt werden.

**Ölsand**
Mischung aus Ton, Sand, Wasser und Kohlenwasserstoffen.

**OPEC**
(Organization of the Petroleum Exporting Countries) → Rohstoffkartell, Sitz in Wien, 14 Mitgliedsstaaten (Stand 2022, M1, S. 52).

**Organisation für Islamische Zusammenarbeit**
internationale Organisation von derzeit 56 Staaten, in denen der Islam Staatsreligion, Religion der Bevölkerungsmehrheit oder Religion einer nennenswerten Minderheit ist, gegründet 1969, Sitz in Dschidda.

**Paradigma**
über eine längere Zeit bestehende Lehrmeinung in der Wissenschaft.

**Passatzirkulation**
geschlossene tropische Luftzirkulation. Am Äquator steigen warme Luftmassen auf, kühlen ab und strömen in großer Höhe polwärts. Im Bereich der Wendekreise sinken sie zu Boden und strömen als Passate zum Äquator zurück.

**pastoral**
Landnutzung mit → extensiver Weidewirtschaft.

**Persien**
frühere Bezeichnung für den Iran.

**PKK**
Arbeiterpartei Kurdistans (kurdisch Partiya Karkerên Kurdistanê; PKK). Kurdische Untergrundorganisation mit sozialistischer Ausrichtung, die sich militanter Methoden bedient (Anschläge auf militärische und zivile Ziele), aktiv in der Türkei sowie Irak, Syrien, Iran (traditionelles Siedlungsgebiet der Kurden), aber auch in der EU (in Deutschland verboten); Ziel: eigener kurdischer Staat oder autonomes Kurdistan innerhalb eines Staats.

**Primärenergie**
Energie, die von natürlichen, noch nicht verarbeiteten Energieträgern stammt (Erdöl, Erdgas, Kohle).

**Pull-Push-Modell**
Migrationsmodell, betrachtet im Herkunftsgebiet wirkende abstoßende Kräfte (Push-Faktoren) gleichzeitig mit im Zielgebiet wirkenden anziehenden Kräften (Pull-Faktoren).

**Regenfeldbau**
Form des Ackerbaus, bei dem der Wasserbedarf der Nutzpflanzen aus den Niederschlägen gedeckt werden kann und nicht extra bewässert werden muss. Regenfeldbau kann z. B. in den immerfeuchten Subtropen als Dauerfeldbau ganzjährig betrieben werden. Der Jahreszeitenfeldbau kann in den Regenzeitfeldbau (wechselfeuchte Tropen), in den Sommerfeldbau (gemäßigte Breiten, sommerfeuchte Subtropen), in den Winterfeldbau (sommertrockene Subtropen) und in das → Trockenfarmsystem (Dry Farming) unterteilt werden.

**Relief**
Höhengestaltung der Erdoberfläche.

**Rente**
Einkommen, denen im Gegensatz zu unternehmerischen Gewinnen und Löhnen keine Investitions- oder Arbeitsleistungen gegenüberstehen.

**Rentenkapitalismus**
vor allem in Vorderasien verbreitetes Wirtschaftssystem. Es beschreibt die Zwischenstufe zischen einer feudal organisierten Agrargesellschaft und dem modern-produktiven Industriekapitalismus. Sein wesentliches Merkmal ist die Ausbeutung von landwirtschaftlichen und gewerblichen Produzenten durch das Abschöpfen von → Renten. Das „Kapitalistische" daran ist die freie Handelbarkeit der Rententitel, die durch Konzentration in wenigen Händen zu Reichtum der Eigentümer führte. Das rentenkapitalistische System wirkt in vielen arabischen Staaten bis heute nach.

**Rentierstaat**
Die Einnahmequelle des Rentierstaats ist nicht die Besteuerung der wirtschaftlichen Aktivitäten seiner Einwohner. Seine Einnahmen stammen vielmehr aus → Renten (z. B. Rohstoffrenten). Auf eine Besteuerung seiner Einwohner kann der Rentierstaat (weitgehend) verzichten. Typisch ist zudem eine Dominanz der Wirtschaft durch den Staat (hoher Anteil von Staatsunternehmen) und eine hohe Beschäftigung im öffentlichen Sektor.

**Reserven**
nachgewiesene, zu heutigen Preisen und mit heutiger Technik wirtschaftlich gewinnbare Rohstoffe.

**Ressourcen**
nachgewiesene, aber derzeit technisch-wirtschaftlich und/oder wirtschaftlich nicht gewinnbare sowie nicht nachgewiesene, aber geologisch mögliche, künftig gewinnbare Rohstoffe.

**Riad**
traditionelles marokkanisches Haus mit einem Innenhof und/oder innerem Garten.

**säkular**
weltlich, nicht kirchlich, kirchenunabhängig.

**Sanktion**
Maßnahme, die ein Land/eine Organisation als Druckmittel gegen ein Land einsetzt, um diese zu einem bestimmten Verhalten zu zwingen.

**Schiiten S. 74**

**Segregation**
räumliche Trennung und Abgrenzung von sozialen Gruppen in einer Siedlungseinheit/Stadt aufgrund von gemeinsamen Merkmalen (z.B. Alter, Einkommen, Sprache), in denen sich die segregierte Gruppe von der übrigen Bevölkerung unterscheidet.

**semiarid**
Gebiete, in denen in sieben bis neun Monaten die Verdunstung die Niederschlagsmenge übersteigt.

**Slum**
Elendsviertel, im engeren Sinne heruntergekommenes ehemaliges Wohnviertel der Ober- und Mittelschicht im Zentrum.

**statische Reichweite**
Wenn die am Ende eines Jahres verbleibenden Reserven eines Rohstoffs durch die Höhe der Produktion in diesem Jahr geteilt werden, ergibt sich die Zeitdauer, die diese Reserven bei gleich bleibender Produktionshöhe reichen würden. Die dynamische Reichweite basiert hingegen auf einem Modell zur Verbrauchsentwicklung, im einfachsten Fall auf der Annahme einer jährlich konstanten Verbrauchszunahme.

**Subvention**
Begünstigungen (z. B. direkte Geldleistungen), die ein Staat einem Unternehmen oder einem Wirtschaftszweig ohne marktwirtschaftliche Gegenleistung zukommen lässt.

**Sunniten (S. 74)**

**SWOT-Analyse**
(engl. Akronym für Strengths (Stärken), Weaknesses (Schwächen), Opportunities (Chancen) und Threats (Bedrohungen). Instrument der strategischen Planung in der Wirtschaft durch Analyse von Stärken und Schwächen, verbunden mit einer Chancen-Risiken-Betrachtung, aber auch Methode in der Geographie.

**Synagoge**
jüdisches Versammlungs- und Gotteshaus.

**Tafelland**
Flach- oder Hochland aus waagerecht geschichteten Gesteinsschichten.

**Territorialität**
Raumbindung von Individuen oder Gruppen.

**Tight Oil/Gas**
Erdöl/-gas, das in kleinen Poren in einem undurchlässigen Untergrundgestein vorkommt und nur durch Aufbrechen des Gesteins mittels Fracking gefördert werden kann.

**Trockenfeldbau**
Sonderform des Regenfeldbaus in semiariden Gebieten.

**Trockengürtel**
beiderseits der Wendekreise auf beiden Erdhemisphären auftretender Gürtel ausgeprägter Trockenheit.

**Überformung**
Veränderung älterer Strukturen in der Stadt.

**Überweidung**
Überweidung entsteht, wenn zu viele Tiere das Weideland nutzen oder wenn das Weideland dauerhaft so genutzt wird, dass sich die Pflanzen nicht regenerieren können. Überweidung führt zum Zertrampeln und Beschädigen von Weidepflanzen und zum Verlust der Artenvielfalt. Durch die Überweidung werden die Böden verdichtet, was zu einer verminderten Fähigkeit führt, Wasser zu versickern.

**Verstädterungsgrad**
Anteil der Stadtbevölkerung an der Gesamtbevölkerung.

**Wadi**
Trockental der Wüste mit episodischer Wasserführung.

**Weltkulturerbe**
Die UNESCO verleiht den Titel Weltkulturerbe an Stätten, die aufgrund ihrer Einzigartigkeit, Authentizität und Integrität weltbedeutend sind.

**Zionismus**
(Ende des 19. Jahrhunderts entstandene) jüdische Bewegung, die das Ziel hatte, einen selbstständigen Nationalstaat für Juden in Palästina zu schaffen.

# Quellenverzeichnis

(Fremdtexte ohne Quellenangabe unter dem Text)

S. 8 M 2 Zitat 1 Ewald Banse: Das Buch vom Morgenlande. Einführung und Gestaltung. Leipzig: R. Voigtländers Verlag 1934, S. 13, 50

Zitat 2 Eugen Wirth: Einleitung: der Orient – Versuch einer Definition und Abgrenzung. In Horsch Mensching, Eugen Wirth (Hrsg.) Fischer Länderkunde Band 4: Nordafrika und Vorderasien. Der Orient. Frankfurt am Main: Fischer 1989, S. 15

S. 8 M 5 Zitat 1 Detlef Müller-Mahn: Der Orient - eine Frage der Perspektive. Geographische Rundschau 11/2013. Braunschweig: Westermann Bildungsmedien, S.5

Zitat 2 BrainyQuote

Zitat 3 Ziauddin Sardar: Der Fremde Orient – Geschichte eines Vorurteils. Berlin: Klaus Wagenbach 2002, S. 20, Übersetzer: Matthias Strobel

S. 17 M 7 Marco Bonhoff/Karl Dzuba: Erdbebengefährdung in Istanbul. Wissensplattform Erde und Umwelt 2019. Helmholtz-Zentrum Potsdam - Deutsches GeoForschungsZentrum GFZ

S. 52 M 5 Sebastian Sons: Auf Sand gebaut. Bonn: bpb 2017

S. 54 M 7 Zitat 1 Wilfried Buchta: Wirtschaft im Zeichen von US-Sanktionen und Corona-Krise. Aus Poltik und Zeitgeschichte 21-22/2020 bpb: Bonn S.34

Zitat 2 Ali Fathollah-Nejad: Die Krise des Mullah-Kapitalismus.Qantara 3.1.2022

S. 54 M 5 Fred Scholz in Nordafrika und Vorderasien. Braunschweig: Westermann Bildungsmedien 2017, S. 30

S. 83 M 11 Zitat 1 Axel Borsdorf, Oliver Bender: Allgemeine Siedlungsgeographie. Köln, Weimar, Wien: Böhlau 2010, S.340

Zitat 2 Eugen Wirth: Die orientalische Stadt im islamischen Vorderasien und Nordafrika. Darmstadt: Philipp von Zabern 2001

Zitat 3 Hans Gebhardt: Europäische und islamisch-orientalische Altstädte im Vergleich. In Paul L. Knox, SallieA. Marston: Humangeographie. Heidelberg: Spektrum, 2001, S. 558

# Bildnachweis

|action press, Hamburg: Ellis, Richard 81.1. |akg-images GmbH, Berlin: 8.1; Album / Oronoz 18.1. |Alamy Stock Photo, Abingdon/Oxfordshire: Hackenberg-Photo-Cologne 86.1; Iverson, Barry 3.3, 47.1; Japhotos 6.4; Kekyalyaynen, Andrey 69.1; Masterton, Iain 88.2; Mitton, Hugh 23.1; Niday Picture Library 82.1. |Alamy Stock Photo (RMB), Abingdon/Oxfordshire: halil ibrahim kurucan 7.4; Jenkins, Darrin 85.2. |dreamstime.com, Brentwood: Ribeiroantonio 77.1. |Getty Images, München: AFP / Almohibany, Amer 7.2; AFP/KARIM SAHIB 59.1; Gallup, Sean 75.2; Hulton Archive/U.S. Navy 16.1; Ramos, David 7.5; Royal Geographical Society 57.1. |Google Earth: 34.1, 37.2. |Google Maps: 36.2. |HüttenWerke, Klaus Kühner, Hamburg: 35.1, 82.2. |Imago, Berlin: Xinhua/CSCEC Egypt 91.4. |iStockphoto.com, Calgary: alexandrumagurean 42.1; alexerich 31.2; ali suliman 83.1; Carillet, Joel 3.1, 5.1; chameleonseye 7.1; DarthArt 3.4, 73.1; djeecee 30.1; Gibson, Charles 15.6; Harms, Hans 12.2; Kemter 57.2; Meinzahn 75.1; pamirc 41.1; rest 15.3; Rixipix 66.1; serts 61.1; tora1983 14.1; Ugurhan, Betin 6.1; xavierarnau 48.2; zotyesz 48.1. |Kartographie Michael Hermes, Hardegsen Hevensen: 11.3, 20.1, 23.3, 23.4, 23.5, 26.1, 27.1, 36.1, 37.1, 38.2, 39.1, 39.2, 42.2, 44.2, 45.1, 45.2, 49.1, 49.2, 50.1, 51.1, 51.2, 51.3, 51.4, 52.1, 52.2, 54.1, 54.2, 54.3, 54.4, 56.1, 56.2, 59.2, 60.1, 61.2, 63.1, 63.2, 64.2, 67.1, 67.2, 68.2, 70.1, 74.1, 75.3, 75.4, 75.5, 78.1, 79.1, 80.1, 80.2, 91.2. |mauritius images GmbH, Mittenwald: Screen Prod 8.2. |NASA - Earth Observatory: NASA Earth Observatory images by Lauren Dauphin, using Landsat data from the U.S. Geological Survey 90.1, 90.2. |Palencsar, Dr. Friedrich, Klagenfurt: 87.2. |Petermann, Sandra, Mainz: 85.1. |Picture-Alliance GmbH, Frankfurt a.M.: AA/NEW 77.2; Amazing Aerial Agency/Moukarzel, Bachir 70.3; AS-SOCIATED PRESS/Moroccan Royal Palace 20.2; dpa-infografik 76.2; dpa/epa Al Hafiz Hashlamoun 10.1; dpa/Gebert, Andreas 89.2; EPA/JALAL MORCHIDI 20.3; EPA/YAHYA ARHAB 25.1; Gokturk-1 Observation Satellite/AA 65.1; Laci Perenyi 70.4; Melzer, Thomas / mspb 70.2; REUTERS/AMR ABDALLAH DALSH 91.3; REUTERS/Nasser, Faisal 53.1. |Schobel, Ingrid, Hannover: 15.4. |Shutterstock.com, New York: Arnold O. A. Pinto 70.5; brunocoelho 85.3; Cigsar, Haluk 91.1; Grandi, Diego 6.2; Hoddenbagh, Laurens 3.2, 29.1; Juilliart, Richard 81.2; KajzrPhotography 15.1; Louiz, Milton Titel; Oskanov, Yakov 13.2; Plamen Galabov 7.3; Rehak, Matyas 89.3; Sopotnicki 12.1; SRStudio 13.1; Stefan Holm 87.1; Vladimir Melnik 15.2; Weredragon 4.1, 4.2, 4.3, 4.4, 4.5, 4.6, 4.7, 4.8, 4.9, 4.10, 4.11, 4.12, 4.13, 4.14, 4.15, 4.16, 4.17, 4.18, 4.19; Wreford, John 83.2. |stock.adobe.com, Dublin: Andreas 76.1; Edgar 89.1; efesenko 68.1; efired 88.1; Fotina 33.1; Gruhl, Andreas 30.2; ImageBank4U 23.2; Kekyalyaynen 66.2; luciano 44.1; Markelov, Andrey 89.4; Masnovo, Alberto 15.5; Merdan, Jasmin 31.1; neiezhmakov 38.1; ondrejvavra 35.3; pixmatu 11.1, 11.2; Siaber, Vladyslav 6.3; SirioCarnevalino 35.2; Val Traveller 64.1; VisualEyze 69.2. |Universitäts- und Forschungsbibliothek Erfurt / Gotha, Gotha: Forschungsbibliothek Gotha der Universität Erfurt, SPA4° 00100 (058,01) 9.1.

## Musikquelle

8 M1 Text: Ashman, Howard; Klinsmann, Bernd/Troob, Danny Copyright; Chappell & Co. GmbH & Co. KG, Hamburg